长风破浪会有时

全面提高
干部现代化建设能力

张荣臣　梁　静◎著

中国出版集团
中国民主法制出版社
全国百佳图书出版单位

图书在版编目（CIP）数据

长风破浪会有时:全面提高干部现代化建设能力/张荣臣,梁静著.—北京:中国民主法制出版社,2025.5.—ISBN 978-7-5162-3927-8

Ⅰ.D61

中国国家版本馆CIP数据核字第2025S26U32号

图书出品人： 刘海涛
出版统筹： 石　松
责任编辑： 张佳彬　姜　华
文字编辑： 高文鹏

书　　名/长风破浪会有时：全面提高干部现代化建设能力
作　　者/张荣臣　梁　静　著

出版·发行/中国民主法制出版社
地址/北京市丰台区右安门外玉林里7号（100069）
电话/（010）63055259（总编室）　63058068　63057714（营销中心）
传真/（010）63055259
http：//www.npcpub.com
E-mail：mzfz@npcpub.com
经销/新华书店
开本/16开　710mm×1000mm
印张/20　**字数**/259千字
版本/2025年8月第1版　2025年8月第1次印刷
印刷/文畅阁印刷有限公司

书号/ISBN 978-7-5162-3927-8
定价/59.80元

前言

“长风破浪会有时，直挂云帆济沧海。”事业兴衰，关键在人，关键在干部。全面提高干部现代化建设能力是新时代新征程党和国家事业发展的重要保障。全面建设社会主义现代化国家，全面推进中华民族伟大复兴，关键在党，关键在人，关键在于建设一支堪当重任的高素质干部队伍。

党的十八大以来，习近平总书记高度重视干部的培养、选拔与任用，把干部能力建设放在管党治党、治国理政的突出位置来抓，围绕为什么提升能力、提升哪些能力、怎样提升能力等作出一系列重要论述，深刻阐明干部能力建设中具有方向性、根本性的重大问题，明确全面建设社会主义现代化国家必须有一支政治过硬、适应新时代要求、具备领导现代化建设能力的干部队伍，强调领导干部学习不学习不仅仅是自己的事情，本领大小也不仅仅是自己的事情，而是关乎党和国家事业发展的大事情，指引新时代干部队伍能力建设取得显著成效，广大干部理想信念更加坚定、能力素质更加过硬，为我们党取得新时代伟大成就作出了重要贡献。

党的二十届三中全会审议通过的《中共中央关于进一步全面深化改革 推进中国式现代化的决定》着眼全局，对提高干部现代化建设能力作出重大部署，指出要“健全常态化培训特别是基本培训机制，强化专业训练和实践锻炼，全面提高干部现代化建设能力”。

新征程上，我们要坚决贯彻落实以习近平同志为核心的党中央决策部署，努力锻造引领推动中国式现代化的高素质干部队伍，持续推动干部队伍能力建设取得新进展、新突破，为进一步全面深化改革、推进中国式现代化提供坚强有力的干部支撑。

能力是干事的基础，干部是抓落实的关键，我们党历来重视和加强干部能力提升。如何抓好干部队伍能力建设，激励广大干部在推进中国式现代化中奋发进取、建功立业是关系党和国家事业发展的重大理论和实践问题。

全面提高干部现代化建设能力是事关全局的重大问题，是我们党取得新时代伟大成就的关键所在，是实现新时代新征程党的中心任务的迫切需要，是建设忠诚干净担当的高素质干部队伍的有力举措。从干部队伍现状看，总体素质是好的，但也存在能力不足、本领恐慌问题。

当前，世界百年未有之大变局加速演进，中华民族伟大复兴进入关键时期，抓好干部队伍的能力提升比以往任何时候都更为重要、更为迫切。只有全面提高干部的现代化建设能力，才能确保中国式现代化劈波斩浪、行稳致远。这就要求各级干部自觉把提升能力、增强本领作为终身课题，抓紧“加油充电”，在进一步全面深化改革、推进中国式现代化进程中奋发进取、建功立业。实现新时代新征程党的中心任务，需要应对的风险挑战、解决的矛盾问题、战胜的困难阻力，一点也不会比过去少，解决起来也更考验勇气和智慧，亟须增强广大干部的识变之智、应变之方、求变之勇。

我们党始终以德才兼备为核心标准来要求干部，同时根据不同历史时期党面临的形势任务提出各有侧重的要求。党的十八大以来，习近平总书记提出新时代好干部标准，对提升干部能力素质提出一系列新要求，包括提高政治能力、提高“政治三力”、增强“八大本领”、提高“七种能力”等。

2024年2月，习近平总书记为第六批全国干部学习培训教材作序，强调要全面提升与推进中国式现代化相适应的政治能力、领导能力、工作能力。

因此，广大党员干部必须把提高政治能力放在首位，把准中国式现代化事业的正确方向，始终保持政治敏锐性，保持清醒头脑和政治定力，时时处处从政治上想问题、作决策、办事情，不断提高政治判断力、政治领悟力、政治执行力，自觉加强政治历练和政治训练，坚定拥护“两个确立”、坚决做到“两个维护”；必须提高领导能力，对标习近平总书记强调的“七种能力”，在提高政治能力、铸牢对党忠诚的前提下，不断提高调查研究能力、科学决策能力、改革攻坚能力、应急处突能力、群众工作能力、抓落实能力，提高引领现代化发展的能力和水平，形成对经济社会发展大局的科学把控；必须提高工作能力，锚定党的二十大作出的重大部署，坚持干什么学什么、缺什么补什么，各方面工作越来越专业化、专门化、精准化，努力提升履行岗位职责、做好本职工作的专业能力，锤炼能够攻坚克难的高强本领，真正成为行家里手、内行领导。

作 者

2025年1月

目录

政治能力篇

领导能力篇

工作能力篇

政治能力篇

习近平总书记指出，在领导干部的所有能力中，政治能力是第一位的。历史和实践证明，要把党建设得坚强有力、巩固党的执政地位，必须有一大批政治过硬的党员干部。新时代的干部如何才能政治过硬？很重要的就是牢牢把握以中国式现代化全面推进强国建设、民族复兴伟业这个中心任务，始终保持政治敏锐性，保持清醒头脑和政治定力，时时处处从政治上想问题、作决策、办事情。

这就要求党员干部不断提高政治判断力，增强科学把握形势变化、精准识别现象本质、清醒明辨行为是非、有效抵御风险挑战的能力；提高政治领悟力，对“国之大者”了然于胸，始终同党中央保持高度一致；提高政治执行力，不折不扣贯彻落实党中央决策部署，切实做到党中央提倡的坚决响应，党中央决定的坚决执行，党中央禁止的坚决不做。政治能力是具体的，根本要体现到坚定拥护“两个确立”、坚决做到“两个维护”的实际行动上。要自觉加强政治历练和政治训练，使自己的政治能力同担任的工作职责相匹配，做政治上的明白人。

一、政治能力是第一位的

什么是政治能力？2017 年 10 月 25 日，习近平总书记在党的十九届一中全会上的讲话中明确指出，要注重提高政治能力，特别是把握方向、把握大势、把握全局的能力和保持政治定力、驾驭政治局面、防范政治风险的能力。这一重要论述是对政治能力丰富内涵的集中概括，为领导干部提高政治能力提供了根本遵循。

政治能力是第一位的。“提高政治能力，首先要把握正确政治方向，坚持中国共产党领导和我国社会主义制度。在这个问题上，决不能有任何迷糊和动摇！这次抗击新冠肺炎疫情斗争的实践再次证明，中国共产党是风雨来袭时中国人民最可靠的主心骨，我国社会主义制度是抵御风险挑战的最有力制度保证。”①

年轻干部必须坚守一条，凡是有利于坚持党的领导和我国社会主义制度的事就坚定不移做，凡是不利于坚持党的领导和我国社会主义制度的事就坚决不做！要不断提高政治敏锐性和政治鉴别力，观察分析形势

① 《习近平在中央党校（国家行政学院）中青年干部培训班开班式上发表重要讲话强调 年轻干部要提高解决实际问题能力 想干事能干事干成事》，《人民日报》2020 年 10 月 11 日。

首先要把握政治因素，特别是要能够透过现象看本质，做到眼睛亮、见事早、行动快。

提高政治能力必须对党的政治纪律和政治规矩怀有敬畏之心。要自觉加强政治历练，增强政治自制力，始终做政治上的明白人、老实人。要注重提高马克思主义理论水平，学深悟透，融会贯通，掌握辩证唯物主义和历史唯物主义，掌握贯穿其中的马克思主义立场、观点、方法，掌握中国化的马克思主义，做马克思主义的坚定信仰者、忠实实践者。

习近平总书记的讲话不但论述了政治能力的丰富内涵，还对如何提高政治能力提出了要求，就是要在把握正确政治方向、不断提高政治敏锐性和政治鉴别力、遵守党的政治纪律和政治规矩、增强政治自制力、提高马克思主义理论水平上下功夫。如何深入理解这一重要论述，很重要的就是提高政治站位、政治觉悟，增强政治定力、政治担当，做政治上的明白人。

每一名领导干部都应当深刻认识提高政治能力的时代内涵和实践指向，坚守党的政治理想，把“四个自信”融入灵魂和血液，做马克思主义的坚定信仰者；注重提高政治上的洞察力、判断力，在事关政治原则的重大问题上，脑子要特别清醒、眼睛要特别明亮、立场要特别坚定；面对大是大非敢于亮剑、面对矛盾敢于迎难而上、面对危机敢于挺身而出、面对失误敢于承担责任、面对歪风邪气敢于坚决斗争，先之劳之，当好表率，履行好党和人民赋予的重任。

党的十八大以来，党中央多次强调，党员干部特别是领导干部要讲政治，要提高政治能力，要严守政治纪律和政治规矩。习近平总书记用过“首要”“首位”“第一”“管总的”这些词来强调政治能力、政治纪律和政治规矩的重要性。

2013 年，习近平总书记在十八届中央纪委二次全会上的讲话中指出：“严明党的纪律，首要的就是严明政治纪律。党的纪律是多方面的，但政治纪律是最重要、最根本、最关键的纪律。”[①]

2014年，习近平总书记在十八届中央纪委三次全会上的讲话中指出：“政治纪律是最重要、最根本、最关键的纪律，遵守党的政治纪律是遵守党的全部纪律的重要基础。”[②]

2015年，习近平总书记在十八届中央纪委五次全会上的讲话中指出：“在所有党的纪律和规矩中，第一位的是政治纪律和政治规矩。”[③]

2015年6月30日，习近平总书记在会见全国优秀县委书记时的讲话中指出：“要做政治的明白人。县委书记担负着重要政治责任，讲政治是第一位的。”[④]

2015年10月8日，习近平总书记在十八届中央政治局常委会第一百一十九次会议关于审议中国共产党廉政准则、党纪处分条例修订稿时的讲话中指出：“要坚持问题导向，把严守政治纪律和政治规矩放在首位。加强党的纪律建设，要针对现阶段党纪存在的主要问题，更加强调政治纪律和政治规矩。这次修订的条例将纪律整合为政治纪律、组织纪律、廉洁纪律、群众纪律、工作纪律和生活纪律，其中政治纪律是打头、管总的。”[⑤]

2018年1月11日，习近平总书记在十九届中央纪委二次全会上的讲话中提出：“坚持以党的政治建设为统领。”[⑥]特别是在2020年秋季

---

① 中共中央纪律检查委员会、中共中央文献研究室编：《习近平关于严明党的纪律和规矩论述摘编》，中国方正出版社2016年版，第13页。

② 中共中央纪律检查委员会、中共中央文献研究室编：《习近平关于严明党的纪律和规矩论述摘编》，中国方正出版社2016年版，第18页。

③ 中共中央纪律检查委员会、中共中央文献研究室编：《习近平关于严明党的纪律和规矩论述摘编》，中国方正出版社2016年版，第28页。

④ 中共中央纪律检查委员会、中共中央文献研究室编：《习近平关于严明党的纪律和规矩论述摘编》，中国方正出版社2016年版，第29页。

⑤ 中共中央纪律检查委员会、中共中央文献研究室编：《习近平关于严明党的纪律和规矩论述摘编》，中国方正出版社2016年版，第30页。

⑥ 习近平：《论坚持党对一切工作的领导》，中央文献出版社2019年版，第224页。

学期中央党校（国家行政学院）中青年干部培训班开班式上的讲话中，习近平总书记明确指出，在干部干好工作所需的各种能力中，政治能力是第一位的。[①] 习近平总书记这样强调政治能力、政治纪律和政治规矩的重要性，我们必须认真学习并深刻领会。

（一）讲政治是中国共产党的政治优势和突出特点

习近平总书记为什么把政治能力放在第一位？因为政党是政治组织，丢掉了政治就失去了灵魂。世界上没有不讲政治的政党。政治问题，任何时候都是根本性的大问题。政治问题解决的是信仰什么、追求什么的问题，是倡导什么、批判什么的问题，是我是谁、依靠谁、为了谁的问题，是从哪里来、到哪里去的问题，是举什么旗、走什么路、实现什么目标的问题，等等。因此，中国共产党始终把讲政治放在特殊的重要位置。

1. 马克思主义政党建设史就是一部讲政治的历史

马克思、恩格斯创建无产阶级政党时期，从工人阶级内部来看，宗派林立的现象十分严重，比如蒲鲁东主义、拉萨尔主义、工联主义、巴枯宁主义等，都在一定时期对工人运动产生着重要影响，甚至在工人运动中居于统治地位。从工人阶级外部环境来看，面对的是来自各个方面联合起来的强大敌人，正如马克思、恩格斯在《共产党宣言》中讲到的："为了对这个幽灵进行神圣的围剿，旧欧洲的一切势力，教皇和沙皇、梅特涅和基佐、法国的激进派和德国的警察，都联合起来了。"[②]

这种状况，用"内忧"和"外患"来形容十分贴切。这使得马克思、

① 《习近平在中央党校（国家行政学院）中青年干部培训班开班式上发表重要讲话强调 年轻干部要提高解决实际问题能力 想干事能干事干成事》，《人民日报》2020年10月11日。

② 《马克思恩格斯选集》第1卷，人民出版社2012年版，第399页。

恩格斯在建党实践中不得不把政治标准放在首位，即创建一个什么样的党，怎样创建党。1889年，恩格斯在致格尔松·特里尔的信中就说过："无产阶级要在决定关头强大到足以取得胜利，就必须组成一个不同于其他所有政党并与它们对立的特殊政党，一个自觉的阶级政党。"[①]

在《共产党宣言》中，马克思、恩格斯指出："共产党人的最近目的是和其他一切无产阶级政党的最近目的一样的：使无产阶级形成为阶级，推翻资产阶级的统治，由无产阶级夺取政权。"[②]"无产阶级将利用自己的政治统治，一步一步地夺取资产阶级的全部资本，把一切生产工具集中在国家即组织成为统治阶级的无产阶级手里，并且尽可能快地增加生产力的总量。"[③]"代替那存在着阶级和阶级对立的资产阶级旧社会的，将是这样一个联合体，在那里，每个人的自由发展是一切人的自由发展的条件。"[④]共产主义就是"同传统的所有制关系实行最彻底的决裂……同传统的观念实行最彻底的决裂"[⑤]。

在实践中，马克思、恩格斯指导工人阶级政党同各种各样的机会主义进行斗争，先后开展了对蒲鲁东主义、拉萨尔主义、工联主义、巴枯宁主义的批判，并亲自为世界上第一个无产阶级政党——共产主义者同盟起草了纲领——《共产党宣言》，指导第一国际——国际工人协会制定章程，针对德国社会主义工人党纲领《哥达纲领》中充斥的拉萨尔主义观点，马克思撰写了《哥达纲领批判》等。这都在实践中体现和捍卫了无产阶级政党的鲜明政治性。

在无产阶级政党建设实践中，列宁作出了重大贡献。列宁在1902年

---

① 《马克思恩格斯选集》第4卷，人民出版社2012年版，第592页。
② 《马克思恩格斯选集》第1卷，人民出版社2012年版，第413页。
③ 《马克思恩格斯选集》第1卷，人民出版社2012年版，第421页。
④ 《马克思恩格斯选集》第1卷，人民出版社2012年版，第422页。
⑤ 《马克思恩格斯选集》第1卷，人民出版社2012年版，第421页。

完成的《怎么办?(我们运动中的迫切问题)》，中心思想是强调党的思想理论建设。究其原因，正如列宁所指出的：“没有革命的理论，就不会有革命的运动。”① “只有以先进理论为指南的党，才能实现先进战士的作用。”② 列宁之所以强调理论对党的重要性，目的是直面政治这样一个有关党的最重要的、根本性的问题，因为理论是政治的基础，理论上成熟是政治上成熟的基础。如果没有科学理论的指导，就不可能建立起政治上坚强的无产阶级政党。

1904 年列宁写的《进一步，退两步(我们党内的危机)》，是一部着重从组织上阐释工人阶级政党建设的重要著作，也是马克思主义政党发展史上第一部比较完整地论述党建理论的著作。其中阐释的基本原理是：党是工人阶级的有组织的整体，党是工人阶级最优秀的先进的有觉悟的部队，党必须根据民主集中制的原则组织起来，党是一个集中的、组织严密的、纪律严格的部队，只要坚定信念、意志坚强、勇敢地与党内一切错误思想的行为进行坚决的斗争就一定能够取得胜利。

列宁的《进一步，退两步(我们党内的危机)》中的基本原理从文字来看是讲组织问题，但其中所蕴含的政治性放射着耀眼之光。如有组织的整体、有觉悟的部队、民主集中制原则、同错误倾向进行斗争，都涉及政治问题，况且组织问题本来就必须从属于政治。列宁正是为了把俄国党建设成为真正的马克思主义政党，才提出了上述有关党的建设的组织原理。

2. 中国共产党在各个时期都坚持旗帜鲜明讲政治

2017 年 2 月 13 日，习近平总书记在省部级主要领导干部学习贯彻党的十八届六中全会精神专题研讨班开班式上开宗明义强调：“我们党作

① 《列宁选集》第1卷，人民出版社2012年版，第311页。
② 《列宁选集》第1卷，人民出版社2012年版，第312页。

为马克思主义政党，必须旗帜鲜明讲政治。”这就宣示了中国共产党作为马克思主义政党一以贯之的理论特点和实践逻辑。

纵观我们党的历史，几代领导人对讲政治都高度重视，都提出过明确要求。毛泽东早就讲过，“没有正确的政治观点，就等于没有灵魂”①。毛泽东还讲过：“政治工作是一切经济工作的生命线。在社会经济制度发生根本变革的时期，尤其是这样。”②

在改革开放初期，面对来势迅猛的不正之风，邓小平指出：“风气如果坏下去，经济搞成功又有什么意义？会在另一方面变质，反过来影响整个经济变质，发展下去会形成贪污、盗窃、贿赂横行的世界。”“还是我们过去的想法，搞四个现代化一定要有两手，只有一手是不行的。所谓两手，即一手抓建设，一手抓法制。党有党纪，国有国法。”③这里邓小平所讲的“另一方面”就是指政治。因此，邓小平强调，到什么时候都得讲政治。

江泽民则明确提出，“领导干部一定要讲政治”④。他要求领导干部在政治问题上一定要头脑清醒。特别强调，我们搞现代化建设，中心任务是发展经济，但必须有政治保证，不讲政治、不讲政治纪律不行。

胡锦涛指出：“政治是大局。”⑤他要求领导干部要增强讲政治、顾大局、守纪律的自觉性和坚定性，要做对党忠诚的模范和表率，并且强调，对于领导干部来说，政治素质是头等重要的。各级领导班子和领导干部必须有坚强的政治能力，坚定地听党的话、跟党走，具有坚定的政治立场和正确的政治观点，不断提高政治敏锐性和政治鉴别力。

---

① 《毛泽东文集》第7卷，人民出版社1999年版，第226页。
② 《毛泽东文集》第6卷，人民出版社1999年版，第449页。
③ 《邓小平文选》第3卷，人民出版社1993年版，第154页。
④ 《江泽民文选》第1卷，人民出版社2006年版，第455页。
⑤ 《胡锦涛文选》第1卷，人民出版社2016年版，第253页。

党的十八大以来，习近平总书记把讲政治提到了更高的位置，提出了更严的要求。比如，2013 年，在全国组织工作会议上的讲话中，习近平总书记指出，好干部要做到信念坚定、为民服务、勤政务实、敢于担当、清正廉洁。信念坚定，党的干部必须坚定共产主义远大理想，真诚信仰马克思主义，矢志不渝为中国特色社会主义而奋斗，全心全意为人民服务，求真务实、真抓实干，坚持原则、认真负责，敬畏权力、管好权力、慎用权力，保持拒腐蚀、永不沾的政治本色，创造出经得起实践、人民、历史检验的实绩。① 可见，政治上合格才能具有当干部的资格，政治上优秀才能成为好干部。

2014 年，在党的群众路线教育实践活动总结大会上的讲话中，习近平总书记指出，严肃党内政治生活，提高党内政治生活的政治性、原则性、战斗性，党内政治生活和组织生活都要讲政治、讲原则、讲规矩。“各级各部门党委（党组）必须树立正确政绩观，坚持从巩固党的执政地位的大局看问题，把抓好党建作为最大的政绩。如果我们党弱了、散了、垮了，其他政绩又有什么意义呢？各级党委要把从严治党责任承担好、落实好，坚持党建工作和中心工作一起谋划、一起部署、一起考核，把每条战线、每个领域、每个环节的党建工作抓具体、抓深入，坚决防止‘一手硬、一手软’。对各级各部门党组织负责人特别是党委（党组）书记的考核，首先要看抓党建的实效，考核其他党员领导干部工作也要加大这方面的权重。”②

2015 年，在同县委书记座谈时的讲话中，习近平总书记对县委书记提出了“心中有党、心中有民、心中有责、心中有戒”的要求，并特别强调：“要把牢政治方向，强化组织意识，时刻想到自己是党的人，时刻

① 参见《习近平著作选读》第 1 卷，人民出版社 2023 年版，第 131 页。
② 中共中央纪律检查委员会、中共中央文献研究室编：《习近平关于严明党的纪律和规矩论述摘编》，中国方正出版社 2016 年版，第 119 页。

不忘自己对党应尽的义务和责任，相信组织、依靠组织、服从组织，自觉维护党的团结统一。”①

对中国特色社会主义要保持必胜信念，在涉及中国特色社会主义道路、理论、制度等重大原则问题上必须立场坚定、态度坚决。

心中有党，是具体的而不是抽象的。作为党的干部，不论在什么地方、在哪个岗位上工作，都要经得起风浪考验，不能在政治方向上走岔了、走偏了。要自觉同党中央保持高度一致，自觉维护党中央权威，党中央提倡的坚决响应，党中央决定的坚决照办，党中央禁止的坚决杜绝。

2016年，在十八届中央纪委六次全会上的讲话中，习近平总书记指出：“民心是最大的政治，正义是最强的力量。正所谓‘天下何以治？得民心而已！天下何以乱？失民心而已！’”②“增强领导干部政治警觉性和政治鉴别力。政治问题，任何时候都是根本性的大问题。全面从严治党，必须注重政治上的要求，必须严明政治纪律，特别是各级领导干部要时刻绷紧政治纪律这根弦，坚持党的领导不动摇，贯彻党的路线方针政策不含糊，始终做政治上的明白人。大量事实表明，在政治纪律方面放松警惕、降低要求是危险的。强调政治纪律不是泛泛讲的，而是有现实针对性的。有的党员、干部在重大原则问题上立场摇摆，对党中央决策部署和三令五申的要求，阳奉阴违甚至搞非组织活动，公开发表反对党的路线方针政策和决议的言论；有的党组织觉得政治纪律是‘软’的、‘虚’的，对违反政治纪律的错误言行不在意、不报告、不抵制、不斗争，更谈不上查处。我们要求党员、干部不能妄议中央，不是说不能提意见和建议甚至批评性意见，而是不能在重大政治原则问题上、在大是

① 《习近平谈治国理政》第2卷，外文出版社2017年版，第142页。

② 中共中央文献研究室编：《习近平关于全面从严治党论述摘编》，中央文献出版社2016年版，第190页。

大非问题上同党中央唱反调、搞政治上的自由主义。”①

2017年，在省部级主要领导干部学习贯彻党的十八届六中全会精神专题研讨班上的讲话中，习近平总书记更加明确地强调，“讲政治，是我们党补钙壮骨、强身健体的根本保证，是我们党培养自我革命勇气、增强自我净化能力、提高排毒杀菌政治免疫力的根本途径。什么时候全党讲政治、党内政治生活正常健康，我们党就风清气正、团结统一，充满生机活力，党的事业就蓬勃发展；反之，就弊病丛生、人心涣散、丧失斗志，各种错误思想、错误路线得不到及时纠正，给党的事业造成严重损失”②。党的高级干部要注重提高政治能力，牢固树立政治理想，正确把握政治方向，坚定站稳政治立场，严格遵守政治纪律，加强政治历练，积累政治经验，自觉把讲政治贯穿于党性锻炼全过程，使自己的政治能力与担任的领导职责相匹配。

2019年1月31日，《中共中央关于加强党的政治建设的意见》明确指出，旗帜鲜明讲政治是我们党作为马克思主义政党的根本要求。党的政治建设是党的根本性建设，决定党的建设方向和效果，事关统揽推进伟大斗争、伟大工程、伟大事业、伟大梦想。习近平总书记之所以把讲政治提到一个新的历史高度，有着很强的现实针对性和实践指导性。

在领导干部甚至高级领导干部中，有的对党不忠诚，与党离心离德，不能有效贯彻落实党的理论和路线方针政策、党中央决策部署；有的信仰缺失、信念动摇，不信马列信鬼神；有的思想僵化、固守本本；有的离群众过远、高高在上，只对上负责，不考虑民众的需求和呼声；有的跑官要官、买官卖官，“带病提拔”、拉票贿选，一门心思钻营权力；有

① 中共中央党史和文献研究院编：《习近平关于全面从严治党论述摘编（2021年版）》，中央文献出版社2021年版，第105—106页。

② 中共中央党史和文献研究院编：《习近平关于全面从严治党论述摘编（2021年版）》，中央文献出版社2021年版，第114页。

的排斥异己、拉帮结派，搞小集团、小圈子、小山头，甚至有政治野心、政治阴谋；有的以权谋私、贪污受贿，数以千万甚至数以亿计地搞腐败；有的生活作风糜烂堕落，包养情人，乱搞两性关系；等等。

这些问题虽然表现形式不一样，但在性质上都是关系党和国家政治安全的政治问题，原因都是不讲政治，都污染和破坏党内政治生活和政治生态。对此，应坚决从政治上去认识、去解决。

强调领导干部要讲政治，就要维护党中央权威和集中统一领导、贯彻民主集中制；就要开展严肃认真的党内政治生活，增强党内政治生活的政治性、时代性、原则性、战斗性；就要敢于直面问题、勇于自我革命，不断提高自我净化、自我完善、自我革新、自我提高能力；领导干部要严格自律，担负起管党治党政治责任。

总之，中国共产党是一个有自己特殊的宗旨和目标，肩负着特殊历史使命的政治组织。政治问题，任何时候都是根本性的大问题，是党和国家的大局、大事。出于中国共产党的政治性要求和政治问题的极端重要性，领导干部要做到：政治上的问题，必须从政治上加以解决；其他方面的问题，要从政治上去认识、分析和解决。否则，正如习近平总书记深刻指出的那样："共产党不讲政治还叫共产党吗？"[①]

可见，讲政治是我们党的突出特点和优势，对保持我们党的马克思主义政党本质、保持党的先进性具有极端重要性。

（二）百年未有之大变局要求领导干部把政治能力放在第一位

早在1962年的七千人大会上，毛泽东就强调："从现在起，五十年内外到一百年内外，是世界上社会制度彻底变化的伟大时代，是一个翻

---

① 中共中央纪律检查委员会、中共中央文献研究室编：《习近平关于严明党的纪律和规矩论述摘编》，中国方正出版社2016年版，第23页。

天覆地的时代，是过去任何一个历史时代都不能比拟的。处在这样一个时代，我们必须准备进行同过去时代的斗争形式有着许多不同特点的伟大的斗争。”①

中国共产党成立已100多年了，形势发生了很大变化，进行同过去时代的斗争形式有着许多不同特点的伟大斗争对领导干部的能力要求也发生了很大变化。我们正面临百年未有之大变局，对领导干部的能力要求也要与时俱进。正如习近平总书记指出的：“面对复杂形势和艰巨任务，我们要在危机中育先机、于变局中开新局，干部特别是年轻干部要提高政治能力、调查研究能力、科学决策能力、改革攻坚能力、应急处突能力、群众工作能力、抓落实能力，勇于直面问题，想干事、能干事、干成事，不断解决问题、破解难题。”②

习近平总书记关于当今世界百年未有之大变局的论断内涵丰富，其核心是强调世界正处在一个重大的变化过程中，中国正处在一个重要的战略机遇期。从国际国内来讲，我们要应对这些变化，就要抓住重要的战略机遇期，不断提高运用马克思主义分析和解决实际问题的能力，不断提高运用科学理论指导我们应对重大挑战、抵御重大风险、克服重大阻力、化解重大矛盾、解决重大问题的能力，坚定对中国特色社会主义的道路自信、理论自信、制度自信、文化自信。

从党内来讲，要正视思想不纯、政治不纯、组织不纯、作风不纯等突出问题还没有得到根本解决。要认真贯彻新时代党的建设总要求，奔着问题去，以刮骨疗伤的勇气、坚忍不拔的韧劲坚决予以整治，同一切影响党的先进性、弱化党的纯洁性的问题作坚决斗争，努力把我们党建设得更加坚强有力。

---

① 《毛泽东文集》第8卷，人民出版社1999年版，第302页。

② 中共中央党史和文献研究院编：《习近平关于全面从严治党论述摘编（2021年版）》，中央文献出版社2021年版，第300页。

党和国家事业越发展，对领导干部的能力要求必然越高。党的十九大为我们实现民族复兴的伟大事业指明了前进的方向，绘就了发展的蓝图，制定了发展战略。要领导人民建设社会主义大国，首先就要求领导干部做到本领高强。

“七种能力”，是年轻干部解决实际问题的基础和保障。政治能力是第一位的，是核心能力；调查研究能力是基本功，也是基本素质；科学决策能力体现工作能力，直接关乎决策效果；改革攻坚能力彰显担当意识与开拓精神，弥足珍贵；应急处突能力考验干部应变水平，不可或缺；群众工作能力是看家本领，必须掌握；抓落实能力是根本，工作实效关键看落实。这“七种能力”，是时代的呼唤，是发展的需要，更是人民的期待。为广大年轻干部列出“能力清单”，既是期望，亦为鞭策。新时代，年轻干部具备“七种能力”既是硬性标准，也是刚性要求，同时也是年轻干部干事必备的“基本功”。

在这“七种能力”中，政治能力是打头的、是第一位的。这是因为，只有政治能力强，党员干部才能正确进行调查研究，才能做到科学决策，才会迎难而上、勇于担当，才能有效应对错综复杂的局势和困难，才能抓好落实。反之，丧失政治能力或政治能力不强，就有可能掉入万丈深渊，不仅无法带领人民取得新的伟大斗争的胜利，而且很可能连反腐这关都过不了！

因此，党员干部政治能力越强，事业就会进行得越顺利。当然，政治能力要建立在调查研究能力、科学决策能力、改革攻坚能力、应急处突能力、群众工作能力、抓落实能力之上。

（三）自觉把提高政治能力贯穿于党性锻炼全过程

怎样把政治能力放在第一位？要按照习近平总书记所要求的，牢固树立政治理想，正确把握政治方向，坚定站稳政治立场，严格遵守政治纪律，加强政治历练，积累政治经验，自觉把讲政治贯穿于党性锻炼全过程。

第一，提高政治能力就要认真学习马克思主义政治理论。我们党始终把马克思主义作为根本指导思想，坚定对马克思主义的科学信仰，坚持以马克思主义作为行动指南。一个党的马克思主义理论水平，决定着其讲政治的觉悟，决定着其讲政治的能力，决定着其讲政治的效果。理论上坚定成熟，什么力量都不能动摇我们。

100 多年来，中国共产党之所以能够完成近代以来各种政治力量不可能完成的艰巨任务，就在于始终把马克思主义这一科学理论作为自己的行动指南，并坚持在实践中不断丰富和发展马克思主义。这使我们党以唯物辩证的科学精神、无私无畏的博大胸怀领导和推动中国革命、建设、改革，不断坚持真理、修正错误。无论是处于顺境还是逆境，我们党从未动摇对马克思主义的信仰。

党的干部特别是高级干部，要自觉坚持以马克思列宁主义、毛泽东思想、邓小平理论、“三个代表”重要思想、科学发展观、习近平新时代中国特色社会主义思想作为自己的行动指南，把学习掌握马克思主义理论作为看家本领，不断领悟，不断参透，做到学有所得、思有所悟，注重解决好世界观、人生观、价值观这个“总开关”问题。这是党员干部在理论上成熟、政治上坚定的基本要求，是面对大是大非保持清醒政治头脑、应对政治性事件和敏感问题站稳政治立场的思想根基，也是提升政治判断力、政治领悟力、政治执行力的必然要求。

第二，提高政治能力就要坚定共产主义远大理想和中国特色社会主义共同信念。中国共产党从成立之日起就把共产主义确立为远大理想。我们党之所以能够经受一次次挫折而又一次次奋起，归根到底是因为我们党有远大理想和崇高追求。在 1945 年党的七大上，毛泽东说，有人说共产党的名字不好，劝我们改名字，“我们党的名称还是不要改。我们的名称，中国人民是喜欢的”[①]。

理想信念是共产党人精神上的“钙”。有了坚定的共产主义远大理想，就有了正确的政治目标，就能激发无穷的为实现政治目标而奋斗的强大动力。有了中国特色社会主义的共同信念，就有了当前努力的政治方向，就能坚定对中国特色社会主义道路自信、理论自信、制度自信、文化自信，在建设中国特色社会主义伟大实践中奋发有为、多作贡献。

第三，提高政治能力就要牢记全心全意为人民服务的根本宗旨。我们党是中国工人阶级的先锋队，同时是中国人民和中华民族的先锋队，除了人民群众的根本利益没有自己的私利。这使我们党得以摆脱以往一切政治力量追求自身特殊利益的局限，而是把自己深深植根于人民之中，把为人民谋利益作为最高的价值追求，把人民立场作为根本的政治立场，把带领人民创造幸福生活作为始终不渝的奋斗目标。100 多年来，我们党始终与人民风雨同舟、生死与共，取得了革命、建设、改革的巨大成就，人民生活达到全面小康水平，实现第一个百年奋斗目标，开启全面建设社会主义现代化国家新征程。

第四，提高政治能力就要维护党中央权威。我们党是按照民主集中制原则组织起来的有机统一整体。民主集中制最基本的原则就是“四个服从”，即党员个人服从党的组织、少数服从多数、下级组织服从上级组织、全党各个组织和全体党员服从党的全国代表大会和中央委员会。

100 多年来，我们党就是靠着全党服从中央，保证了我们党的团结统一、坚强有力。全党特别是领导干部必须自觉坚持民主集中制，坚决维护党中央权威，把坚决维护习近平总书记党中央的核心、全党的核心地位，坚决维护党中央权威和集中统一领导作为天职，确保党中央政令畅通。

---

① 《毛泽东文集》第3卷，人民出版社1996年版，第325页。

二、不断提高政治判断力

加强政治建设、提高政治能力，要求我们善于从政治上观察和处理问题，使讲政治从外部要求转化为内在主动，这就要求我们必须提高政治判断力。提高政治判断力，要以国家政治安全为大、以人民为重、以坚持和发展中国特色社会主义为本，增强科学把握形势变化、精准识别现象本质、清醒明辨行为是非、有效抵御风险挑战的能力。

（一）以国家安全为大、以人民为重

国家安全是人民幸福安康的基本要求，是安邦定国的重要基石。维护国家安全是全国各族人民的根本利益所在。我们党要巩固执政地位，要团结带领人民坚持和发展中国特色社会主义，保证国家安全是头等大事。

改革开放以来，我们党始终高度重视正确处理改革发展稳定关系，始终把维护国家安全和社会安定作为党和国家的一项基础性工作，保持了我国社会大局稳定，为改革开放和社会主义现代化建设营造了良好环境。“安而不忘危，存而不忘亡，治而不忘乱。”

进入新时代，我国面临复杂多变的安全和发展环境，各种可以预见和难以预见的风险因素明显增多，各方面风险可能不断积累甚至集中显露，国家安全内涵和外延比历史上任何时候都要丰富，时空领域比历史上任何时候都要宽广，内外因素比历史上任何时候都要复杂，维护国家安全的任务更加繁重艰巨。

领导干部必须审时度势、与时俱进，创新国家安全理念，统揽国家安全全局，坚持总体国家安全观，走出一条中国特色国家安全道路。要高度重视加强国家安全工作，把思想和行动统一到党中央对国家安全工作的决策部署上来，依法防范、制止、打击危害我国家安全和利益的违法犯罪活动。

党的十九大进一步强调，国家安全是安邦定国的重要基石，维护国家安全是全国各族人民根本利益所在。要完善国家安全战略和国家安全政策，坚决维护国家政治安全，统筹推进各项安全工作。健全国家安全体系，加强国家安全法治保障，提高防范和抵御安全风险能力。严密防范和坚决打击各种渗透颠覆破坏活动、暴力恐怖活动、民族分裂活动、宗教极端活动。加强国家安全教育，增强全党全国人民国家安全意识，推动全社会形成维护国家安全的强大合力。

1. 树立正确的安全观

2018年，习近平总书记在十九届中央国家安全委员会第一次会议上指出："前进的道路不可能一帆风顺，越是前景光明，越是要增强忧患意识，做到居安思危，全面认识和有力应对一些重大风险挑战。要聚焦重点，抓纲带目，着力防范各类风险挑战内外联动、累积叠加，不断提高国家安全能力。"[①] 要求坚持党对国家安全工作的绝对领导，实施更为有力的统领和协调。

中央国家安全委员会要发挥好统筹国家安全事务的作用，抓好国家

① 《习近平谈治国理政》第3卷，外文出版社2020年版，第217页。

安全方针政策贯彻落实，完善国家安全工作机制，着力在提高把握全局、谋划发展的战略能力上下功夫，不断增强驾驭风险、迎接挑战的本领。“坚持人民安全、政治安全、国家利益至上的有机统一，人民安全是国家安全的宗旨，政治安全是国家安全的根本，国家利益至上是国家安全的准则，实现人民安居乐业、党的长期执政、国家长治久安”[①]。

习近平总书记不但指出了国家安全的重要性，还提出了如何全面贯彻落实总体国家安全观。那就是坚持统筹发展和安全两件大事，既要善于运用发展成果夯实国家安全的实力基础，又要善于塑造有利于经济社会发展的安全环境。“国家安全工作要适应新时代新要求，一手抓当前、一手谋长远，切实做好维护政治安全、健全国家安全制度体系、完善国家安全战略和政策、强化国家安全能力建设、防控重大风险、加强法治保障、增强国家安全意识等方面工作。”[②]“没有安全和稳定，一切都无从谈起。‘明者防祸于未萌，智者图患于将来。’”[③]

我们必须积极主动、未雨绸缪，见微知著、防微杜渐，下好先手棋，打好主动仗，做好应对任何形式的矛盾风险挑战的准备，做好进行经济上、政治上、文化上、社会上、外交上、军事上各种斗争的准备，层层负责、人人担当。

强调政治判断力要求我们善于从政治上把握大局，判断形势。这里首先是要从国家政治安全的大局看问题，把握大局，判断形势。国家政治安全是指党的领导、国家政权、制度、意识形态等方面安全。这要求我们在坚持党的领导，维护国家政权、制度、意识形态等方面安全必须有政治敏锐性，坚决打击各种渗透颠覆破坏活动，以保证党的领导和国家的主权独立、领土完整，保证人民民主专政政权和社会主义政治制度

① 《习近平谈治国理政》第3卷，外文出版社2020年版，第218页。
② 《习近平谈治国理政》第3卷，外文出版社2020年版，第218页。
③ 《习近平著作选读》第1卷，人民出版社2023年版，第143页。

的稳固，保证马克思主义主流意识形态占据主导地位以及社会稳定。

而达到这一要求，就需要把坚持党的全面领导置于国家政治安全最核心的地位，保证党的领导的权威和执政地位的稳定，做到执政并长期执政。要坚持马克思主义指导地位不动摇，牢牢掌握意识形态工作领导权。要坚持和完善中国特色社会主义制度，切实把制度优势转化为国家治理效能。

“各级党委和政府要坚决贯彻总体国家安全观，落实党中央关于维护政治安全的各项要求，确保我国政治安全。要持续巩固壮大主流舆论强势，加大舆论引导力度，加快建立网络综合治理体系，推进依法治网。要高度重视对青年一代的思想政治工作，完善思想政治工作体系，不断创新思想政治工作内容和形式，教育引导广大青年形成正确的世界观、人生观、价值观，增强中国特色社会主义道路、理论、制度、文化自信，确保青年一代成为社会主义建设者和接班人。”①

习近平总书记要求：“各地区各部门要贯彻总体国家安全观，准确把握我国国家安全形势变化新特点新趋势，坚持既重视外部安全又重视内部安全、既重视国土安全又重视国民安全、既重视传统安全又重视非传统安全、既重视发展问题又重视安全问题、既重视自身安全又重视共同安全，切实做好国家安全各项工作。要加强对人民群众的国家安全教育，提高全民国家安全意识。”②

2. 始终以人民为重

提高政治判断力要以人民为重，这是因为民心是最大的政治。习近平总书记强调：“要坚持国家安全一切为了人民、一切依靠人民，动员全党全社会共同努力，汇聚起维护国家安全的强大力量，夯实国家安

---

① 《习近平谈治国理政》第3卷，外文出版社2020年版，第220页。
② 《习近平谈治国理政》第1卷，外文出版社2018年版，第202—203页。

全的社会基础，防范化解各类安全风险，不断提高人民群众的安全感、幸福感。”①

以人民为重，要求我们始终把人民放在心中最高位置，坚持全心全意为人民服务的根本宗旨，这既是中国共产党的优良传统，也是今天强调政治安全所要求的。

1944 年夏天，张思德带领 4 个战士到安塞县烧炭。9 月 5 日，窑洞即将挖成的时候，突然塌方了。张思德奋力把开窑口的战友推出洞去，自己则被压在窑里，不幸牺牲，时年 29 岁。毛泽东闻讯后非常难过，对他的后事安排多次作出指示，并说要开个追悼会，而且还要去讲话。正是在纪念张思德的追悼大会上，毛泽东作了《为人民服务》的演讲：“我们的共产党和共产党所领导的八路军、新四军，是革命的队伍。我们这个队伍完全是为着解放人民的，是彻底地为人民的利益工作的。张思德同志就是我们这个队伍中的一个同志。”②

接着毛泽东引述司马迁的话高度赞扬了张思德的牺牲精神：“人总是要死的，但死的意义有不同。中国古时候有个文学家叫做司马迁的说过：‘人固有一死，或重于泰山，或轻于鸿毛。’为人民利益而死，就比泰山还重；替法西斯卖力，替剥削人民和压迫人民的人去死，就比鸿毛还轻。张思德同志是为人民利益而死的，他的死是比泰山还要重的。”③

人民对美好生活的向往，就是我们的奋斗目标。毛泽东写的《为人民服务》一文，思想非常丰富，最闪烁真理光辉的是其中对共产党人价值观的论述，也就是对共产党的宗旨的阐述。毛泽东始终认为共产党不

① 中共中央党史和文献研究院编：《习近平关于总体国家安全观论述摘编》，中央文献出版社 2018 年版，第 10—11 页。

② 中共中央党史和文献研究院编：《毛泽东年谱》第 2 卷，中央文献出版社 2023 年版，第 546 页。

③ 中共中央党史和文献研究院编：《毛泽东年谱》第 2 卷，中央文献出版社 2023 年版，第 546 页。

是一个特殊利益集团，“共产党是为民族、为人民谋利益的政党，它本身决无私利可图。它应该受人民的监督，而决不应该违背人民的意旨。它的党员应该站在民众之中，而决不应该站在民众之上”[①]。

1941年，毛泽东在陕甘宁边区参议会上的演说中指出：“共产党是为民族、为人民谋利益的政党，它本身决无私利可图。”[②]1945年，在党的七大上，毛泽东把“和最广大的人民群众取得最密切的联系”作为党的“三大作风”之一：“我们共产党人区别于其他任何政党的又一个显著的标志，就是和最广大的人民群众取得最密切的联系。全心全意地为人民服务，一刻也不脱离群众；一切从人民的利益出发，而不是从个人或小集团的利益出发；向人民负责和向党的领导机关负责的一致性；这些就是我们的出发点。共产党人必须随时准备坚持真理，因为任何真理都是符合于人民利益的；共产党人必须随时准备修正错误，因为任何错误都是不符合于人民利益的。二十四年的经验告诉我们，凡属正确的任务、政策和工作作风，都是和当时当地的群众要求相适合，都是联系群众的；凡属错误的任务、政策和工作作风，都是和当时当地的群众要求不相适合，都是脱离群众的。”[③]

政党是阶级的组织，任何政党都是与特定的群众基础相联系的，任何政党都有党群关系问题，只不过这种关系有本质上的不同。马克思主义政党——共产党从成立的那天起，就确立了其作为工人阶级先锋队的根本性质，代表最广大人民的根本利益，而且在实践中也和人民群众紧密地联系在一起。正是中国共产党的这一最大的政治优势，才使我们党从小到大不断进步。

《关于建国以来党的若干历史问题的决议》指出：“党是为人民的利

① 《毛泽东选集》第3卷，人民出版社1991年版，第809页。
② 《毛泽东选集》第3卷，人民出版社1991年版，第809页。
③ 《毛泽东选集》第3卷，人民出版社1991年版，第1094—1095页。

益而存在和奋斗的，但是党永远只是人民的一小部分；离开人民，党的一切斗争和理想不但都会落空，而且都要变得毫无意义。”过去是这样，现在是这样，将来也是这样。

从建党的开天辟地，到新中国成立的改天换地，到改革开放的翻天覆地，再到党的十八大以来党和国家事业取得历史性成就、发生历史性变革，根本原因就在于我们党始终坚守了为中国人民谋幸福、为中华民族谋复兴的初心和使命。离开了这一点，共产党就不叫共产党，而成了既得利益的小集团了。苏联解体、苏共垮台的教训也表明，离开了广大人民群众，追求既得利益，共产党必然会被人民群众所抛弃。

2015 年 1 月 13 日，习近平总书记在十八届中央纪委五次全会上的讲话中指出：“人民把权力交给我们，我们就必须以身许党许国、报党报国，该做的事就要做，该得罪的人就得得罪。不得罪腐败分子，就必然会辜负党、得罪人民。是怕得罪成百上千的腐败分子，还是怕得罪十三亿人民？不得罪成百上千的腐败分子，就要得罪十三亿人民。这是一笔再明白不过的政治账、人心向背的账！”①

人民是历史发展的主体，是推动社会变革的决定性力量。中国共产党自成立之日起，就始终代表最广大人民的根本利益，自觉肩负起实现民族独立、人民解放和国家富强、人民幸福的历史使命，团结带领中国人民为实现共产主义远大理想而不懈奋斗，取得了革命、建设、改革的伟大成就。我们党始终坚持全心全意为人民服务的根本宗旨，把实现好、维护好、发展好最广大人民根本利益作为一切工作的出发点和落脚点。我们要始终坚持人民利益高于一切。

历史是人民书写的，人民是国家的主人，要充分尊重人民的主体地

---

① 中共中央党史和文献研究院编：《习近平关于全面从严治党论述摘编（2021 年版）》，中央文献出版社 2021 年版，第 368 页。

位。人民的主体地位必须通过完整的制度体系来实现和保障。人民代表大会制度作为我国的根本政治制度，经过长期实践检验，充分证明是符合中国国情、保证人民当家作主的好制度。新时代要坚持和完善人民代表大会制度，与时俱进地发展全过程人民民主，使这一根本政治制度更加成熟定型、优势效能更加充分彰显。

同时，始终坚持和完善保障人民主体地位的各项制度，如在实践中不断摸索和拓展人民群众有序政治参与的渠道，让广大人民群众真正参与到国际治理体系中来，让他们真正感到自己是国家的主人，是决定我国前途和命运的根本力量。要尊重人民首创精神，尤其是紧紧依靠人民推动改革。改革是为了人民群众的幸福，人民群众务必参与改革。广大人民群众在生产生活中积累了许许多多的真知灼见，必须最大限度地集中人民群众的智慧和力量，为改革提供众志成城的民意支撑。使全面深化改革的过程成为人民广泛参与、普遍受益的过程，真正把尊重人民主体地位落到实处。

习近平总书记指出："以人民为中心的发展思想，不是一个抽象的、玄奥的概念，不能只停留在口头上、止步于思想环节，而要体现在经济社会发展各个环节。"[①] 要把对党负责和对人民负责高度统一起来，想问题、作决策、办事情都从人民利益出发，崇尚实干、勤政为民，把精力和心思用在稳增长、促改革、调结构、惠民生、防风险、保稳定上，着力解决人民群众最关心最直接最现实的利益问题，努力让人民群众有更多获得感、幸福感、安全感。"要抓住人民最关心最直接最现实的利益问题，扭住突出民生难题，一件事情接着一件事情办，一年接着一年干，争取早见成效"[②]。

---

① 《习近平著作选读》第1卷，人民出版社2023年版，第438页。
② 《习近平谈治国理政》第3卷，外文出版社2020年版，第346页。

正如习近平总书记强调的，“要着力践行以人民为中心的发展思想”[①]。在中国特色社会主义伟大实践中，要把满足人民群众的期待作为价值追求。

具体而言，党的一切工作都要围绕着人民来开展，制定各种政策时要从人民的实际需要出发、从最终服务于人民的幸福出发，大力发展社会事业，不断满足人民的需求，不断提升人民的幸福感。在人民提出需求的时候，作出及时有效的回应。各级党组织贯彻落实政策的时候，要从人民根本利益出发，尤其是从人民长远利益出发，急人民之所急，供人民之所需，做到对人民负责、尊重民意。密切联系群众，热情服务群众，维护群众权益。

全体党员要做为人民服务的实践者，坚持以人民为中心的发展思想推进各项工作，使人民的获得感、幸福感、安全感更加充实、更有保障、更可持续。在实践中，要坚决避免命令主义和尾巴主义，坚持和运用好群众路线，实事求是做到以人民为中心。

坚持以人民为重，要在事业建设中紧紧地依靠人民群众。习近平总书记告诫全党：“我们党来自人民、植根人民、服务人民，一旦脱离群众，就会失去生命力。”[②]“只要我们深深扎根人民、紧紧依靠人民，就可以获得无穷的力量，风雨无阻，奋勇向前。”[③]

没有一种力量，比来自人民群众的力量更强大。新时代中国特色社会主义的伟大实践离不开人民群众的参与，实现第二个百年奋斗目标更是离不开人民群众的力量。要紧紧依靠人民群众来谋划和推动发展，让人民群众的积极性、主动性、创造性得到充分发挥，与人民风雨同舟、

---

① 中共中央宣传部编：《习近平总书记系列重要讲话读本（2016年版）》，学习出版社、人民出版社2016年版，第128页。

② 《习近平谈治国理政》第3卷，外文出版社2020年版，第135页。

③ 《习近平谈治国理政》第3卷，外文出版社2020年版，第67页。

生死与共，做到问政于民、问需于民、问计于民，从人民的实践创造中汲取前进动力，为事业的发展增添破浪前行的动力。

坚持以人民为中心的发展思想，要求我们不断提高政治判断力，始终把人民利益摆在至高无上的地位。共同富裕是社会主义的本质要求，是中国式现代化的重要特征。我们要始终把满足人民对美好生活的向往作为发展的出发点和落脚点，在全面建设社会主义现代化国家进程中扎实推进共同富裕。党的十八届五中全会提出的共享发展理念，深刻体现了社会主义制度的优越性，强调要让改革发展成果更多更公平惠及全体人民。实现共同富裕不仅是中国人民的共同期盼，更是中国共产党的百年奋斗目标和庄严承诺。党的十九届五中全会首次提出了“全体人民共同富裕取得更为明显的实质性进展”。在新发展阶段，我们要扎实推动共同富裕。

2021 年 1 月 11 日，习近平总书记在省部级主要领导干部学习贯彻党的十九届五中全会精神专题研讨班开班式上发表重要讲话强调：“人民是我们党执政的最深厚基础和最大底气。为人民谋幸福、为民族谋复兴，这既是我们党领导现代化建设的出发点和落脚点，也是新发展理念的‘根’和‘魂’。”[①] 促进全体人民共同富裕是一项长期任务，也是一项现实任务，必须摆在更加重要的位置，脚踏实地，久久为功，向着这个目标作出更加积极的努力。

只有坚持以人民为中心的发展思想，坚持发展为了人民、发展依靠人民、发展成果由人民共享，才会有正确的发展观、现代化观。实现共同富裕不仅是经济问题，而且是关系党的执政基础的重大政治问题。要统筹考虑，按照经济社会发展规律循序渐进地主动解决地区差距、城乡差距、收入差距等问题，不断增强人民群众的获得感、幸福感、安全感。

① 《习近平著作选读》第2卷，人民出版社2023年版，第407页。

坚持以人民为重，要求我们坚持人民至上、生命至上。2020 年 9 月 8 日，习近平总书记在全国抗击新冠肺炎疫情表彰大会上的讲话中说："面对突如其来的严重疫情，党中央统揽全局、果断决策，以非常之举应对非常之事。党中央坚持把人民生命安全和身体健康放在第一位，第一时间实施集中统一领导。"[①] "生命至上，集中体现了中国人民深厚的仁爱传统和中国共产党人以人民为中心的价值追求。'爱人利物之谓仁。'疫情无情人有情。人的生命是最宝贵的，生命只有一次，失去不会再来。在保护人民生命安全面前，我们必须不惜一切代价，我们也能够做到不惜一切代价，因为中国共产党的根本宗旨是全心全意为人民服务，我们的国家是人民当家作主的社会主义国家。"[②]

习近平总书记强调："为了保护人民生命安全，我们什么都可以豁得出来！从出生仅 30 多个小时的婴儿到 100 多岁的老人，从在华外国留学生到来华外国人员，每一个生命都得到全力护佑，人的生命、人的价值、人的尊严得到悉心呵护。这是中国共产党执政为民理念的最好诠释！这是中华文明人命关天的道德观念的最好体现！这也是中国人民敬仰生命的人文精神的最好印证！"[③]

坚持以人民为重，要求坚定不移地始终保持党同人民群众的血肉联系。保持党同人民群众的血肉联系是中国共产党区别于其他政党的显著标志之一，也是中国共产党群众工作成功的根本。

今天，中国共产党所处的历史时代发生了变化，人民群众所处的历史环境也发生了变化。但中国共产党党群关系的实质不能变，始终保持

---

① 习近平：《在全国抗击新冠肺炎疫情表彰大会上的讲话》，人民出版社2020年版，第4页。

② 习近平：《在全国抗击新冠肺炎疫情表彰大会上的讲话》，人民出版社2020年版，第12—13页。

③ 习近平：《在全国抗击新冠肺炎疫情表彰大会上的讲话》，人民出版社2020年版，第13页。

党同人民群众的血肉联系是党永远不变的价值选择。

一方面，党要通过领导发展，深化改革，努力满足人民日益增长的美好生活需要。在整个现代化建设的过程中，一定要使群众得到应该得到的、看得见的物质利益，而且随着经济的发展，要使群众物质利益不断增加。这样才能使人民群众更加深刻地认识到：改革开放是实现国家繁荣富强的必由之路，社会主义现代化建设是全体人民共同富裕的根本途径。只有坚定不移地推进改革开放和现代化建设，才能实现民族复兴的伟大梦想，才能让发展成果更多更公平惠及全体人民。这种深刻认识必将转化为人民群众的自觉行动，为我们事业的持续发展和最终成功提供根本保证。

另一方面，党也必须下大气力解决权力腐败问题。权力如果得不到监督，就会被滥用，就会产生腐败，这是古今中外的事实所证实的规律。我们党的党员和干部，虽然有较高的政治觉悟和道德水准，但这只是为党员、干部正确运用权力奠定了自律的思想基础，还必须有强有力的监督，发挥他律的作用，才能保证人民赋予的权力始终用来为人民谋利益。凡是涉及人民切身利益的决策都要充分听取群众意见，凡是损害群众利益的做法都要坚决防止和纠正。努力做好新形势下的群众工作。

党的群众工作的优良传统和经验，在历史上发挥了重要作用，这些传统和经验直到今天依然是我们要发扬和借鉴的。但也要看到，今天党所处的客观环境、面临的任务和过去相比有很大不同，相应地，党的作风建设的要求也应该有所不同。今天就是要把解决人民群众最关心最直接最现实的利益问题作为群众工作的核心任务，坚持问政于民、问需于民、问计于民，从人民伟大实践中汲取智慧和力量。

总之，“以人民为重”，就要下大气力解决好人民群众切身利益问题。“维护社会大局稳定，要切实落实保安全、护稳定各项措施，下大气力解决好人民群众切身利益问题，全面做好就业、教育、社会保障、医药卫生、食品安全、安全生产、社会治安、住房市场调控等各方面工作，不断增加人民群众获得感、幸福感、安全感”[①]。

“要坚持保障合法权益和打击违法犯罪两手都要硬、都要快。对涉众型经济案件受损群体，要坚持把防范打击犯罪同化解风险、维护稳定统筹起来，做好控赃控人、资产返还、教育疏导等工作。要继续推进扫黑除恶专项斗争，紧盯涉黑涉恶重大案件、黑恶势力经济基础、背后‘关系网’、‘保护伞’不放，在打防并举、标本兼治上下功夫。要创新完善立体化、信息化社会治安防控体系，保持对刑事犯罪的高压震慑态势，增强人民群众安全感。要推进社会治理现代化，坚持和发展‘枫桥经验’，健全平安建设社会协同机制，从源头上提升维护社会稳定能力和水平。”[②]

（二）以坚持和发展中国特色社会主义为本

2018 年 1 月 5 日，习近平总书记在学习贯彻党的十九大精神研讨班开班式上的重要讲话中明确指出，“坚持和发展中国特色社会主义要一以贯之”。增强政治判断力，要以坚持和发展中国特色社会主义为本。中国特色社会主义包含道路、理论、制度、文化不可或缺的内容。

改革开放以来，我们取得一切成绩和进步的根本原因，归结起来就是：开辟了中国特色社会主义道路，形成了中国特色社会主义理论体系，确立了中国特色社会主义制度，发展了中国特色社会主义文化。中国特色社会主义道路是实现途径，中国特色社会主义理论体系是行动指南，中国特色社会主义制度是根本保障，中国特色社会主义文化是精神力量，四者统一于中国特色社会主义伟大实践。以坚持和发展中国特色社会主

① 《习近平谈治国理政》第3卷，外文出版社2020年版，第221页。
② 《习近平谈治国理政》第3卷，外文出版社2020年版，第221—222页。

义为本，就是要坚定中国特色社会主义的道路自信、理论自信、制度自信、文化自信。

1. 中国特色社会主义是中国历史的结论、中国未来的希望

中国特色社会主义道路，是马克思、恩格斯关于经济文化落后国家可以“不通过资本主义制度的卡夫丁峡谷”直接过渡到以社会主义为核心的东方社会发展理论的成功范例，展示了马克思主义中国化的强大生命力。中国特色社会主义这条道路来之不易，它是在改革开放 40 多年的伟大实践中走出来的，是在中华人民共和国成立 70 多年的持续探索中走出来的，是在对近代以来中华民族发展历程的深刻总结中走出来的，是在对中华民族 5000 多年悠久文明的传承中走出来的，具有深厚的历史渊源和广泛的现实基础，是中国人民、中华民族和中国共产党未来发展的希望。

首先，只有社会主义才能救中国。古代中国处于一个自给自足的自然经济占统治地位的封建社会，农民阶级同地主阶级之间的矛盾是社会的主要矛盾。从 1840 年鸦片战争开始，帝国主义列强侵入中国，中国社会逐步沦为半殖民地半封建社会，中华民族同帝国主义之间的矛盾，人民大众同封建势力和官僚资本主义之间的矛盾成为社会主要矛盾，从而使实现民族独立、人民解放，国家富强、百姓富裕成为中国革命的主要任务。为完成革命任务，中国的先进分子、志士仁人进行了英勇斗争，如太平天国革命、义和团运动、维新变法、辛亥革命，虽然对中国历史的发展都有一定的推动作用，但是从完成民族独立、人民解放，国家富强、百姓富裕这一近代革命任务来说，都失败了。究其原因，固然与中国在经济文化上的落后有关，但更重要的是方向、道路上的错误。这段历史表明：资本主义独立发展道路在中国行不通！

正在中国先进分子苦苦寻找中国革命的正确方向、苦苦求索中国革命的正确道路之时，1917 年俄国十月革命一声炮响，给中国送来了马克思列宁主义；1919 年中国爆发了五四运动，工人阶级作为独立的政治力量登上历史舞台。特别是马克思列宁主义与中国工人运动的结合，产生了中国共产党。自从有了中国共产党，中国革命的面貌焕然一新。中国共产党团结和依靠广大人民群众经过 28 年的浴血奋战，建立了新中国，实现了民族独立和人民解放；又经过对生产资料私有制的社会主义改造，确立了社会主义制度。

中国近代以来的历史发展进程，使我们得出一个基本结论，这就是：只有社会主义才能救中国。

其次，只有中国特色社会主义才能发展中国。“中国特色社会主义”作为一个命题，是 1982 年邓小平在党的十二大开幕词中第一次使用的。考察“中国特色社会主义”这一命题的历史来源，从根本上是我们党在总结我国社会主义建设经验教训的基础上得出来的。

1956 年，随着生产资料私有制的社会主义改造基本完成，我国进入社会主义初级阶段，开始进行全面的大规模社会主义建设。但是，我们党对什么是社会主义、怎样建设社会主义的问题认识不够清晰。当时，我们认为作为世界上第一个社会主义国家的苏联模式就是社会主义，而苏联模式的基本点就是：在所有制方面单一的公有制，在经济体制方面高度集中的计划经济，在分配制度方面推行单一的按劳分配。在长期借鉴苏联模式的过程中，虽然说从整体上把独立的、比较完整的工业体系和国民经济体系建立了起来，但人民群众生活水平提高有限。于是，我们党对什么是社会主义、怎样建设社会主义的问题开始了新的思考。

1978 年，中国共产党召开了十一届三中全会，作出把党和国家工作中心从以阶级斗争为纲转移到经济建设上来的重大战略决策，并作出改革开放的重大决策。这标志着我国开始突破传统社会主义模式的局限，为探索中国特色社会主义开辟了新的道路。1982 年，邓小平在党的十二大开幕词中指出：“走自己的道路，建设有中国特色的社会主义，这就是我们总结长期历史经验得出的基本结论。”这标志着我国从根本上摆脱了传统社会主义模式的束缚，开始了中国特色社会主义道路的探索，并在实践中不断深化对中国特色社会主义的理论认识，不断开创中国特色社会主义实践的新局面。

改革开放40多年来，我们能够创造出人类历史上前无古人的发展成就，坚持中国特色社会主义是根本原因。这段历史充分证明，只有中国特色社会主义才能发展中国。正因为如此，习近平总书记强调：“现在，最关键的是坚定不移走这条道路、与时俱进拓展这条道路，推动中国特色社会主义道路越走越宽广。”①

总之，中国特色社会主义承载着几代中国共产党人的理想和探索，寄托着无数仁人志士的夙愿和期盼，凝聚着亿万人民的奋斗和牺牲，是近代以来中国社会发展的必然选择，是发展中国、稳定中国的必由之路。实践充分证明，中国特色社会主义是中国共产党和中国人民团结的旗帜、奋进的旗帜、胜利的旗帜。我们要全面建成社会主义现代化强国、实现中华民族伟大复兴，必须始终高举中国特色社会主义伟大旗帜，毫不动摇坚持和发展中国特色社会主义。党的十八大强调全党坚定中国特色社会主义道路自信、理论自信、制度自信，其根本原因就在于此。党的十九大提出坚定文化自信，体现了我们党对中国特色社会主义认识的不断深化。

2. 中国特色社会主义的科学内涵和基本特征

中国特色社会主义，顾名思义，就是要从中国实际出发，既不照搬外国社会主义模式，也不搞本本主义，而是“走自己的路”，建设适合中国国情的社会主义。

---

① 中共中央文献研究室编：《习近平关于实现中华民族伟大复兴的中国梦论述摘编》，中央文献出版社2013年版，第28页。

中国特色社会主义的内涵包含道路、理论体系、制度、文化等多个维度，涵盖总依据、总任务、总目标等基本要素，具有鲜明的实践特色、理论特色、时代特色等。

首先，从道路、理论、制度来看，中国特色社会主义道路，就是在中国共产党领导下，立足基本国情，以经济建设为中心，坚持四项基本原则，坚持改革开放，解放和发展社会生产力，建设社会主义市场经济、社会主义民主政治、社会主义先进文化、社会主义和谐社会、社会主义生态文明，促进人的全面发展，逐步实现全体人民共同富裕，建设富强民主文明和谐的社会主义现代化国家。党的十九大将“美丽”纳入社会主义现代化建设目标，体现了对中国特色社会主义认识的深化。

中国特色社会主义理论体系，就是包括邓小平理论、“三个代表”重要思想、科学发展观在内的科学理论体系。党的十九大指出，习近平新时代中国特色社会主义思想是中国特色社会主义理论体系的重要组成部分。这些理论成果是对马克思列宁主义、毛泽东思想的继承和发展。

中国特色社会主义制度，是以人民代表大会制度的根本政治制度，以中国共产党领导的多党合作和政治协商制度、民族区域自治制度以及基层群众自治制度等为基本政治制度，以中国特色社会主义法律体系为保障，以公有制为主体、多种所有制经济共同发展的基本经济制度，并在这些制度基础上形成经济体制、政治体制、文化体制、社会体制等各项具体制度。

中国特色社会主义道路是实现途径，中国特色社会主义理论体系是行动指南，中国特色社会主义制度是根本保障，三者有机统一于中国特色社会主义伟大实践，这是党领导人民在建设社会主义长期实践中形成的最鲜明特色。

其次，从总依据、总任务、总布局来看，建设中国特色社会主义，总依据是社会主义初级阶段，这是当代中国的最大国情、最大实际，我们在任何情况下都要牢牢把握这个最大国情，坚持“一个中心、两个基本点”的基本路线不动摇。总任务是实现社会主义现代化和中华民族伟大复兴。我们党领导人民进行革命、建设、改革，就是要让中国人民富起来，国家强起来，振兴伟大的中华民族。我们要紧紧扭住这个总任务，一代一代锲而不舍干下去。总布局是“五位一体”。中国特色社会主义是全面发展的社会主义，我们要在以经济建设为中心的基础上，协调推进政治建设、文化建设、社会建设、生态文明建设以及其他各方面建设。

最后，从实践、理论、民族、时代特色来看，中国特色社会主义的“实践特色”，即中国特色社会主义是中国共产党团结带领中国人民在长期实践中开创和发展起来的。今后，我们还将在总结群众的实践经验中，不断把中国特色社会主义推向新的高度。中国特色社会主义的“理论特色”，即中国特色社会主义有一个理论体系，这个理论体系在建设中国特色社会主义实践中产生和发展，又对中国特色社会主义实践具有理论指导作用。我们必须在新的实践中，结合中国特色社会主义建设的新情况、新问题，不断丰富中国特色社会主义理论，使理论指导发挥更大作用。中国特色社会主义的“民族特色”，即中国特色社会主义具有鲜明的民族特征，是符合中国国情的一种道路、理论、制度。中国特色社会主义的“时代特色”，即中国特色社会主义是在特定的时代条件下产生的，也是随着时代发展的脚步不断前进的，因而必须把握时代的脉搏，紧跟时代的节奏，赶超时代的脚步，引领时代潮流，推进中国特色社会主义与时俱进。

中国特色社会主义在政治、经济、文化、社会、外交以及最终目标等方面，有以下特点。

一是在政治方面，坚持中国共产党的领导和中国特色社会主义基本政治制度。中国特色社会主义必须坚持中国共产党的领导。中国共产党是中国工人阶级的先锋队，是中国人民和中华民族的先锋队。由此决定了坚持中国共产党的领导，就必须坚持工人阶级领导的、以工农联盟为基础的人民民主专政，坚持人民当家作主的人民代表大会制度，坚持中国共产党领导的多党合作和政治协商制度，坚持民族区域自治制度。决不能在政治上搞西方的多党制和三权分立。

二是在经济方面，坚持生产资料公有制的主体地位和社会主义市场经济体制。社会主义与资本主义在基本经济制度上具有决定意义的差别就在于生产资料社会所有制结构。在我国社会主义条件下，必须毫不动摇地坚持以公有制为主体、多种所有制经济共同发展的基本经济制度，坚持社会主义市场经济体制，从而把社会主义市场经济体制和社会主义基本制度紧密结合起来。只有这样，才能坚持市场经济条件下公有制的主体地位，才能真正完善以按劳分配为主体的财富和收入分配制度，实现共同富裕和公平正义，使中国特色社会主义道路越走越宽广。

三是在思想文化方面，坚持马克思主义的指导地位和先进文化的前进方向。中国特色社会主义理论体系，是对马克思主义科学社会主义的继承和发展，是马克思主义在中国的特殊发展和科学运用。马克思主义作为科学的世界观和方法论，是社会主义运动的理论基础，应该在中国特色社会主义实践中占指导地位。以马克思主义为指导，就是要把马克思主义基本原理同中国具体实际相结合，指导中国特色社会主义实践，研究新情况，总结新经验，解决新问题。马克思主义是一个开放的、随着科学和实践的发展而不断前进的科学体系，具有强大的持久生命力。因此，建设中国特色社会主义，必须坚持马克思主义的指导地位，用以马克思主义为灵魂的社会主义核心价值体系，引领各种社会思潮和社会主义实践。

四是在社会方面，坚持社会和谐是社会主义的本质属性。因此，要努力建设民主法治、公平正义、诚信友爱、充满活力、安定有序、人与自然和谐相处的和谐社会。坚持在中国共产党的领导下，尊重人民群众的主体地位和首创精神，最大限度地激发广大人民群众的参与热情，最大限度地实现好、维护好、发展好最广大人民的根本利益，着力发展社会事业、促进社会公平正义、建设和谐文化、完善社会管理、增强社会创造活力，把共建共享贯穿于和谐社会建设的全过程，真正做到在共建中共享、在共享中共建。

五是在对外关系方面，坚持推动世界和谐发展。中国特色社会主义在对外关系理论和政策上，真正主张平等互利，和平合作，切实推动世界和谐发展。中国在政治、军事、经济和文化等各个领域，永远不称霸，强调国家不分大小强弱，一律平等。要超越意识形态和社会制度差异，来处理国家间的多种关系和全球问题。在全球化大趋势中，各国之间政治上要坚持多边主义，反对单边主义和霸权主义；军事上要坚持防御性国防政策，不搞军事扩张，坚决维护国家主权、安全和发展利益；经济上要合作互利而不以邻为壑；文化上要交流互学而不损人利己。中国特色社会主义以经济建设为中心，自然要通过高水平对外开放积极参与经济全球化，为强国富民和全世界发展作出应有的贡献。

六是在奋斗目标方面，坚持共产主义远大理想。中国特色社会主义坚持解放和发展社会生产力，消灭剥削，消除两极分化，实现共同富裕，最终在生产力极大发展的社会主义基础上实现共产主义。这是一个漫长的历史演变过程。

党的十九大报告强调，从全面建成小康社会到基本实现现代化，再到全面建成社会主义现代化强国，是新时代中国特色社会主义发展的战略安排。

这个安排就是：综合分析国际国内形势和我国发展条件，从 2020 年到本世纪中叶可以分两个阶段来安排。

第一个阶段，从 2020 年到 2035 年，在全面建成小康社会的基础上，再奋斗 15 年，基本实现社会主义现代化。到那时，我国经济实力、科技实力将大幅跃升，跻身创新型国家前列；人民平等参与、平等发展权利得到充分保障，法治国家、法治政府、法治社会基本建成，各方面制度更加完善，国家治理体系和治理能力现代化基本实现；社会文明程度达到新的高度，国家文化软实力显著增强，中华文化影响更加广泛深入；人民生活更为宽裕，中等收入群体比例明显提高，城乡区域发展差距和居民生活水平差距显著缩小，基本公共服务均等化基本实现，全体人民共同富裕迈出坚实步伐；现代社会治理格局基本形成，社会充满活力又和谐有序；生态环境根本好转，美丽中国目标基本实现。

第二个阶段，从 2035 年到本世纪中叶，在基本实现现代化的基础上，再奋斗 15 年，把我国建成富强民主文明和谐美丽的社会主义现代化强国。到那时，我国物质文明、政治文明、精神文明、社会文明、生态文明将全面提升，实现国家治理体系和治理能力现代化，成为综合国力和国际影响力领先的国家，全体人民共同富裕基本实现，我国人民将享有更加幸福安康的生活，中华民族将以更加昂扬的姿态屹立于世界民族之林。

3. 坚定对中国特色社会主义的道路自信、理论自信、制度自信、文化自信

我们一定要坚定对中国特色社会主义的道路自信、理论自信、制度自信、文化自信，做到“千磨万击还坚劲，任尔东西南北风”。道路自信、理论自信、制度自信、文化自信，来源于实践，来源于人民，来源于真理。坚定“四个自信”，充分体现了中国共产党作为一个愈加成熟的马克思主义执政党的最强底气，也让人们看到了不断谱写壮丽篇章的中国共产党在新的历史起点上走向辉煌未来的巨大勇气。

第一，坚定“四个自信”的雄厚基础。我们党提出“四个自信”，既不是凭空无据、盲目自信，也不是自负自傲、虚张声势，而是建立在改革开放 40 多年来我们已经取得的巨大成就的深厚根基之上，建立在我们党应对复杂局面的丰富执政经验基础之上，建立在道路的可行性、理

论的正确性和制度的优越性基础之上。新中国成立以来，特别是改革开放以来，我们党领导的中国特色社会主义建设事业取得了重大成就。政治建设、文化建设、社会建设、生态文明建设等各方面取得重大进展。特别是党的建设全面加强，党的先进性和纯洁性得以保持和发展，党的执政能力不断提高。这些成就的取得为我们党坚定“四个自信”奠定了坚实基础。

第二，坚定“四个自信”必须建立在对中国特色社会主义道路、理论、制度、文化的深刻认知基础上。要把“四个自信”转化为全面建设社会主义现代化国家的强大精神力量，既需要中国共产党人始终坚守理想信念，坚定不移走科学发展道路，更需要全党全国各族人民团结奋斗。这既不是轻轻松松就能实现的，也不会一蹴而就，而是要通过持之以恒的实践探索和不懈努力来完成。正如党的二十大报告指出的：“必须清醒看到，我们的工作还存在一些不足，面临不少困难和问题。主要有：发展不平衡不充分问题仍然突出，推进高质量发展还有许多卡点瓶颈，科技创新能力还不强；确保粮食、能源、产业链供应链可靠安全和防范金融风险还须解决许多重大问题；重点领域改革还有不少硬骨头要啃；意识形态领域存在不少挑战；城乡区域发展和收入分配差距仍然较大；群众在就业、教育、医疗、托育、养老、住房等方面面临不少难题；生态环境保护任务依然艰巨；一些党员、干部缺乏担当精神，斗争本领不强，实干精神不足，形式主义、官僚主义现象仍较突出；铲除腐败滋生土壤任务依然艰巨，等等。”只要我们胸怀理想、坚定信念，不动摇、不懈怠、不折腾，顽强奋斗、艰苦奋斗、不懈奋斗，就一定能在新中国成立100年时建成富强民主文明和谐美丽的社会主义现代化强国。

第三，坚定“四个自信”具体表现为中国共产党对中国特色社会主义的执着追求。“中国特色社会主义”，作为一个命题或概念，从1982年邓小平在党的十二大开幕词中第一次提出来，至今已经40多年了。在这40多年间，中国共产党先后召开了8次全国代表大会，每一次都是将“中国特色社会主义”作为大会主题和报告的核心命题：1987年党的十三大报告的主题是《沿着有中国特色的社会主义道路前进》；1992年党的十四大报告的主题是《加快改革开放和现代化建设步伐，夺取有中国特色社会主义事业的更大胜利》；1997年党的十五大报告的主题是《高举邓小平理论伟大旗帜，把建设有中国特色社会主义事业全面推向二十一世纪》；2002年党的十六大报告的主题是《全面建设小康社会，开创中国特色社会主义事业新局面》；2007年党的十七大报告的主题是《高举中国特色社会主义伟大旗帜，为夺取全面建设小康社会新胜利而奋斗》；2012年党的十八大报告的主题是《坚定不移沿着中国特色社会主义道路前进，为全面建成小康社会而奋斗》；2017年党的十九大报告的主题是《决胜全面建成小康社会，夺取新时代中国特色社会主义伟大胜利》；2022年党的二十大报告的主题是《高举中国特色社会主义伟大旗帜，为全面建设社会主义现代化国家而团结奋斗》。对同一个命题，40多年里持续在党的全国代表大会上加以强调，已经足以见得中国共产党对中国特色社会主义的道路自信、理论自信、制度自信、文化自信。

2013年6月25日，中共中央政治局就中国特色社会主义理论和实践进行第七次集体学习，习近平总书记在主持学习时强调，我们要在深入把握中国特色社会主义的科学性和真理性的基础上增强自信，在领导人民推进改革开放和社会主义现代化建设的进程中继续开拓，按照党的十八大提出的坚持和发展中国特色社会主义的基本要求，不断开创中国特色社会主义事业新局面。①

党的十九大更是指出，经过长期努力，中国特色社会主义进入了新

① 《习近平在中共中央政治局第七次集体学习时强调 在对历史的深入思考中更好走向未来 交出发展中国特色社会主义合格答卷》，《人民日报》2013年6月27日。

时代，这是我国发展新的历史方位。中国特色社会主义进入新时代，意味着近代以来久经磨难的中华民族迎来了从站起来、富起来到强起来的伟大飞跃，迎来了实现中华民族伟大复兴的光明前景；意味着科学社会主义在二十一世纪的中国焕发出强大生机活力，在世界上高高举起了中国特色社会主义伟大旗帜；意味着中国特色社会主义道路、理论、制度、文化不断发展，拓展了发展中国家走向现代化的途径，给世界上那些既希望加快发展又希望保持自身独立性的国家和民族提供了全新选择，为解决人类问题贡献了中国智慧和中国方案。

我们要坚信，中国特色社会主义道路是实现社会主义现代化的必由之路，是创造人民美好生活的必由之路。我们要坚信，中国特色社会主义理论体系是指导党和人民沿着中国特色社会主义道路实现中华民族伟大复兴的正确理论，是立于时代前沿、与时俱进的科学理论。我们要坚信，中国特色社会主义制度是当代中国发展进步的根本制度保障，是具有鲜明中国特色、明显制度优势、强大自我完善能力的先进制度。我们要坚信，中国特色社会主义文化，是经中华5000多年文化沉淀之精华，是中国特色社会主义道路、理论、制度更基础、更广泛、更深厚的精神根基。

2013年3月23日，国家主席习近平在莫斯科国际关系学院的演讲中说："'鞋子合不合脚，自己穿了才知道'。一个国家的发展道路合不合适，只有这个国家的人民才最有发言权。"① 中国特色社会主义不是从天上掉下来的，是党和人民历尽千辛万苦、付出巨大代价取得的根本成就。中国特色社会主义，既是我们必须不断推进的伟大事业，又是我们开辟未来的根本保证。全党要坚定道路自信、理论自信、制度自信、文化自信，坚持党的基本路线不动摇，不断把中国特色社会主义伟大事业推向前进。

---

① 《习近平著作选读》第1卷，人民出版社2023年版，第105页。

正如习近平总书记所说的："改革开放四十年的实践启示我们：方向决定前途，道路决定命运。我们要把命运掌握在自己手中，就要有志不改、道不变的坚定。改革开放四十年来，我们党全部理论和实践的主题是坚持和发展中国特色社会主义。在中国这样一个有着五千多年文明史、十三亿多人口的大国推进改革发展，没有可以奉为金科玉律的教科书，也没有可以对中国人民颐指气使的教师爷。鲁迅先生说过：'什么是路？就是从没路的地方践踏出来的，从只有荆棘的地方开辟出来的。'"①

中国特色社会主义道路是当代中国大踏步赶上时代、引领时代发展的康庄大道，必须毫不动摇走下去。中国特色社会主义事业作为前无古人的开创性事业，前进道路不可能一帆风顺。要看到，经过几十年的理论和实践探索，我们对社会主义的认识、对中国特色社会主义规律的把握，已经达到了一个前所未有的新高度，这一点不容置疑。同时要看到，虽然进入新的发展阶段，但我们还面临很多没有弄清楚的问题和待解的难题，对许多重大问题的认识和处理都还处在不断深化的过程之中，这一点也不容置疑。

对事物的认识需要一个过程，我们对社会主义在中国的实践探索仍需要不断深化认识。社会主义从来都是在奋勇开拓中前进的，社会革命从来都是在伟大斗争中推进的。事业越发展、改革越深入，新情况、新问题就会越多，面临的风险和挑战就会越多，面对的不可预料的事情就会越多。要把新时代坚持和发展中国特色社会主义这场伟大社会革命进行好，我们必须在实践中大胆探索、深化发展，不断丰富中国特色社会主义的实践特色、理论特色、民族特色、时代特色，在新的历史条件下把党和国家各项事业继续推向前进。

① 《习近平著作选读》第2卷，人民出版社2023年版，第225页。

（三）科学把握形势变化，有效抵御风险挑战

不断提高政治判断力，做到以国家政治安全为大、以人民为重、以坚持和发展中国特色社会主义为本，就是要科学把握形势变化，有效抵御风险挑战。

1. 国内外形势需要党员不断提高政治判断力

当前，社会现象日益纷繁复杂、思想意识日益多样化。共产党员要保持头脑清醒，提高政治能力，抵御住思想上、精神上的各种诱惑，做政治上的明白人，就必须增强科学把握形势变化、精准识别现象本质、清醒明辨行为是非、有效抵御风险挑战的能力。

党员干部是制定、执行党的路线方针政策的关键力量。无论在什么时候，在什么样的情况下，党员干部都不能丧失党性，对政治上的是非都要能够分清。如果丧失了党性、在政治上糊涂，分不清是非，那么就失去了作为一名党员干部最起码的资格。在社会生活和工作中，党员干部是一面旗帜，言行举止都会影响周围的广大群众，党员干部的所作所为会带动周围的群众，这就要考验党员干部的科学把握形势变化、精准识别现象本质、清醒明辨行为是非、有效抵御风险挑战的能力。

党员干部如果在科学把握形势变化、精准识别现象本质、清醒明辨行为是非、有效抵御风险挑战上发生了错误，就会影响其对周围群众的判断，就有可能引起巨大的负面反响，影响党在人民群众中的形象，甚至造成巨大的损失。党处在执政的地位，这决定着党要在我国的经济社会发展中起到总揽全局的作用，这也体现了党的执政能力和水平。但是，要总揽全局，就需要每位党员干部能够抓住社会发展的大方向、从全局考虑。对一些全局性、战略性的重大问题要做到能把握、善把握，党员干部就必须具有一定政治判断能力，分析大局，判断方向和形势，抓住关键点，有效实现在各个领域的政治、思想和组织领导，进而巩固党的

执政地位。

在当今世界中，国与国之间的相互交流和影响越来越大，但从国际局势来看，总的方向是走向缓和。时代的主题仍然是和平与发展，在这样的环境下，世界各国都在努力地发展，中国也在努力地进行现代化建设，改革开放的程度也越来越高。但是，自苏联解体后，中国就成为世界上最大的社会主义国家，一些西方势力将中国视为主要竞争对手，对我国进行西化、分化的活动从未间断过。

在世界大发展的趋势下，某些西方国家一方面迫于各方面的压力和需求，不得不与中国和平相处，尤其是近年来我国经济实力飞速提升，它们在经济领域、文化领域以及科技领域与我国的合作加深。但另一方面，由于意识形态的不同，它们站在与我们完全不同的政治立场，不断变换手法对我国进行渗透、干涉和遏制，有时“以压促变”，有时“以诱促变”等。如在科技文化领域，利用交流来进行政治渗透，不断地对我们输入他们的“普世价值”、意识形态等。尤其是近年来随着我国网民的大幅度增加，它们利用我国信息技术的相对弱势地位，故意散布一些似是而非的言论，令人炫目，很难辨别，冲击我国的主流历史观和价值观，影响着广大网民的思想和行为方式，给我国网络政治生态带来了安全隐患。党员干部如果不具有政治判断力，不具有科学把握形势变化、精准识别现象本质、清醒明辨行为是非、有效抵御风险挑战的能力，不能对西方的阴谋诡计进行及时的洞察、鉴别并及时采取必要的行动，在政治上丧失警惕，那么将会给党的事业发展和执政地位带来巨大的隐患。

自二十世纪八九十年代，我国逐步建立并完善社会主义市场经济体制。但是，在一个社会主义国家发展市场经济是一个创新，是一个伟大的开创性探索，没有任何经验可以参考。经过这么多年的发展，市场经济在社会主义体制下显示出巨大的活力。需要党员干部去判断市场经济中哪些是经过实践检验要坚持的，哪些是需要摒弃和改善的。同时，需要广大党员干部在鉴别的基础上把握发展机遇，带领广大人民群众，调动一切可以调动的力量，不断推进经济发展。

改革开放 40 多年来的实践证明，“实践发展永无止境，解放思想永无止境，改革开放也永无止境，停顿和倒退没有出路”。伴随着改革开放的发展，社会生活的方式呈现多样化，社会利益呈现多元化，因此一些新的矛盾不可避免地出现，人们的思想开始呈现独立性、多变性、差异性，有的人在面对思想意识的冲击时产生迷惘。一些腐朽反动的思想和一些社会丑恶现象沉渣泛起，利用网络等新媒体把改革中遇到的问题和暂时困难搅在一起，影响着人们的思维和判断，有些还具有很大的欺骗性。党员干部要具有科学把握形势变化、精准识别现象本质、清醒明辨行为是非、有效抵御风险挑战的能力。认清各种错误思想的本质，与其进行斗争，对广大群众进行释疑解惑，否则就容易丧失思想警觉、难以破其伪装，甚至被其俘虏，造成重大的危害。

总之，“放眼全球，我们正面临百年未有之大变局”。习近平总书记在 2019 年新年贺词中提出的这一思想需要我们深刻把握。世界正处在一个重大的变化过程中，中国正处在一个重要的战略机遇期。中国共产党团结带领中国人民顽强奋斗、发愤图强，中华民族迎来了从站起来、富起来到强起来的伟大飞跃，中华民族伟大复兴展现出前所未有的光明前景。

当前，改革发展稳定任务之重、矛盾风险挑战之多、治国理政考验之大都是前所未有的。我们要赢得优势、赢得主动、赢得未来，就必须始终保持高度警惕，既要高度警惕“黑天鹅”事件，也要防范“灰犀牛”事件；既要有防范风险的先手，也要有应对和化解风险挑战的高招；既要打好防范和抵御风险的有准备之战，也要打好化险为夷、转危为机的战略主动战。形势的发展、事业的开拓、人民的期待，都要求我们进一步加强政治建设，不断提高运用马克思主义分析和解决实际问题的能力，不断提高运用科学理论指导我们应对重大挑战、抵御重大风险、克服重大阻力、化解重大矛盾、解决重大问题的能力，以应对百年未有之大变局。

2021 年 1 月 28 日，中共中央政治局就做好“十四五”时期我国发展开好局、起好步的重点工作进行第二十七次集体学习。习近平总书记再次强调，完整、准确、全面贯彻新发展理念，必须坚持系统观念，统筹国内国际两个大局，统筹“五位一体”总体布局和“四个全面”战略布局，加强前瞻性思考、全局性谋划、战略性布局、整体性推进。要统筹中华民族伟大复兴战略全局和世界百年未有之大变局，立足国内，放眼世界，深刻认识错综复杂的国际局势对我国的影响，既保持战略定力又善于积极应变，既集中精力办好自己的事，又积极参与全球治理、为国内发展创造良好环境。要统筹新冠肺炎疫情防控和经济社会发展，毫不放松抓好“外防输入、内防反弹”工作，确保不出现规模性输入和反弹。要统筹发展和安全，善于预见和预判各种风险挑战，做好应对各种“黑天鹅”“灰犀牛”事件的预案，不断增强发展的安全性。①

2. 在实践中不断提高政治判断力

关于如何应对重大挑战、抵御重大风险，2019 年 1 月 21 日，习近平总书记在省部级主要领导干部坚持底线思维着力防范化解重大风险专题研讨班开班式上就防范化解政治、意识形态、经济、科技、社会、外部环境、党的建设等领域重大风险作出深刻分析、提出明确要求。他强调：“各级党委和政府要坚决贯彻总体国家安全观，落实党中央关于维护政治安全的各项要求，确保我国政治安全。”② 在意识形态领域，要持续巩固壮大主流舆论强势，加大舆论引导力度。在经济领域，既要保持战略定力，推动我国经济沿着正确方向发展；又要增强忧患意识，未雨绸

① 《习近平在中共中央政治局第二十七次集体学习时强调 完整准确全面贯彻新发展理念 确保“十四五”时期我国发展开好局起好步》，《人民日报》2021 年 1 月 30 日。
② 《习近平谈治国理政》第 3 卷，外文出版社 2020 年版，第 220 页。

缪，精准研判、妥善应对经济领域可能出现的重大风险。在科技领域，习近平总书记指出，“科技领域安全是国家安全的重要组成部分”[①]。在社会领域，习近平总书记指出，要“维护社会大局稳定，要切实落实保安全、护稳定各项措施”；对外部环境，“我们要统筹国内国际两个大局、发展安全两件大事，既聚焦重点、又统揽全局，有效防范各类风险连锁联动”[②]。

2020 年 9 月 3 日，习近平总书记在纪念中国人民抗日战争暨世界反法西斯战争胜利 75 周年座谈会上的讲话中明确地指出：“我们必须以越是艰险越向前的精神奋勇搏击、迎难而上。凡是危害中国共产党领导和我国社会主义制度的各种风险挑战，凡是危害我国主权、安全、发展利益的各种风险挑战，凡是危害我国核心利益和重大原则的各种风险挑战，凡是危害我国人民根本利益的各种风险挑战，凡是危害我国实现‘两个一百年’奋斗目标、实现中华民族伟大复兴的各种风险挑战，只要来了，我们就必须进行坚决斗争，毫不动摇，毫不退缩，直至取得胜利。历史必将证明，中华民族走向伟大复兴的历史脚步是不可阻挡的。任何人任何势力企图通过霸凌手段把他们的意志强加给中国、改变中国的前进方向、阻挠中国人民创造自己美好生活的努力，中国人民都绝不答应！”[③]

当下，要具备科学把握形势变化、精准识别现象本质、清醒明辨行为是非、有效抵御风险挑战的能力。一要充分了解我国的国情。全体党员不但要了解我国正处于并将长期处于社会主义初级阶段，还要充分了解我国经济社会发展的基本情况，了解国家发展的战略方向、基本国策、对外政策等，更重要的是要看到国家发展面临的机遇、压力和挑战，看

---

① 《习近平谈治国理政》第3卷，外文出版社2020年版，第221页。

② 《习近平谈治国理政》第3卷，外文出版社2020年版，第222页。

③ 习近平：《在纪念中国人民抗日战争暨世界反法西斯战争胜利75周年座谈会上的讲话》，人民出版社2020年版，第12—13页。

到面临的错综复杂的国际环境。

尤其是党的十八大以来，我国发生了翻天覆地的变化，经济总量跃居世界第二，外汇储备世界第一，国家财政收入大幅增长，各项社会事业全面进步，人民生活水平显著提高，中国特色社会主义事业展现出了勃勃生机。要看到经济发展进入新常态、改革进入攻坚阶段，要看到国家发展面临的新形势、党执政面临的危险和考验，看到经济社会中出现的新矛盾，看到在对外关系上，争取和保护国家利益才是根本要求。“四个全面”战略布局、“五大发展理念”、“四个自信”，需要每位党员干部入脑入心，充分了解和学习，这些都是科学把握形势变化、精准识别现象本质、清醒明辨行为是非、有效抵御风险挑战的前提和基础。

2020 年党的十九届五中全会提出，在全面建成小康社会、实现第一个百年奋斗目标之后，我们要乘势而上开启全面建设社会主义现代化国家新征程、向第二个百年奋斗目标进军。这标志着我国进入了一个新的发展阶段。2021 年 1 月 11 日，习近平总书记在省部级主要领导干部学习贯彻党的十九届五中全会精神专题研讨班开班式上提出，新发展阶段是社会主义初级阶段中的一个阶段，同时是其中经过几十年积累、站到了新的起点上的一个阶段。新发展阶段是我们党带领人民迎来从站起来、富起来到强起来历史性跨越的新阶段。经过新中国成立以来特别是改革开放 40 多年的不懈奋斗，我们已经拥有开启新征程、实现新的更高目标的雄厚物质基础。新中国成立不久，我们党就提出建设社会主义现代化国家的目标，未来 30 年将是我们完成这个历史宏愿的新发展阶段。新发展阶段是我国社会主义发展进程中的一个重要阶段。社会主义初级阶段不是一个静态、一成不变、停滞不前的阶段，也不是一个自发、被动、不用费多大气力自然而然就可以跨过的阶段，而是一个动态、积极有为、始终洋溢着蓬勃生机活力的过程，是一个阶梯式递进、不断发展进步、日益接近质的飞跃的量的积累和发展变化的过程。全面建设社会主义现代化国家、基本实现社会主义现代化，既是社会主义初级阶段我国发展的要求，也是我国社会主义从初级阶段向更高阶段迈进的要求。[①]

习近平总书记指出，当今世界正经历百年未有之大变局，但时与势在我们一边，这是我们定力和底气所在，也是我们的决心和信心所在。同时，必须清醒看到，当前和今后一个时期，虽然我国发展仍然处于重要战略机遇期，但机遇和挑战都有新的发展变化，机遇和挑战之大都前所未有，总体上机遇大于挑战。全党必须继续谦虚谨慎、艰苦奋斗，调动一切可以调动的积极因素，团结一切可以团结的力量，全力办好自己的事，锲而不舍实现我们的既定目标。[②]

二要正确认识大是大非问题。具备科学把握形势变化、精准识别现象本质、清醒明辨行为是非、有效抵御风险挑战的能力，简单地讲其实就是党员干部要善于从政治上明辨大是大非。一般而言，“是”就是正确，“非”就是错误，而这里强调的大是大非是指带有原则性、根本性的是非问题。所谓原则性问题，就是指做人、做事是否侵犯了国家法律、道德底线或公众共同认知的理念，是否侵害了国家、集体利益，是否冒犯了个人尊严等问题。触犯了原则性问题，通常是无可挽回的，要按照党纪国法严肃处理。因此，要用辩证的观点理解大是大非观，从根本上把握大是大非问题，提高广大党员干部明辨大是大非的能力。

在革命战争时期，党员干部如果不明大是大非，放松政治警惕，就会给自己和革命战友带来灭顶之灾，给党组织带来巨大损失。同样，在和平时期，党员干部如果不明大是大非，不仅会毁掉自己的前途，而且

---

① 《习近平在省部级主要领导干部学习贯彻党的十九届五中全会精神专题研讨班开班式上发表重要讲话强调 深入学习坚决贯彻党的十九届五中全会精神 确保全面建设社会主义现代化国家开好局》，《人民日报》2021年1月12日。

② 《习近平在省部级主要领导干部学习贯彻党的十九届五中全会精神专题研讨班开班式上发表重要讲话强调 深入学习坚决贯彻党的十九届五中全会精神 确保全面建设社会主义现代化国家开好局》，《人民日报》2021年1月12日。

会危害党和国家的事业。因此，党员干部保持清醒头脑，筑牢拒腐防变的思想防线，是在任何时候、任何情况下都必须做到的，只有这样才能在重大原则问题上站稳立场、明辨是非，才能做到深刻领会中央精神，坚决落实党中央决策部署。

三要在实际工作中锻炼各种能力。实践是认识的来源，只靠理论知识是远远不够的。理论是离不开实践的，要把理论放在实践中，不断地发现问题、解决问题，才能逐步提升科学把握形势变化、精准识别现象本质、清醒明辨行为是非、有效抵御风险挑战的能力，否则只有理论知识就是无源之水、无本之木。当下，我国的改革开放继续发展、经济社会继续发展，但在前进中出现了许多新的事物，出现了许多新的矛盾，这些事物和矛盾都需要党员干部去认识和解决，党员干部只有在实践中不断探索、大胆地闯、大胆地试，才能正确地认识新的事物，才能找到解决矛盾的办法。同时，实践是检验真理的唯一标准，党员干部要判断理论正确与否，不能以主观感觉去判断，必须在丰富的社会实践的基础上去判断。党员干部只有勇于实践并在实践中不断丰富自己的知识，提高认识能力和理论水平，才能正确处理和解决新问题，提高各种能力。

此外，马克思主义的认识论告诉我们，一种真理性的认识，往往要经过实践、认识、再实践、再认识的多次反复才能得到，这是认识发展的基本规律，党员干部的能力正是在这种认识与实践的反复中得到提升的。所以，党员干部要积极参加实践活动，不断提高思想觉悟和认识能力，做到在改造客观世界的同时改造主观世界。

四要不断增强忧患意识。古人云：“生于忧患，死于安乐。”“居安思危，思则有备，有备无患。”2021 年 1 月 11 日，习近平总书记在省部级主要领导干部学习贯彻党的十九届五中全会精神专题研讨班开班式上强调，随着我国社会主要矛盾变化和国际力量对比深刻调整，必须增强忧患意识、坚持底线思维，随时准备应对更加复杂困难的局面。要坚持政治安全、人民安全、国家利益至上有机统一，既要敢于斗争，也要善于斗争，全面做强自己。[①]

党员的忧患意识是非常可贵的，这种可贵在于能够从“名为治平无事”中预见“实有不测之忧”，能够从有利中发现不利，能够未雨绸缪、防患于未然。运用辩证唯物主义和历史唯物主义的科学方法，辩证地、全面地看待我们已经取得的巨大成就与存在的各种问题之间的关系。尤其是做到在看到成就的同时，对前进道路上存在的问题不回避、不掩饰，始终用强烈的忧患意识正确认识自己，找准存在的不足，不被任何困难所吓倒，不被任何形式的干扰所迷惑，始终能够以清醒的头脑保持正确的前进道路和发展方向。当前，全体党员尤其是领导干部要增强忧患意识，不断激发人民群众的创造力和聪明才智，凝聚民心、激励斗志，努力圆满完成肩负的历史任务。

总之，在伟大实践中必须增强科学把握形势变化、精准识别现象本质、清醒明辨行为是非、有效抵御风险挑战的能力，善于从政治上分析问题、解决问题，才能带领广大人民群众在中国特色社会主义建设中取得更大的成就。正如习近平总书记在2021年新年贺词中指出的：“站在‘两个一百年’的历史交汇点，全面建设社会主义现代化国家新征程即将开启。征途漫漫，惟有奋斗。我们通过奋斗，披荆斩棘，走过了万水千山。我们还要继续奋斗，勇往直前，创造更加灿烂的辉煌！”[②]

---

① 《习近平在省部级主要领导干部学习贯彻党的十九届五中全会精神专题研讨班开班式上发表重要讲话强调 深入学习坚决贯彻党的十九届五中全会精神 确保全面建设社会主义现代化国家开好局》，《人民日报》2021年1月12日。

② 《国家主席习近平发表二〇二一年新年贺词》，《人民日报》2021年1月1日。

三、不断提高政治领悟力

领悟力是领导干部的基本能力之一。提高政治领悟力就是要求我们在对马克思主义理论学深悟透、对习近平新时代中国特色社会主义思想学深悟透、对党中央精神学深悟透上下功夫，这是提高领导干部政治判断力和政治执行力的基础。

（一）对马克思主义理论学深悟透

中国共产党是马克思主义政党，马克思主义是颠扑不破的真理，学习和掌握马克思主义理论是我们党保持自身先进性和纯洁性的必然要求，提升党员干部的马克思主义理论素养始终是党一贯的要求。

1. 马克思主义理论素养是党员干部的看家本领

早在1941年，刘少奇就指出："中国党有一极大的弱点，这个弱点，就是党在思想上的准备、理论上的修养是不够的，是比较幼稚的。因此，中国党过去的屡次失败，都是指导上的失败，是在指导上的幼稚与错误而引起全党或重要部分的失败，而并不是工作上的失败。"① 他具体分析

① 《刘少奇选集》上卷，人民出版社1981年版，第220页。

过中国共产党在理论上不足的原因，其中之一就是马克思主义的著作传入中国的历史不长。“由于这些原因，特别是我们党的主观努力不够，二十年来，我党虽有极丰富的实际斗争经验，但缺乏理论的弱点仍旧未能克服。这是我们今天还要以极大的努力来加以克服的。”[①]

无数的实践表明，一个政党必须具有正确的指导思想，否则就会失去发展的动力和方向。无产阶级政党要完成历史使命，更需要先进的指导思想，从而保持旺盛的生命力。中国共产党的发展历程用事实证明了把马克思主义作为指导思想的正确性和科学性。170 多年前，充满斗争精神、批判精神、革命精神的经典著作《共产党宣言》问世，这是人类思想史上的一个伟大事件，因为这部著作提供了认识世界、改造世界的强大思想武器，深刻改变了人类历史进程，为世界社会主义指明了正确前进方向，阐述了马克思主义和马克思主义政党，秉持人民立场、为人民大众谋利益、为全人类谋解放，揭示了人类社会最终走向共产主义的必然趋势，因而是马克思主义政党保持先进性和纯洁性的理论源头。

中国共产党是《共产党宣言》精神的忠实传人，始终坚持着马克思主义的指导。马克思主义与时代同步伐，与人民共命运，关注、回答时代和实践提出的重大课题。在马克思主义的大旗下，我们党开辟了新民主主义革命道路、社会主义革命和建设道路、中国特色社会主义道路，我们党坚持把马克思主义基本原理同中国具体实际相结合、同中华优秀传统文化相结合，立足不同历史时期的时代主题和实践要求，不断推进马克思主义中国化时代化，形成了毛泽东思想、中国特色社会主义理论体系、习近平新时代中国特色社会主义思想等重大理论成果，为党和国家事业发展提供了科学指引。中国共产党只有毫不动摇地坚持马克思主义，深刻感悟和把握马克思主义真理力量，不断进行理论创新，坚定马

---

① 《刘少奇选集》上卷，人民出版社1981年版，第222页。

克思主义信仰，才能取得更大的胜利，不断谱写新时代坚持和发展中国特色社会主义新篇章。

提高政治领悟力，不断提高马克思主义理论素养，这是我们党一以贯之的要求，是我们党取得革命、建设、改革的伟大胜利的前提和保障。习近平同志指出："在革命战争年代，毛泽东同志就主张一切有相当研究能力的共产党员，都要研究马克思列宁主义理论，干部应当着重研究，中央委员和高级干部尤其应当加紧研究。"① 的确如此，越是紧要关头，我们党越重视对马克思主义理论的学习。

大革命失败后，毛泽东结合中国革命的实际，灵活运用马克思主义，带领人民走出与众不同的正确的革命道路，在面对大量农民加入组织带来的难题时，尤其强调学习马克思主义理论以纯洁党的队伍，提出了思想建党的理论。在延安时期，全党进行了马克思主义学习竞赛，整个党的理论修养水平得到提高，全党思想上高度统一，为革命的胜利奠定了基础。

新中国成立后，如何执好政，如何更好地服务人民的问题摆在我们党面前，我们党更加强调学习马克思主义，用马克思主义指导中国的建设。改革开放后，中国的发展进入新的历史时期。中国共产党始终坚持和发展马克思主义，运用马克思主义立场、观点、方法观察、解决改革发展中的重大问题，取得了改革开放和现代化建设的巨大成就。

进入新时代，伟大斗争、伟大工程、伟大事业、伟大梦想的实践是复杂而艰巨的，这就需要我们不断学习马克思主义理论，提升理论素养去克服困难，解决矛盾，才能实现奋斗目标。正如习近平总书记所说的，

① 习近平：《领导干部要爱读书读好书善读书——在中央党校2009年春季学期第二批进修班暨专题研讨班开学典礼上的讲话》，《学习时报》2009年5月18日。

“在前进道路上，我们一定要加强全党的理论武装”[①]。

党肩负着实现中华民族伟大复兴的中国梦的重任，加强理论修养显得更加重要。正如习近平同志所强调的，全体党员都要加强理论修养，“尤其在党和国家处于历史转折时期、事业发展处于新的起点、前进道路上遇到大的困难、世界社会主义运动出现风波、国内外敌对势力借机制造思想混乱的时候，我们党更加注重用科学理论武装党员、教育干部，起到了统一全党思想、凝聚全党力量的重要作用”[②]。“理论上清醒，政治上才能坚定。坚定的理想信念，必须建立在对马克思主义的深刻理解之上，建立在对历史规律的深刻把握之上。全党要深入学习马克思列宁主义、毛泽东思想、邓小平理论、‘三个代表’重要思想、科学发展观，深入学习党的十八大以来党中央治国理政新理念新思想新战略，不断提高马克思主义思想觉悟和理论水平，保持对远大理想和奋斗目标的清醒认知和执着追求。”[③]因此，在新时代要完成肩负的历史使命，要熟练掌握马克思主义立场、观点、方法，要不断加强马克思主义理论修养，确保我们党永葆马克思主义政党本色，始终保持先进性和纯洁性，勇于克服前进中的困难和挑战。

2. 抓住马克思主义经典著作这个“牛鼻子”

“马克思主义是我们认识世界和改造世界的强大思想武器”[④]，1940年3月24日，中共中央书记处决定，把每年5月5日马克思诞辰日定为“学习节”，以推动党员干部学习马克思主义理论。1941年，中共中

---

① 习近平：《全面贯彻落实党的十八大精神要突出抓好六个方面工作》，《求是》2013年第1期。

② 习近平：《加强和改进新形势下党的建设的纲领性文献》，《人民日报》2009年10月9日。

③ 习近平：《在庆祝中国共产党成立95周年大会上的讲话》，人民出版社2016年版，第11—12页。

④ 习近平：《领导干部要爱读书读好书善读书——在中央党校2009年春季学期第二批进修班暨专题研讨班开学典礼上的讲话》，《学习时报》2009年5月18日。

央组织 120 余名高级干部认真学习马克思列宁主义著作和党的历史文件，党内开展了一场普遍的马克思主义理论学习活动。

进入改革开放新时期，以邓小平同志为主要代表的中国共产党人借鉴中国和其他社会主义国家兴衰成败的经验教训，强调必须坚持解放思想、实事求是的思想路线。所谓解放思想，就是指在马克思主义指导下打破习惯势力和主观偏见的束缚，研究新情况、解决新问题。解放思想，就是使思想和实际相符合，使主观和客观相符合。只有解放思想，才能达到实事求是；只有实事求是，才是真正地解放思想。只有坚持二者的统一，才能真正把握马克思主义思想路线的精髓。

1991 年 8 月，邓小平同几位中央负责同志谈话时反复强调，一定要坚持马克思主义，一定要坚持社会主义，“老祖宗不能丢”。他说：“我们搞改革开放，把工作重心放在经济建设上，没有丢马克思，没有丢列宁，也没有丢毛泽东。老祖宗不能丢啊！”[①]“老祖宗不能丢啊！”邓小平的这一名言需要共产党人牢牢记住。伴随着我国的改革开放，特别是苏联解体、苏共垮台以来，对于马克思主义的指导意义，一些人采取否定的态度，认为马克思主义已经过时了，没有生命力了；或者认为共产主义、社会主义是虚幻的，是不切实际的空想；或者对历史采取虚无主义的态度，否定中国革命的必要性。种种对待“老祖宗”不正确的态度，必然会影响到一些党员干部推进改革开放、坚定不移走中国特色社会主义道路的信心，因而是必须引起我们重视的。

为什么要坚持马克思主义？因为马克思主义是科学。马克思主义科学地论证了资本主义必然发展到社会主义，社会主义必然发展到共产主义的历史趋势。1992 年，邓小平在南方谈话中进一步指出：“有的外国人议论，马克思主义是打不倒的。打不倒，并不是因为大本子多，而是

① 《邓小平文选》第 3 卷，人民出版社 1993 年版，第 369 页。

因为马克思主义的真理颠扑不破。”“我坚信，世界上赞成马克思主义的人会多起来的，因为马克思主义是科学。”[①] 为什么要坚持社会主义？因为社会主义追求的是社会最大多数人的利益。

中国社会发展实践充分表明，只有社会主义才能救中国、发展中国。社会主义基本制度，不仅保障我们完成了民族独立和人民解放的历史任务，同时也为国家富强和人民富裕创造了前提。这是我们强调要在改革中坚持社会主义基本制度的根本原因。为什么要继承老一辈无产阶级革命家留下的优良传统和作风，因为这是我们党取得革命、建设、改革成功的力量源泉与根本保证。优良的党风是凝聚党心民心的巨大力量。

历史的教训值得注意，苏共垮台就是沉痛警示。作为有着 90 多年历史的大党，苏共未能在改革中奋起，反而在改革的冲击下瓦解了，这使人们不能不深深地思索。苏共垮台，当然有各种复杂的原因，但说到底是以戈尔巴乔夫为代表的苏共领导层背离了马克思列宁主义，丧失了共产主义理想信念。

由于戈尔巴乔夫思想深处的矛盾，导致他在改革过程中放弃了马克思主义，放弃了共产党的领导，在指导思想上鼓吹“多元化”，否定马列主义指导作用，进而否定了党和社会主义制度存在的理论基础；在奋斗目标上推崇“人道的、民主的社会主义”，放弃共产主义的发展方向；破坏民主集中制原则，使党内由思想混乱发展到组织分裂，削弱党的凝聚力和战斗力；实行多党制和总统制，使总统个人取代苏共中央，剥夺共产党的领导权。

这完全改变了苏共的性质，使苏共向社会民主党转变。戈尔巴乔夫不再提苏共是工人阶级的政党，只提“按自愿原则联合苏联公民的政治组织”。苏共不再是政治体制的核心和社会的领导力量，而变成其他政

---

① 《邓小平文选》第3卷，人民出版社1993年版，第382页。

党、社会团体的平等伙伴。苏共不再是战斗先锋队，而只是起议会作用的党。苏共是根据列宁的建党学说建立起来的同第二国际修正主义党有根本区别的工人阶级的先锋队，如果重新转向社会民主主义，实际是对列宁新型无产阶级政党理论的否定，也是对苏共自身的否定。这样做，也就否定了苏共执政的基础和合法性。

政治家必须有自己的理想信念并为之奋斗，单凭一时的热情是持久不了的。1936 年，毛泽东同斯诺谈话时说："我第二次到北平时，我读了许多关于苏联的事情，同时热烈地寻找当时中国所能见到的一点共产主义书籍。三本书特别深印在我的脑子里，并且建立了我对于马克思主义的信仰，我一旦接受它是历史的正确解释后，此后丝毫没有动摇过，这几本书是：《共产党宣言》，这是第一本以中文印的马克思主义书籍，考茨基的《阶级斗争》和柯卡普的《社会主义史》。一九二〇年夏，我在理论上和某种程度的行动上，变成马克思主义者，并且自此以后，我自认为是一个马克思主义者了。"①

当然，我们强调"老祖宗不能丢"，不是教条地照抄照搬，而是要同今天的实际相结合。马克思主义理论为我们党提供了正确的立场、观点、方法。强调"老祖宗不能丢"，根本目的就在于掌握和运用马克思主义立场、观点、方法，来解决我们面临的各种复杂矛盾和问题，把改革开放和社会主义现代化建设的伟大实践不断推向前进。把坚持马克思主义基本原理同推进马克思主义中国化结合起来，这是中国共产党成立 100 多年来的基本经验。特别是改革开放以来，我们既没丢"老祖宗"，又发展"老祖宗"，既坚持马克思主义基本原理，又根据当代中国实践和时代发展不断推进马克思主义中国化，使马克思主义更好地发挥了对改革开放实践的指导作用，赋予了马克思主义勃勃生机。这是我们党的

① 丁晓平：《毛泽东家风》，人民出版社 2019 年版，第 66 页。

基本经验，也是我们党在党的建设和社会主义建设实践中必须坚持的。

世纪之交，以江泽民同志为主要代表的中国共产党人提出的“三个代表”重要思想，创造性地回答了在长期执政的历史条件下建设什么样的党、怎样建设党的问题。江泽民强调，贯彻“三个代表”要求，我们必须坚持党的解放思想、实事求是的思想路线，大力发扬求真务实、勇于创新的精神，创造性地推进党和国家的各项工作，在实践中不断丰富和发展马克思主义。

党的十六大以来，以胡锦涛同志为主要代表的中国共产党人紧密结合新世纪新阶段国际国内形势的发展变化，提出以人为本，科学发展，在新的历史条件下把马克思主义中国化继续推向前进。胡锦涛强调，对马克思主义的信仰，对社会主义和共产主义的信念，是共产党人的政治灵魂，是共产党人经受住任何考验的精神支柱。要抓好思想理论建设这个根本，教育引导党员干部矢志不渝为中国特色社会主义共同理想而奋斗。

党的十八大以来，面对社会思潮活跃、思想多元的复杂形势，面对一些党员干部信仰迷茫、精神迷失、道德滑坡的严重问题，习近平总书记强调，理想信念始终是共产党人安身立命的根本，“必须坚定对马克思主义的信仰、对共产主义和社会主义的信念、对党和人民的忠诚”①。他强调：“马克思列宁主义，为中国人民点亮了前进的灯塔。”②“不断提高全党运用马克思主义分析和解决实际问题的能力，不断提高运用科学理论指导我们应对重大挑战、抵御重大风险、克服重大阻力、解决重大矛盾

① 中共中央党史和文献研究院编：《习近平关于全面从严治党论述摘编（2021年版）》，中央文献出版社2021年版，第166页。
② 习近平：《在纪念毛泽东同志诞辰120周年座谈会上的讲话》，人民出版社2013年版，第4页。

的能力。”[①] 学习马克思、列宁等的重要著作可以直接获取马克思主义理论，这是最直接和有效的方法。

首先是为什么强调党员干部必须认真学习马克思主义经典著作。这与著作的内容是分不开的，学习马克思主义经典著作有诸多作用。

提升思想境界。在学习马克思主义经典著作的过程中，经典作家们的崇高风范和人格力量会潜移默化地影响学习者，通过学习经典著作，学习者的思想境界和道德情操就会被感染，在潜移默化中得到升华。

提升战略洞察力。新时代，进行深化改革肯定会遇到很多难题，要解决好这些难题，就需要向马克思主义请教。党员干部通过认真阅读经典著作不但可以增加思想深度、开阔视野，更重要的是可以不断地训练思维方式，把基本原理同实际更加紧密地结合起来，形成脚踏实地的工作作风和高瞻远瞩的洞察力。

推进实际工作。学习经典著作，不仅可以提升理论修养水平，还可以指导实际工作，着力解决影响和制约科学发展的突出问题，通过学习经典著作，把思想方法搞正确，不断把中国特色社会主义事业推向前进。正确的思想方法有助于增强工作的科学性和全面性，开创工作的新局面。

其次是读哪些马克思主义经典著作。这对正确学习马克思主义极其重要，学习马克思主义经典著作，党的几代领导人都反复强调和重视，党史上就出现过多次学习运动。“加强对马、恩、列、斯著作的学习”[②] 就是毛泽东当年多次要求和强调的。经常读经典著作，才能树立对马克思主义的科学态度。毛泽东在 1949 年还列出了 12 部“干部必读”的马列著作。邓小平则强调学马列要精，要管用的。江泽民、胡锦涛更是要求加深对经典著作的学习。习近平同志要求要突出重点，精选精学，如

① 《习近平谈治国理政》第2卷，外文出版社2017年版，第67页。
② 《毛泽东文集》第3卷，人民出版社1996年版，第284页。

“精读马克思主义经典的代表性著作”就是他在考察中国人民大学的时候提出来的。他特意指出《马克思恩格斯文集》《列宁专题文集》中的代表性篇目要精读，并且点出了《共产党宣言》《〈政治经济学批评〉序言》《路德维希·费尔巴哈和德国古典哲学的终结》《社会主义从空想到科学的发展》，以及列宁的《国家与革命》《唯物主义与经验批判主义》《论粮食税》《共产主义运动中的“左派”幼稚病》等文章，强调这些文章有的阐明了马克思主义的世界观和方法论，有的对唯物史观做了深入阐释，有的介绍了科学社会主义基本理论，有的阐发了马克思主义国家学说，有的探索了社会主义建设的道路。这些都对中国的革命和建设具有指导意义，对党员干部而言一定会有很大收益。党员干部要提升理论修养，就要挤时间来学习这些经典著作。

最后是用哪些方法来学习这些经典著作。学习经典著作不但需要求知的渴望，更需要有恰当的学习方法，做到事半功倍。否则，就会很难入脑入心，就不能做到真正掌握，更谈不上灵活运用。

在学习马克思主义经典著作上，一是要高度重视。共产党人的政治信仰就是马克思主义，当下，各种社会思潮对马克思主义产生了巨大的冲击，给我们的思想带来挑战。只有认真学习马克思主义经典著作，把马克思主义作为看家本领，才能抵御各种错误思潮，掌握其中的思想资源和理论精华，才能避免在错综复杂的形势中无所适从，“真正做到对马克思主义虔诚而执着、至信而深厚”[①]。

二是要刻苦钻研原著。要真正对马克思主义精神实质深刻理解，离不开对原著的刻苦钻研，要原原本本、反反复复地读，要在细嚼慢咽中去感悟，决不能浅尝辄止、浮光掠影。只有在原著中，才能看到直接而严谨的理论阐述，才能杜绝种种误读。马克思指出他们的著作用了前人

① 《习近平著作选读》第1卷，人民出版社2023年版，第336页。

没有使用的方法，这就使得著作的阅读和理解相当困难，为了充分理解，我们可以阅读一些辅助材料，但不能代替对原著的阅读。恩格斯曾经多次要求按照作者的原样去阅读，不是根据第二手的材料来研究。列宁也多次指出，对于读不懂的地方要反复读，而决不能被困难吓倒，要再三研究、反复探讨。新时代，党员干部学习马克思主义经典著作，更是要研读原著，认真体会其中历久弥新的思想价值。要持之以恒地读，如饥似渴地读，聚沙成塔，坚持研读下去，成为常态。

三是要抓住学习的重点。学习马克思主义经典著作，掌握马克思主义基本原理，这是重中之重、是最关键的。在面对非马克思主义思潮时就能看清其本质，破除教条式的理解，更好地掌握和运用马克思主义。抓好学习的重点，还要突出重点，精选精学，如习近平总书记就强调，“努力把马克思主义哲学作为自己的看家本领”①。

四是要注重对科学理论的运用。学习的目的在于运用，理论本身就是行动指南。全体党员认真学习经典著作，不是用本本去框实践，而是用其中的理论来认识现实世界，运用其中的世界观和方法论来深化对新时代的认识，探寻解决问题的途径，提升解决问题的能力。“学习的目的全在于运用。领导干部加强学习，根本目的是增强工作本领、提高解决实际问题的水平。”②

五是要在学习经典著作中解决好理想信念问题。我们党以实现共产主义为最高理想和最终目标，马克思主义经典著作坚持了人民立场，是从人民的根本利益出发来解释世界的，科学论证和阐释了社会主义、共产主义的历史趋势，科学分析和抨击了资本主义。

---

① 中共中央文献研究室编：《习近平关于全面建成小康社会论述摘编》，中央文献出版社2016年版，第192页。

② 习近平：《在中央党校建校80周年庆祝大会暨2013年春季学期开学典礼上的讲话》，人民出版社2013年版，第10页。

3. 与时俱进地学习中国化马克思主义理论

历史在前进，时代在发展，实践也在不断地进行着。加强理论修养，不但要坚持马克思主义，还要随着时代的进步和实践的发展来学习、运用、丰富马克思主义。正如马克思、恩格斯所强调的，马克思主义不是教条，而是对包含着一连串互相衔接的阶段的发展过程的阐明。“我们要以科学的态度对待科学，以真理的精神追求真理，不断赋予马克思主义以新的时代内涵。”① 只有与时俱进地创新和发展马克思主义，不断注入新鲜血液，时刻保持马克思主义的生机和活力，才能真正坚持马克思主义。当下，“不掌握这些，你根据什么制定决策、解决问题呀？”② 最重要的就是认真学习和掌握习近平新时代中国特色社会主义思想，用这一最新的中国化马克思主义武装头脑，作为行动的指针。

首先是学习毛泽东思想。习近平总书记指出，毛泽东是“马克思主义中国化的伟大开拓者”③。毛泽东为了寻找救国的真理，经历了艰辛的探索，经过反复比较和鉴别，在纷然杂陈的各种观点和路径中选择了马克思主义，在之后的革命生涯中，不管风吹浪打，毛泽东都矢志不移，为实现共产主义奋斗终身。

面对中国的特殊国情，毛泽东没有生搬硬套马克思列宁主义，同教条主义倾向作了坚决斗争。他坚持把马克思主义基本原理同中国具体实际相结合，开辟了新民主主义革命的正确道路，实现了马克思主义中国化的第一次历史性飞跃，创立了毛泽东思想。作为中国共产党的科学指导思想，毛泽东思想是被实践证明了的关于中国革命和建设的正确的理

---

① 习近平：《学习马克思主义基本理论是共产党人的必修课》，《求是》2019年第22期。

② 习近平：《在中央党校建校80周年庆祝大会暨2013年春季学期开学典礼上的讲话》，人民出版社2013年版，第8页。

③ 习近平：《在纪念毛泽东同志诞辰130周年座谈会上的讲话》，人民出版社2023年版，第1页。

论原则和经验总结，教育了几代中国共产党人，是党和人民宝贵的精神财富。在革命和建设的伟大实践中，必须始终坚持毛泽东思想的指导地位。邓小平强调，“毛泽东思想这个旗帜丢不得”“我们将永远高举毛泽东思想的旗帜前进”。

新时代，习近平总书记强调：“任何时候都不能动摇高举毛泽东思想旗帜的原则，我们将永远高举毛泽东思想的旗帜前进。”[①]中国特色社会主义理论体系，包括习近平新时代中国特色社会主义思想，其理论渊源与毛泽东思想既一脉相承又与时俱进。学习贯彻习近平新时代中国特色社会主义思想，必须深刻把握其与毛泽东思想既一脉相承又与时俱进的理论逻辑关系，这就要求我们首先要学好毛泽东思想这一马克思主义中国化的开创性成果。

新时代新征程，对毛泽东思想不但要毫不动摇地坚持，更要在认识世界和改造世界中真正运用，在解决实际问题的同时不断开拓新境界。

2013 年 12 月 26 日，习近平总书记在纪念毛泽东同志诞辰 120 周年座谈会上的讲话中指出：“毛泽东思想活的灵魂是贯穿其中的立场、观点、方法，它们有三个基本方面，这就是实事求是、群众路线、独立自主。新形势下，我们要坚持和运用好毛泽东思想活的灵魂，把我们党建设好，把中国特色社会主义伟大事业继续推向前进。”[②]他还指出：“毛泽东同志是伟大的马克思主义者，伟大的无产阶级革命家、战略家、理论家，是马克思主义中国化的伟大开拓者，是近代以来中国伟大的爱国者和民族英雄，是党的第一代中央领导集体的核心，是领导中国人民彻底

① 习近平：《在纪念毛泽东同志诞辰120周年座谈会上的讲话》，人民出版社2013年版，第9页。

② 习近平：《在纪念毛泽东同志诞辰120周年座谈会上的讲话》，人民出版社2013年版，第14—15页。

改变自己命运和国家面貌的一代伟人。”[①]“毛泽东同志属于中国，也属于世界。他不仅赢得了全党全国各族人民爱戴和敬仰，而且赢得了世界上一切向往进步的人们敬佩。毛泽东同志的革命实践和光辉业绩已经载入中华民族史册。他的名字、他的思想、他的风范，将永远鼓舞我们继续前进。”[②]

其次是学习中国特色社会主义理论体系。中国特色社会主义理论体系开拓了马克思主义的新境界，具有鲜明的时代特征和中国特色，是当代中国发展进步的旗帜，坚持了科学社会主义的基本原则。邓小平理论是马克思列宁主义基本原理同当代中国实践和时代特征相结合的产物，是毛泽东思想在新的历史条件下的继承和发展，是马克思主义在中国发展的新阶段，是当代中国的马克思主义，是中国共产党集体智慧的结晶，引导着我国社会主义现代化事业不断前进。

邓小平理论对中国社会主义的发展道路、中国社会主义的发展阶段、中国社会主义的根本任务、中国社会主义的发展动力、中国社会主义建设的外部条件、中国社会主义建设的政治保证、中国社会主义建设的战略步骤、中国社会主义的领导力量和依靠力量以及祖国统一等重大理论和实践问题作出了科学回答。邓小平理论最鲜明的特点和最突出的贡献，在于初步回答了“什么是社会主义、怎样建设社会主义”的问题，为我国的社会主义现代化建设指明了道路和方向。

党的十五大报告以《高举邓小平理论伟大旗帜，把建设有中国特色社会主义事业全面推向二十一世纪》为主题，着重指出：“旗帜问题至关紧要。旗帜就是方向，旗帜就是形象。坚持十一届三中全会以来的路线

---

① 习近平：《在纪念毛泽东同志诞辰120周年座谈会上的讲话》，人民出版社2013年版，第1—2页。

② 习近平：《在纪念毛泽东同志诞辰120周年座谈会上的讲话》，人民出版社2013年版，第10页。

不动摇，就是高举邓小平理论的旗帜不动摇。”①“邓小平理论是当代中国的马克思主义，是马克思主义在中国发展的新阶段。”“在当代中国，只有把马克思主义同当代中国实践和时代特征结合起来的邓小平理论，而没有别的理论能够解决社会主义的前途和命运问题。”②

邓小平理论是对毛泽东思想的继承和发展。“在当代中国，马克思列宁主义、毛泽东思想、邓小平理论，是一脉相承的统一的科学体系。坚持邓小平理论，就是真正坚持马克思列宁主义、毛泽东思想；高举邓小平理论的旗帜，就是真正高举马克思列宁主义、毛泽东思想的旗帜。”③在邓小平理论的指导下，实现把党和国家工作中心从“以阶级斗争为纲”转移到经济建设上来，实行了改革开放，开辟了社会主义事业发展的新时期，逐步形成了建设中国特色社会主义的路线方针政策，特别是制定了党在社会主义初级阶段的基本路线。同这条基本路线相适应，我们党还形成了包括政治、经济、文化、教育、科技、军事、外交等各方面的一整套方针政策。在党的基本路线和各项方针政策的指导下，中国的改革开放取得了举世瞩目的巨大成就。

党的十三届四中全会以来，以江泽民同志为主要代表的中国共产党人，在建设中国特色社会主义的实践中，深化了对什么是社会主义、怎样建设社会主义和建设什么样的党、怎样建设党的认识，积累了治党治国新的宝贵经验，形成了“三个代表”重要思想。“三个代表”重要思想是对马克思列宁主义、毛泽东思想、邓小平理论的继承和发展，反映了当代世界和中国的发展变化对党和国家工作的新要求，是加强和改进党的建设、推进我国社会主义自我完善和发展的强大理论武器，是中国共产党集体智慧的结晶，是党必须长期坚持的指导思想。始终做到“三个

① 《江泽民文选》第2卷，人民出版社2006年版，第1页。
② 《江泽民文选》第2卷，人民出版社2006年版，第9页。
③ 《江泽民文选》第2卷，人民出版社2006年版，第12页。

代表”，是我们党的立党之本、执政之基、力量之源。

在进一步回答“什么是社会主义、怎样建设社会主义”的问题时，“三个代表”重要思想创造性地运用马克思列宁主义、毛泽东思想特别是邓小平理论，紧密结合时代发展的新形势、我国广大人民群众的新期待、我国改革开放和社会主义现代化建设的新实践，提出了一系列重要思想：关于实现好、维护好、发展好最广大人民根本利益的思想，关于把发展作为党执政兴国第一要务的思想，关于全面建设惠及十几亿人口的更高水平的小康社会的思想，关于坚持和完善社会主义基本经济制度的思想，关于建立和完善社会主义市场经济体制的思想，关于推进经济结构战略性调整和转变经济发展方式的思想，关于推进西部大开发、促进区域协调发展的思想，关于实施“引进来”和“走出去”相结合的开放战略的思想，关于建设社会主义政治文明、发展社会主义民主政治的思想，关于实行依法治国基本方略、建设社会主义法治国家的思想，关于发展社会主义先进文化的思想，关于实行依法治国和以德治国相结合的思想，关于推动社会主义物质文明、政治文明、精神文明协调发展的思想，关于促进人的全面发展的思想，关于正确处理改革发展稳定关系的思想，关于正确处理人民内部矛盾的思想，关于贯彻新时期军事战略方针、推进中国特色军事变革的思想，关于发展两岸关系、推进祖国和平统一进程的思想，关于促进世界多极化和国际关系民主化的思想，关于正确顺应和引导经济全球化、促进共同发展的思想，等等。

这些重大思想进一步回答了建设中国特色社会主义的发展道路、发展阶段、发展战略、根本目的、根本任务、发展动力、依靠力量、国际战略等重大问题，是对马克思主义理论的重大贡献。这些新论断既坚持马克思主义基本原理，又具有鲜明的时代特征，是坚持和发展马克思主义的典范，也是坚持和发展社会主义的典范。学习“三个代表”重要思想，必须牢牢把握建设中国特色社会主义这个主题，进一步深刻认识和科学回答什么是社会主义、怎样建设社会主义这个根本问题，更好地把中国特色社会主义伟大事业推向前进。

在创造性地回答“建设什么样的党、怎样建设党”的问题时，“三个代表”重要思想强调，在新的历史条件下加强党的建设，重点是要把握好党的历史方位，以改革的精神加强和改进党的建设，切实解决好提高党的领导水平和执政水平、提高拒腐防变和抵御风险能力这两大历史性课题，为此提出了一系列重要思想：关于中国共产党是中国工人阶级的先锋队、同时是中国人民和中华民族的先锋队的思想，关于坚持立党为公、执政为民的思想，关于坚持思想建党、理论强党，不断推进马克思主义中国化的思想，关于加强党的长期执政能力建设、完善党的领导方式和执政方式的思想，关于坚持民主集中制、发展党内民主的思想，关于始终保持党同人民群众的血肉联系、巩固党的阶级基础和扩大党的群众基础的思想，等等。

这些重大思想是在新的历史条件下对马克思主义党建理论的重大发展，为党的建设指明了前进方向和现实途径。我们学习“三个代表”重要思想，必须紧紧抓住党的建设这个关键，进一步深刻认识和科学回答在长期执政的历史条件下“建设什么样的党、怎样建设党”的重大问题，更好地把党的建设新的伟大工程推向前进，使党始终充满创造力、凝聚力、战斗力，始终成为中国特色社会主义事业的坚强领导核心。

“三个代表”重要思想最鲜明的特点和最突出的贡献，在于用一系列紧密联系、相互贯通的新思想、新观点、新论断，进一步回答了什么是社会主义、怎样建设社会主义的问题，创造性地回答了在长期执政的历史条件下“建设什么样的党、怎样建设党”的问题，深化了我们对新的时代条件下推进中国特色社会主义事业和加强党的建设的规律的认识。

进入 21 世纪，在新的历史起点上，随着经济社会的高速发展，阶段性特征和新矛盾出现。为了解决好这些问题，以胡锦涛同志为主要代表的中国共产党人在推进中国特色社会主义伟大实践中提出科学发展观，有效解决了发展中的难题，有力推动了经济社会的又好又快发展。科学发展观是经验的总结和理论的深化，将对“三大规律”的认识上升到新的高度，必须长期坚持。中国特色社会主义理论体系是马克思主义中国化的重大理论成果，与毛泽东思想既一脉相承又与时俱进，丰富和发展了马克思主义，从我国的实际出发，提出新思想、新观点、新论断。

中国特色社会主义理论体系始终坚持马克思主义的根本立场。要求党员干部用好人民赋予的权力，决不能违背马克思主义立场。中国特色社会主义理论体系坚持了马克思主义的观点，在面对社会主义建设的丰富实践时，用马克思主义的观点观察、分析和解决问题，尤其是坚持人类发展规律，激励着共产党人勇往直前，不断探索，实现一个又一个壮举。中国特色社会主义理论体系坚持了马克思主义的方法，如实事求是的思想方法、唯物辩证法等，很好地处理了发展中的难题。所以，新时代的党员干部要提升理论修养，就必须认真学习、掌握、运用中国特色社会主义理论体系。

（二）对习近平新时代中国特色社会主义思想学深悟透

时代是思想之母，实践是理论之源。党的十八大以来，国内外形势变化和我国各项事业发展都给我们提出了一个重大时代课题，必须从理论和实践结合上系统回答新时代“坚持和发展什么样的中国特色社会主义、怎样坚持和发展中国特色社会主义”。以习近平同志为主要代表的中国共产党人，坚持把马克思主义基本原理同中国具体实际相结合、同中华优秀传统文化相结合，坚持毛泽东思想、邓小平理论、“三个代表”重要思想、科学发展观，深刻总结并充分运用党成立以来的历史经验，从新的实际出发，创立了习近平新时代中国特色社会主义思想。

1. 把握习近平新时代中国特色社会主义思想的内涵

习近平新时代中国特色社会主义思想，是对马克思列宁主义、毛泽东思想、邓小平理论、“三个代表”重要思想、科学发展观的继承和发展，是马克思主义中国化最新成果，是党和人民实践经验和集体智慧的结晶，是中国特色社会主义理论体系的重要组成部分，必须长期坚持并不断发展。习近平新时代中国特色社会主义思想的创立标志着我们党的指导思想又一次实现了与时俱进。进行伟大斗争、建设伟大工程、推进伟大事业、实现伟大梦想必须坚持用习近平新时代中国特色社会主义思想作为基本遵循和指导思想。

对习近平新时代中国特色社会主义思想学深悟透就是要深刻领会习近平新时代中国特色社会主义思想的重大意义、时代背景、实践基础和历史地位，真正把握这一理论的丰富内涵和基本观点，深刻理解这一理论同马克思列宁主义、毛泽东思想、邓小平理论、“三个代表”重要思想、科学发展观既一脉相承又与时俱进的内在关系。决不能满足于一知半解，也不能停滞在字面上、口头上，不能不懂装懂和似懂非懂，不能只知其一、不知其二，只知其表、不知其里，只求一知半解、不求甚解，只知只言片语、不知精神实质。

在我国社会主义初级阶段，随着社会主义市场经济深入发展，我国的经济成分、组织形式、就业方式、利益关系和分配方式日益多样化，不可避免会出现各种各样的问题。习近平新时代中国特色社会主义思想贯通改革发展稳定、内政外交国防、治党治国治军等各个领域，是一个逻辑严密、系统完整、相互贯通的科学理论体系。对习近平新时代中国特色社会主义思想学深悟透，必须全面把握其理论体系和实践要求，用以指导改革发展稳定、内政外交国防、治党治国治军等各个领域的工作。

2. 对习近平新时代中国特色社会主义思想真学、真信、真懂、真用

党的十九大报告对习近平新时代中国特色社会主义思想的时代背景、

历史地位、理论品格、科学内涵和指导意义作了深刻、系统的阐述。

习近平新时代中国特色社会主义思想全方位、创造性地发展了马克思主义，是马克思主义中国化的最新理论成果，是全党全国人民为实现中华民族伟大复兴而奋斗的行动指南，具有重大政治意义、理论意义、实践意义，必须长期坚持并不断发展。深入学习贯彻这一理论创新，对于统一全党思想、凝聚奋进力量、明确发展方向，更好地担负起新时代赋予我们党的进行伟大斗争、建设伟大工程、推进伟大事业、实现伟大梦想，全面建成社会主义现代化强国的崇高使命，意义重大而深远。

《共产党宣言》发表170多年的实践证明，马克思主义只有与中国国情相结合、与时代发展同进步、与人民群众共命运，才能焕发出强大的生命力、创造力、感召力，才能更好地指导中国特色社会主义事业的发展。用习近平新时代中国特色社会主义思想武装全党，是坚持和发展中国特色社会主义的必然要求，是实现第二个百年奋斗目标、实现中华民族伟大复兴中国梦的必然要求，是推动全面从严治党向纵深发展的必然要求，是建设高素质专业化干部队伍的必然要求。科学理论是战胜艰难险阻的强大思想武器。要用习近平新时代中国特色社会主义思想武装全党，不断提高全党的理论自觉，更加重视理论创新和理论建设，增强应对重大挑战、抵御重大风险、克服重大阻力、解决重大矛盾的勇气，努力把学习的理论成果转化为推动经济社会发展的有效举措，绘就无愧于时代、无愧于人民、无愧于历史的新蓝图。

深入学习习近平新时代中国特色社会主义思想，要求更加深刻地领会习近平新时代中国特色社会主义思想的政治意义、理论意义、实践意义和方法论意义，准确把握其精神实质、核心要义、重要观点。习近平新时代中国特色社会主义思想，从理论和实践结合上系统回答了新时代“坚持和发展什么样的中国特色社会主义、怎样坚持和发展中国特色社会主义”这个重大时代课题，回答了新时代坚持和发展中国特色社会主义的总目标、总任务、总体布局、战略布局和发展方向、发展方式、发展动力、战略步骤、外部条件、政治保证等基本问题，并且根据新的实践对经济、政治、法治、科技、文化、教育、民生、民族、宗教、社会、生态文明、国家安全、国防和军队、“一国两制”和祖国统一、统一战线、外交、党的建设等各方面作出理论分析和政策指导。全党要深刻领会习近平新时代中国特色社会主义思想的精神实质和丰富内涵。

学习的价值在实践。在准确理解把握习近平新时代中国特色社会主义思想精神实质和丰富内涵的基础上，要把习近平新时代中国特色社会主义思想全面准确贯彻落实到各项工作中。用习近平新时代中国特色社会主义思想武装全党，是党员干部补钙壮骨、固本培元的基础性工程。我们必须切实增强政治责任感和历史使命感，采取有力措施，探索新路径、新方法武装全党。要将对理论创新成果的学习转化为推动经济社会发展的科学举措，成为改造广大党员干部主客观世界的锐利武器。

“不忘初心、牢记使命”。中国共产党人的初心和使命，就是为中国人民谋幸福、为中华民族谋复兴。这个初心和使命是激励中国共产党人不断前进的根本动力。全党同志一定要永远与人民同呼吸、共命运、心连心，永远把人民对美好生活的向往作为奋斗目标，以永不懈怠的精神状态和一往无前的奋斗姿态，继续朝着实现中华民族伟大复兴的宏伟目标奋勇前进。习近平新时代中国特色社会主义思想的精髓就是为人民谋幸福、为民族谋复兴。学习习近平新时代中国特色社会主义思想，要在领会其基本内容的同时，深入理解和掌握贯穿其中的精髓要义，推动全党更加自觉地为实现党的历史使命不懈奋斗。

习近平新时代中国特色社会主义思想具有实践性、时代性、创造性等鲜明品格，是从新时代中国特色社会主义全部实践中产生的理论结晶，是推动新时代党和国家事业不断向前发展的科学指南。加强政治建设，提高政治领悟力要求我们用习近平新时代中国特色社会主义思想武装头脑、指导实践、推动工作，不断开创事业发展新局面。要深入学习领会，把学习习近平新时代中国特色社会主义思想和党中央精神结合起来，增强“四个意识”、坚定“四个自信”、做到“两个维护”，学以致用、知行合一，切实推动党中央关于“十四五”时期发展的重大决策部署落到实处。

（三）对党中央精神学深悟透

“回顾党的奋斗历程可以发现，中国共产党之所以能够历经艰难困苦而不断发展壮大，很重要的一个原因就是我们党始终重视思想建党、理论强党，使全党始终保持统一的思想、坚定的意志、协调的行动、强大的战斗力。”[①] 提高政治领悟力，就要认真学习马克思主义理论，对党中央精神深入学习、融会贯通，坚持用党中央精神分析形势、推动工作，始终同党中央保持高度一致。

1. 对党中央精神深入学习、融会贯通

我们党是一个勇于追求真理、修正错误，善于总结经验、不断提高自己的党，在建党 100 多年的历史中，特别是在 70 多年执政实践中，积累了成功经验。党的理论创新、指导思想的与时俱进关系到党和国家各项事业的深层次推进，关乎党和国家的前途命运。党的十八大以来，党和国家各项事业之所以能够开新局、谱新篇，根本在于以习近平同志为核心的党中央的坚强领导。提高政治领悟力，要求我们吃透中央精神，用中央精神分析形势、推动工作。

进入新时代，面对世界经济复苏乏力、局部冲突和动荡频发、全球性问题加剧的外部环境，面对我国经济发展进入新常态等一系列深刻变化，我们党以巨大的政治勇气和强烈的责任担当，提出一系列新理念新

① 《习近平谈治国理政》第3卷，外文出版社2020年版，第74页。

思想新战略，出台一系列重大方针政策，推出一系列重大举措，推进一系列重大工作，解决了许多长期想解决而没有解决的难题，办成了许多过去想办而没有办成的大事，推动党和国家事业发生了历史性变革。

2017年，党的十九大提出了进一步发展中国特色社会主义的战略部署。党的十九届四中全会审议通过了《中共中央关于坚持和完善中国特色社会主义制度、推进国家治理体系和治理能力现代化若干重大问题的决定》。对党中央精神学深悟透，要求我们以习近平新时代中国特色社会主义思想为指导，增强“四个意识”、坚定“四个自信”、做到“两个维护”，坚持党的领导、人民当家作主、依法治国有机统一，坚持解放思想、实事求是，坚持改革创新，突出坚持和完善支撑中国特色社会主义制度的根本制度、基本制度、重要制度，着力固根基、扬优势、补短板、强弱项，构建系统完备、科学规范、运行有效的制度体系，加强系统治理、依法治理、综合治理、源头治理，把我国制度优势更好转化为国家治理效能，为实现第二个百年奋斗目标、实现中华民族伟大复兴的中国梦提供有力保证。

2020年，党的十九届五中全会审议通过了《中共中央关于制定国民经济和社会发展第十四个五年规划和二〇三五年远景目标的建议》。对党中央精神学深悟透，就是要以习近平新时代中国特色社会主义思想为指导，全面贯彻党的十九大和十九届二中、三中、四中全会精神，增强“四个意识”、坚定“四个自信”、做到“两个维护”，统筹推进“五位一体”总体布局，协调推进“四个全面”战略布局，坚持稳中求进工作总基调，坚持新发展理念，坚定不移推进改革开放，沉着有力应对各种风险挑战，统筹新冠疫情防控和经济社会发展工作，把人民生命安全和身体健康放在第一位，把握扩大内需这个战略基点，深化供给侧结构性改革，加大宏观政策应对力度，扎实做好“六稳”工作、全面落实“六保”任务[①]，坚决维护国家主权、安全、发展利益，疫情防控工作取得重大战略成果，三大攻坚战扎实推进，经济增长好于预期，人民生活得到有力保障，社会大局保持稳定，中国特色大国外交积极推进，党和国家各项事业取得新的重大成就。

2021年1月11日，习近平总书记在省部级主要领导干部学习贯彻党的十九届五中全会精神专题研讨班开班式上发表重要讲话强调：“进入新发展阶段、贯彻新发展理念、构建新发展格局，是由我国经济社会发展的理论逻辑、历史逻辑、现实逻辑决定的，三者紧密关联。进入新发展阶段明确了我国发展的历史方位，贯彻新发展理念明确了我国现代化建设的指导原则，构建新发展格局明确了我国经济现代化的路径选择。”[②]要深入学习、坚决贯彻党的十九届五中全会精神，准确把握新发展阶段，深入贯彻新发展理念，加快构建新发展格局，推动“十四五”时期高质量发展，确保全面建设社会主义现代化国家开好局、起好步。

习近平总书记强调，新发展阶段是社会主义初级阶段中的一个阶段，同时是其中经过几十年积累、站到了新的起点上的一个阶段。新发展阶段是我们党带领人民迎来从站起来、富起来到强起来历史性跨越的新阶段。经过新中国成立以来特别是改革开放40多年的不懈奋斗，我们已经拥有开启新征程、实现新的更高目标的雄厚物质基础。

新中国成立不久，我们党就提出建设社会主义现代化国家的目标，

---

① 《习近平在陕西考察时强调 扎实做好“六稳”工作落实“六保”任务 奋力谱写陕西新时代追赶超越新篇章》，《人民日报》2020年4月24日：中共中央总书记、国家主席、中央军委主席习近平近日在陕西考察时强调，要全面落实党中央决策部署，坚持稳中求进工作总基调，坚持新发展理念，扎实做好稳就业、稳金融、稳外贸、稳外资、稳投资、稳预期工作，全面落实保居民就业、保基本民生、保市场主体、保粮食能源安全、保产业链供应链稳定、保基层运转任务，努力克服新冠肺炎疫情带来的不利影响，确保完成决战决胜脱贫攻坚目标任务，全面建成小康社会，奋力谱写陕西新时代追赶超越新篇章。

② 《习近平谈治国理政》第4卷，外文出版社2022年版，第178页。

未来30年将是我们完成这个历史宏愿的发展阶段。新发展理念是一个系统的理论体系，回答了关于发展的目的、动力、方式、路径等一系列理论和实践问题，阐明了我们党关于发展的政治立场、价值导向、发展模式、发展道路等重大政治问题。全党必须完整、准确、全面贯彻新发展理念，一是从根本宗旨上把握新发展理念，二是从问题导向上把握新发展理念，三是从忧患意识上把握新发展理念。

加快构建以国内大循环为主体、国内国际双循环相互促进的新发展格局，是一项关系我国发展全局的重大战略任务，需要从全局高度准确把握和积极推进。只有立足自身，把国内大循环畅通起来，才能任由国际风云变幻，始终充满朝气生存和发展下去。要在各种可以预见和难以预见的狂风暴雨、惊涛骇浪中，增强我们的生存力、竞争力、发展力、持续力。

要加强党对社会主义现代化建设的全面领导。贯彻落实党的十九届五中全会精神要同贯彻落实党的十九届四中全会精神紧密结合起来，不断推进国家治理体系和治理能力现代化，推动党对社会主义现代化建设的领导在职能配置上更加科学合理、在体制机制上更加完备完善、在运行管理上更加高效。①

我们要认真学习深入领会党中央关于新发展阶段、新发展理念、新发展格局的重大判断，谋划"十四五"时期经济社会发展，推动全党更加自觉地同以习近平同志为核心的党中央保持高度一致，更加自觉地为实现新时代党的历史使命而不懈奋斗。

习近平总书记在主持学习时强调，新发展理念是一个系统的理论体系，回答了关于发展的目的、动力、方式、路径等一系列理论和实践问

① 《习近平在省部级主要领导干部学习贯彻党的十九届五中全会精神专题研讨班开班式上发表重要讲话强调 深入学习坚决贯彻党的十九届五中全会精神 确保全面建设社会主义现代化国家开好局》，《人民日报》2021年1月12日。

题，阐明了我们党关于发展的政治立场、价值导向、发展模式、发展道路等重大政治问题。[①]

习近平总书记强调，新发展理念是一个整体，坚持创新发展、协调发展、绿色发展、开放发展、共享发展，全党全国要统一思想、协调行动、开拓前进。无论是中央层面还是部门层面，无论是省级层面还是省以下各级层面，在贯彻落实中都要完整把握、准确理解、全面落实，把新发展理念贯彻到经济社会发展全过程和各领域。[②]要抓住主要矛盾和矛盾的主要方面，切实解决影响构建新发展格局、实现高质量发展的突出问题，切实解决影响人民群众生产生活的突出问题。

领导干部要对“国之大者”了然于胸，把贯彻党中央精神体现到谋划重大战略、制定重大政策、部署重大任务、推进重大工作的实践中去，经常对表对标，及时校准偏差。要有很强的责任意识，守土有责、守土负责、守土尽责，无论什么时候，该做的事，知重负重、攻坚克难，顶着压力也要干；该负的责，挺身而出、冲锋在前，冒着风险也要担。发现了问题、发现了问题的苗头就要及时处理，不能视而不见，不能逃避责任。各级党委和政府要落实各项工作责任制，科学排兵布阵，层层压实责任，推动各级党组织、各个部门、各条战线、各行各业尽忠职守、主动作为。

进入新阶段、开启新征程，领导干部要深入学习领会党中央精神，做到融会贯通、了然于胸，坚持用党中央精神分析形势、推动工作，在思想上政治上行动上同以习近平同志为核心的党中央保持高度一致。

---

① 《习近平在中共中央政治局第二十七次集体学习时强调 完整准确全面贯彻新发展理念 确保“十四五”时期我国发展开好局起好步》，《人民日报》2021年1月30日。

② 《习近平在中共中央政治局第二十七次集体学习时强调 完整准确全面贯彻新发展理念 确保“十四五”时期我国发展开好局起好步》，《人民日报》2021年1月30日。

2. 在推进伟大事业的实践中不断增强学习本领

好学才能上进，梦想从学习开始，事业从实践起步。学习一直是影响“国运”的隐性杠杆，是我们党成长壮大的“秘密武器”。中国共产党人依靠学习走到今天，只有在实践中不断增强学习本领，才能搞好学习，才能克服本领恐慌，依靠学习走向未来。在提高政治领悟力上也是如此，只有不断增强学习本领，才能更加深刻地领会理论、掌握理论、运用理论，才能不断提高政治领悟力。

首先是树立正确的学习态度。学者非必为仕，而仕者必为学。加强理论学习，必须克服影响理论学习的各种思想障碍，从思想上重视学习，树立正确的学习态度。

要认识到领导干部学习事关重大。执政兴国、执政为民是领导干部承担的重要职责，而要承担起职责离不开读书学习。领导干部的学习不是个人的事情，更不是小事情，事关党和国家事业发展，更关系着党执政地位的巩固。党员干部学习理论是为了提高理论修养，提高政治领悟力，不是做样子，更不是装点门面。有了深厚的理论，才能处理好繁重的工作，才能真正发挥理论修养对工作的指导作用。

要深刻认识到认真学习理论是做好实践的前提。对共产主义的信仰的坚定是建立在认真学习马克思主义基础上的，如果不能认真学习、理解和认知马克思主义，对共产主义的信仰不牢固，就有可能在各种错误思潮的冲击下迷失政治方向，在关键时刻动摇政治立场，在实践中就不能自觉主动地运用和坚持马克思主义。

要深刻认识到学习是拒腐防变、强基固本的良药。在工作实践中，只有认真学习马克思主义，才能强化无产阶级思想意识，从而不断增强政治免疫力，克服形形色色的非无产阶级观点，牢固树立无产阶级世界观，否则就不能抵御错误思想的侵袭，更无法达到增强党性的目的。

其次是树立正确的学习理念。增强学习本领，离不开正确的学习理念。新时代，要提高政治领悟力，就要不断更新学习理念，树立正确的学习理念。

树立新的学习理念。新时代，习近平总书记多次强调“中国要永远做一个学习大国”，做学习大国要有新的学习理念，党员干部提高政治领悟力更要有新的学习理念，不断把学习进行下去。

树立新的时间理念。树立时机观念、时效观念、节约时间观念，合理安排好学习时间，学会巧妙地运用时间，珍惜时间，在有限时间内学好知识。

树立工作学习一体化的理念。新时代，党员干部要把工作当作学习的平台。让工作与学习相互交融、相互促进、相得益彰，是新时代党员干部处理学习和工作的正确准则。

树立学习力就是战斗力的理念。学习不仅是软实力，也是战斗力。新时代，各种新情况新问题不断涌现，党员干部只有增强学习力，才不会失去战斗力，才能按照马克思主义原则处理好各种问题。

树立终身学习的理念。提高政治领悟力是党员一辈子的事情，没有终点，只有起点。在实践中，要自觉把学习贯穿生命全过程，依靠学习提高政治领悟力和拒腐防变的能力。

树立团队学习的理念。提高政治领悟力，需要进行团队学习，在学习中充分交流和碰撞，不断提升党员个人的政治领悟力，提升组织的政治领悟力，使共同的理想信念得以巩固。

再次是发扬优良学风，摒弃不良学风。能否搞好学习，学风问题至关重要。学风端正则事业兴旺，学风问题是对待马克思主义的态度问题。一些党员不愿学、不勤学、不深学、不善学，在学习问题上一些党组织的作用发挥得不够，导致党员学习效果不佳。要增强学习能力，就必须克服这些不良的学风，营造良好的学习氛围。

坚持理论联系实际的学风。理论修养并不是用书本武装嘴巴那么简单，而是面向实际、学以致用，在解决和研究问题时自觉运用马克思主义的立场、观点、方法，即坚持马克思主义的学风。发扬马克思主义学风，不但要联系客观实际，还必须紧密联系自己的思想实际，通过扎实地学习，真正提高政治领悟力，改造好主观世界。新时代，尤其要注意这一点。发扬马克思主义学风，要紧密联系工作实际，不断提升认识问题和解决问题的能力，提高开展工作的能力，提高为人民群众办事的能力，为党的事业的发展作出贡献。

树立艰苦求实的学风。学习历来不是一件轻松的事情。理论学习是艰苦的，不经过主观的努力知识不会跑进头脑中去，尤其是马克思主义理论充满了辩证法的光辉，源于生活而高于生活，不经过艰苦的学习是很难真正理解和把握的。把学到的知识变成自己的东西，需要经过刻苦的思维训练才能灵活应用，精神上的艰苦探索是提升理论修养必须经历的一个阶段，需要发扬挤劲、钻劲、韧劲，怕苦畏难是不能取得好的理论学习效果的。

学习方法上要兼容并蓄、不断创新。在学习问题上，习近平总书记强调“好学才能上进，好学才有本领”。一是正确把握学习的方向。没有正确方向，就会被错误的东西所迷惑。“马克思主义所指引的方向”是习近平总书记反复强调的学习方向，有了这个方向，才能学到有益的知识，避免陷入盲目状态甚至误入歧途的危险。

二是要勤学善思。习近平同志强调“要坚持阅读与思考的统一”“学习与思考、勤学与善思是相互联系和相辅相成的”[①]。如对书本的学习，习近平总书记要求不断思考认知，为了说明这个道理，他多次引用孔子名言，“学而不思则罔，思而不学则殆”。

---

① 习近平：《在中央党校2012年秋季学期开学典礼上的讲话》，《学习时报》2012年9月10日。

三是聚焦工作地学。增强工作本领、提高解决实际问题的水平，这是学习的最终目的。“要把研究和解决重大现实问题作为学习的根本出发点”“在学习过程中，要结合自己的工作实际，脑子里经常装几个问题，反复思考”①。做到干中学、学中干，反对学习和工作中的“空对空”，更反对夸夸其谈，务必做到以学益智、以学修身、以学增才，学以致用、用以促学、学用相长。

四是坚持求知善读。例如在读书的问题上，“读书要用‘巧力’，读得巧，读得实，读得深，懂得取舍，注重思考”②，力争在有限的时间内取得最佳的读书效果。

在学习的途径上，习近平总书记强调向书本学习、向实践学习。尤其强调办法就在群众中，要虚心向人民群众学习，多问计于人民群众。此外，习近平总书记还强调要紧跟党的理论创新，强基固本地学。要拓宽视野地学，不断增强知识学养和理论修养水平，提高政治领悟力。

---

① 习近平：《在中央党校2012年秋季学期开学典礼上的讲话》，《学习时报》2012年9月10日。

② 习近平：《之江新语》，浙江人民出版社2007年版，第180页。

四、不断提高政治执行力

列宁指出："无产阶级在争取政权的斗争中，除了组织，没有别的武器。……它所以能够成为而且必然会成为不可战胜的力量，就是因为它根据马克思主义原则形成的思想一致是用组织的物质统一来巩固的，这个组织把千百万劳动者团结成一支工人阶级的大军。"①提高政治执行力要求我们加强党对社会主义现代化建设的全面领导，坚决贯彻执行党中央的路线方针政策，随时准备应对更加复杂困难的局面，在斗争中体现一个共产党人的使命感责任感。

（一）经常同党中央精神对表对标

要实现政治纲领，全党必须心往一处想、劲往一处使，朝着一个共同的目标迈进。要保证统一行动，首先要有统一的领导。实践表明，全党服从中央，维护党中央权威和集中统一领导，是全党全国各族人民的共同愿望，是推进全面从严治党、提高党的创造力凝聚力战斗力的迫切要求，也是保持党和国家事业发展正确方向的根本保证。如果做不到全

① 《列宁选集》第1卷，人民出版社2012年版，第526页。

党服从中央、不维护党中央权威和集中统一领导，我们党就会弱了、散了甚至垮了，党作为先进的政治组织就不可能实现自己的政治使命。因此，新时代党的政治建设首要任务就是要保证全党服从中央，维护党中央权威和集中统一领导。

提高政治执行力，就要经常同党中央精神对表对标，切实做到党中央提倡的坚决响应，党中央决定的坚决执行，党中央禁止的坚决不做，坚决维护党中央权威和集中统一领导，做到不掉队、不走偏，不折不扣抓好党中央精神贯彻落实。如在贯彻新发展理念上，习近平总书记强调，新发展理念是一个整体，坚持创新发展、协调发展、绿色发展、开放发展、共享发展，全党全国要统一思想、协调行动、开拓前进。无论是中央层面还是部门层面，无论是省级层面还是省以下各级层面，在贯彻落实中都要完整把握、准确理解、全面落实，把新发展理念贯彻到经济社会发展全过程和各领域。要抓住主要矛盾和矛盾的主要方面，切实解决影响构建新发展格局、实现高质量发展的突出问题，切实解决影响人民群众生产生活的突出问题。创新发展、协调发展、绿色发展、开放发展、共享发展，在工作中都要予以关注，使之协同发力、形成合力，不能畸轻畸重，不能以偏概全。从中央层面来说，要从规划设计、宏观指导、政策法律、财政投入、工作安排等方面对全党全国作出指导，抓好关键环节，通过重点突破带动贯彻新发展理念整体水平提升，从全局上不断提高全党全国贯彻落实新发展理念的能力和水平。各部门既要按照自身职责抓好新发展理念涉及本部门的重点工作，也要综合考虑本部门工作对全党全国贯彻新发展理念的作用和影响。各地区要根据自身条件和可能，既全面贯彻新发展理念，又抓住短板弱项来重点推进，不能脱离实际硬干，更不要为了出政绩不顾条件什么都想干。[①]

中国共产党发展的历史证明，一切宗派组织和宗派活动，实质上都起着瓦解党的消极作用。中国共产党从建立起就是一个统一的马克思主义政党，反对党内以任何形式出现的宗派组织和宗派活动。党的十八大以来，习近平总书记多次强调维护党的团结统一的极端重要性，并提出了明确要求。要经常同党中央精神对表对标，主动向党中央看齐，信念坚定、对党忠诚。

应该强调，党员干部对党忠诚，不是额外要求，而是必须履行的义务。“对党绝对忠诚要害在‘绝对’两个字，就是唯一的、彻底的、无条件的、不掺任何杂质的、没有任何水分的忠诚。”[②]习近平总书记指出：“对党忠诚，不是抽象的而是具体的，不是有条件的而是无条件的，必须体现到对党的信仰的忠诚上，必须体现到对党组织的忠诚上，必须体现到对党的理论和路线方针政策的忠诚上。”[③]

党员干部坚定对党的忠诚，一要在党言党，为党分忧。党的执政地位不是与生俱来的，也不是一劳永逸的。我们必须居安思危，增强忧患意识，深刻吸取世界上一些执政党兴衰成败的经验教训，更加自觉地增强角色意识和政治担当。二要杜绝把自己当作“党外人士”，以不负责任的“第三者”立场或“旁观者”态度，不与党内存在的消极腐败现象斗争，不对社会上一些否定党的领导的错误言行进行批驳。三要把党的事业当作自己的追求。经过40多年的发展，我国的改革开放和社会主义现代化建设取得了举世瞩目的伟大成就，但党的路线方针政策要靠广大党员干部去执行，我们肩负的任务还很艰巨，我们遇到的困难和挑战还

① 《习近平在中共中央政治局第二十七次集体学习时强调 完整准确全面贯彻新发展理念确保“十四五”时期我国发展开好局起好步》，《人民日报》2021年1月30日。
② 习近平：《论坚持党对一切工作的领导》，中央文献出版社2019年版，第82页。
③ 《习近平谈治国理政》第2卷，外文出版社2017年版，第189页。

会很多，这一切都需要全体党员干部对党忠诚，言行一致，表里如一。

中国共产党是根据自己的纲领和章程，按照民主集中制原则组织起来的统一整体。党员个人服从党的组织，少数服从多数，下级组织服从上级组织，全党各个组织和全体党员服从党的全国代表大会和中央委员会，是民主集中制的基本原则，也是维护党的集中统一的重要条件。这四条原则当中，全党各个组织和全体党员服从党的全国代表大会和中央委员会尤为重要。党中央是党的全国代表大会选举产生的党的最高领导机关，是全体党员共同意志的代表，因而维护党中央权威，服从中央领导，同党中央保持高度一致，就能够实现全党的集中统一。只有维护党中央权威，才能全党服从中央，保证中央的政令畅通，才能在改革中妥善处理不同地区、不同群体以及地方和中央的关系，才能把全党的智慧和力量凝聚起来，从而保证现代化建设战略目标的实现。一个党只有团结得坚如磐石，才能形成强大的战斗力，才能引领时代潮流，推动经济社会的科学发展和全面进步。因此，我们必须紧密地团结在党中央周围。

广大党员干部必须坚决贯彻执行党的路线方针政策，坚决维护党中央权威，做到令行禁止。在具体工作中，自觉地把本地区、本部门的工作放到全党、全国改革和发展的大局中来考量，而不能片面强调本地区、本部门的利益，把全局利益和长远利益置之度外。当然，维护党中央权威，在思想上政治上行动上同党中央保持高度一致，并不是要照抄照搬，而要因地制宜，因时制宜，创造性地开展工作，把维护党中央权威与发挥主观能动性、创造性结合起来。同时，领导干部必须对党忠诚老实，言行一致，坚决反对一切派别组织和小集团活动，反对阳奉阴违的两面派行为和一切阴谋诡计。这是党章规定的共产党员必须履行的基本义务，更是领导干部应当具备的基本政治准则。

“没有规矩，不成方圆。”中国共产党不是“乌合之众”，不是“私人俱乐部”，而是靠革命理想和铁的纪律组织起来的马克思主义政党，纪律严明是党的光荣传统和独特优势。不可否认，由于各种原因，一些党员干部在实践中违反党的纪律、危害党的集中统一的现象时有发生，因而必须采取多重有效措施来强化全党的纪律观念，这里就有同党中央精神对表对标问题。要坚决维护党章的权威性和严肃性，加强对党的路线方针政策和决议执行情况的监督检查，加强对党的纪律执行情况的督促检查。

同时，要加强党性锻炼，开展批评与自我批评，开展积极健康的思想斗争。在批评与自我批评的过程中，每个党员干部都必须正确对待自己，正确对待同志，自觉树立团结合作意识，坚持真理、修正错误，胸襟宽阔、从善如流，严于律己、宽以待人，最终使广大党员干部同心同德、振奋精神。

（二）把“两个维护”作为最根本的政治纪律和政治规矩

“两个维护”是指坚决维护习近平总书记党中央的核心、全党的核心地位，坚决维护党中央权威和集中统一领导。党的十八大以来，党和国家事业之所以能取得历史性成就、发生历史性变革，最根本的原因，就在于以习近平同志为核心的党中央的坚强领导，在于习近平新时代中国特色社会主义思想的科学指引。坚决维护习近平总书记党中央的核心、全党的核心地位，维护党中央权威和集中统一领导，是党和国家前途命运所系，是全国各族人民根本利益所在，是最根本的政治纪律和政治规矩。

1. 政治纪律和政治规矩是我们党最重要的纪律和规矩

政治纪律是各级党组织和全体党员在政治方向、政治立场、政治言论、政治行为方面必须遵守的规矩，是维护党的团结统一的根本保证。在党的纪律中，政治纪律是打头、管总的。党员干部“决不允许散布违背党的理论和路线方针政策的意见，决不允许公开发表违背中央决定的言论，决不允许泄露党和国家秘密，决不允许参与各种非法组织和非法活动，决不允许制造、传播政治谣言及丑化党和国家形象的言论”①。实际上，违反哪一方面的纪律最终都会侵蚀党的执政基础，说到底都是破坏党的政治纪律。因此，讲政治、遵守政治纪律和政治规矩永远摆在首要位置。

政治规矩是我们党在长期实践中形成的优良传统和工作惯例，经过实践检验，约定俗成、行之有效，党的各级组织和全体党员必须长期坚持并自觉遵循。习近平总书记指出：“没有规矩不成其为政党，更不成其为马克思主义政党。我认为，我们党的党内规矩是党的各级组织和全体党员必须遵守的行为规范和规则。党的规矩总的包括什么呢？其一，党章是全党必须遵循的总章程，也是总规矩。其二，党的纪律是刚性约束，政治纪律更是全党在政治方向、政治立场、政治言论、政治行动方面必须遵守的刚性约束。其三，国家法律是党员、干部必须遵守的规矩，法律是党领导人民制定的，全党必须模范执行。其四，党在长期实践中形成的优良传统和工作惯例。”②

“党内规矩有的有明文规定，有的没有，但作为一个党的干部特别是高级干部应该懂的。不懂的话，那就不具备当干部特别是高级干部的觉悟和水平。没有明文规定一定要报的事项，报还是不报，关键看党的观念强不强、党性强不强。领导干部违纪往往是从破坏规矩开始的。规矩不能立起来、严起来，很多问题就会慢慢产生出来。很多事实都证明了这一点。讲规矩是对党员、干部党性的重要考验，是对党员、干部对党

① 中共中央党史和文献研究院编：《习近平关于全面从严治党论述摘编（2021年版）》，中央文献出版社2021年版，第90页。

② 中共中央纪律检查委员会、中共中央文献研究室编：《习近平关于严明党的纪律和规矩论述摘编》，中国方正出版社2016年版，第7页。

忠诚度的重要检验。”[①] 从表现形态来看，党的政治纪律和政治规矩主要包括两类，一类是白纸黑字明文规定的党的政治纪律和政治规矩，主要是党章、国家法律等；另一类是党在长期实践中形成的优良传统和工作惯例。

党的政治纪律和政治规矩之所以重要，是由以下两个基本原因决定的。

一是政治纪律、政治规矩的重要性是由政党的政治属性决定的。政党是政治组织，有自己的政治目标、政治路线和政治核心，这就要求党组织和全体党员服从和遵守政治纪律和政治规矩。讲政治，首要的一条，就是毫不动摇坚持党的基本理论和基本路线，在思想上政治上行动上同党中央保持高度一致，保证中央政令畅通。

党的最终政治目标就是实现共产主义，这个目标的实现是一个长期的历史过程，需要几代、十几代甚至几十代共产党人的坚持和努力。在当前我国正处于并将长期处于社会主义初级阶段的历史条件下，党的政治目标可具体化为建设中国特色社会主义。为了实现这个政治目标，党制定了在社会主义初级阶段的基本路线。党的各级组织和全体党员必须紧密团结在以习近平同志为核心的党中央周围，坚定不移地贯彻党的基本路线，不断推进中国特色社会主义伟大事业。我们党决不容忍结党营私、拉帮结派；决不允许自行其是、阳奉阴违。

二是政治纪律、政治规矩的重要性是由政治纪律的内容所决定的。党的政治纪律和政治规矩是指党依据不同时期政治任务的要求，对各级党组织以及党员的政治活动和政治行为确定的基本规范，是各级党组织以及党员在政治生活中必须遵守的行为准则。党的政治纪律和政治规矩

① 中共中央纪律检查委员会、中共中央文献研究室编：《习近平关于严明党的纪律和规矩论述摘编》，中国方正出版社2016年版，第8页。

要求党的各级党组织和每一位共产党员必须在政治立场、政治方向、政治原则、政治道路上同党中央保持高度一致。必须做到：对中央已经作出决定的重大方针和政策问题有不同意见，在坚决执行的前提下，可以经过一定的组织程序提出，但决不允许自行其是，公开发表与党的路线方针政策相反的言论，采取同中央的决定、决议相违背的行动。要在重大问题上旗帜鲜明、立场坚定、坚持原则，在关键时刻和重大事件中经得起考验，始终在思想上政治上行动上同党中央保持高度一致。

党的十八大以来，习近平总书记不仅反复强调党的纪律，而且特别强调党的政治纪律。2013 年 1 月，习近平总书记在十八届中央纪委二次全会上的重要讲话中指出，严明党的纪律，首要的就是严明政治纪律。遵守党的政治纪律，最核心的，就是坚持党的领导，坚持党的基本理论、基本路线、基本纲领、基本经验、基本要求，同党中央保持高度一致，自觉维护中央权威。在指导思想和路线方针政策以及关系全局的重大原则问题上，全党必须在思想上政治上行动上同党中央保持高度一致。各级党组织和领导干部要牢固树立大局观念和全局意识，正确处理保证中央政令畅通和立足实际创造性开展工作的关系，任何具有地方特点的工作部署都必须以贯彻中央精神为前提。要防止和克服地方和部门保护主义、本位主义，决不允许“上有政策、下有对策”，决不允许有令不行、有禁不止，决不允许在贯彻执行中央决策部署上打折扣、做选择、搞变通。每一个共产党员特别是领导干部都要牢固树立党章意识，自觉用党章规范自己的一言一行，在任何情况下都要做到政治信仰不变、政治立场不移、政治方向不偏。党的各级组织要自觉担负起执行和维护政治纪律的责任，加强对党员遵守政治纪律的教育。党的各级纪律检查机关要把维护党的政治纪律放在首位，加强对政治纪律执行情况的监督检查。[①]总之，身为党员，铁的纪律就必须执行。毛泽东说，路线是“王道”，纪律是“霸道”，这两者都不可少。如果党的政治纪律成了摆设，就会形成“破窗效应”，使党的章程、原则、制度、部署丧失严肃性和权威性，党就会沦为各取所需、自行其是的“私人俱乐部”。

2013年1月23日，习近平总书记在十八届中央纪委二次全会上的讲话中指出：“政治纪律是最重要、最根本、最关键的纪律，遵守党的政治纪律是遵守党的全部纪律的重要基础。”[②]党的各级组织要加强对党员干部遵守政治纪律的教育，党的各级纪律检查机关要把维护党的政治纪律放在首位，确保全党在思想上政治上行动上同党中央保持高度一致。全党同志要强化党的意识，始终把党放在心中最高位置，牢记自己的第一身份是共产党员，第一职责是为党工作，做到忠诚于组织，任何时候都与党同心同德。全党同志要强化组织意识，时刻想到自己是党的人，是组织的一员，时刻不忘自己应尽的义务和责任，相信组织、依靠组织、服从组织，自觉接受组织安排和纪律约束，自觉维护党的团结统一。

领导干部特别是高级领导干部，必须严格遵守政治纪律和政治规矩，以更强的党性意识、政治觉悟和组织观念要求自己。广大领导干部一定要把遵守政治纪律和政治规矩作为对自身党性的重要考验，对党忠诚度的重要检验。

党的政治纪律就是关于党的政治方向、政治目标、政治路线、政治纲领、政治原则等方面的纪律，其核心就是维护党的团结统一。所以，如果一个政党政治纪律涣散，就必然导致自我毁灭。

---

① 《习近平在十八届中央纪委二次全会上发表重要讲话强调 更加科学有效地防治腐败 坚定不移把反腐倡廉建设引向深入》，《人民日报》2013年1月23日。

② 中共中央党史和文献研究院编：《习近平关于全面从严治党论述摘编（2021年版）》，中央文献出版社2021年版，第89页。

2. 坚决做到“两个维护”

2016 年党的十八届六中全会指出，一个国家、一个政党，领导核心至关重要。会议正式确立习近平总书记的核心地位，正式提出“以习近平同志为核心的党中央”。2017 年党的十九大部分修改并通过的《中国共产党章程》提出要坚定维护以习近平同志为核心的党中央权威和集中统一领导。2018 年修订的《中国共产党纪律处分条例》提出坚决维护习近平总书记党中央的核心、全党的核心地位，坚决维护党中央权威和集中统一领导。

提高政治执行力，首先强调要做到“两个维护”。我们不但要把“两个维护”作为党的政治建设的首要任务，还要把它作为最根本的政治纪律和政治规矩。尤其是 2020 年新冠疫情等一系列国际国内发生的重大事件再次证明，重大历史关头，重大考验面前，领导力是最关键的条件，党中央的判断力、决策力、行动力具有决定性作用，做到“两个维护”，确保党中央始终成为党和人民信赖的坚强领导集体是前进道路上战胜任何艰难险阻、夺取社会主义现代化建设新胜利的根本保证。坚决维护党中央权威和集中统一领导，要求我们增强政治意识、大局意识、核心意识、看齐意识，自觉在思想上政治上行动上同以习近平同志为核心的党中央保持高度一致，使我们党更加团结统一、坚强有力，始终成为中国特色社会主义事业的坚强领导核心。

2019 年发布的《中共中央关于加强党的政治建设的意见》指出要坚决做到“两个维护”，强调坚持和加强党的全面领导，最重要的是坚决维护党中央权威和集中统一领导；坚决维护党中央权威和集中统一领导，最关键的是坚决维护习近平总书记党中央的核心、全党的核心地位。要教育引导党员干部从历史和现实、理论和实践、国内和国际的结合上深刻认识、强化认同，不断增强拥护核心、跟随核心、捍卫核心的思想自觉、政治自觉、行动自觉，始终同以习近平同志为核心的党中央保持高度一致。要以党章为根本依据，不断完善保障“两个维护”的制度机制，严格执行《关于新形势下党内政治生活的若干准则》《中国共产党重大事项请示报告条例》《中共中央政治局关于加强和维护党中央集中统一领导的若干规定》等党内法规，加强对贯彻执行党的路线方针政策和决议情况的督促检查，完善党中央重大决策部署和习近平总书记重要指示批示贯彻落实的督查问责机制。要以正确的认识、正确的行动坚决做到“两个维护”，坚决防止和纠正一切偏离“两个维护”的错误言行，不得搞任何形式的“低级红”“高级黑”，决不允许对党中央阳奉阴违做两面人、搞两面派、搞“伪忠诚”。

2019 年 10 月 31 日，党的十九届四中全会通过《中共中央关于坚持和完善中国特色社会主义制度、推进国家治理体系和治理能力现代化若干重大问题的决定》，提出完善坚定维护党中央权威和集中统一领导的各项制度。推动全党增强“四个意识”、坚定“四个自信”、做到“两个维护”，自觉在思想上政治上行动上同以习近平同志为核心的党中央保持高度一致，坚决把维护习近平总书记党中央的核心、全党的核心地位落到实处。健全党中央对重大工作的领导体制，强化党中央决策议事协调机构职能作用，完善推动党中央重大决策落实机制，严格执行向党中央请示报告制度，确保令行禁止。健全维护党的集中统一的组织制度，形成党的中央组织、地方组织、基层组织上下贯通、执行有力的严密体系，实现党的组织和党的工作全覆盖。健全党的全面领导制度。完善党领导人大、政府、政协、监察机关、审判机关、检察机关、武装力量、人民团体、企事业单位、基层群众自治组织、社会组织等制度，健全各级党委（党组）工作制度，确保党在各种组织中发挥领导作用。完善党领导各项事业的具体制度，把党的领导落实到统筹推进“五位一体”总体布局、协调推进“四个全面”战略布局各方面。完善党和国家机构职能体系，把党的领导贯彻到党和国家所有机构履行职责全过程，推动各方面协调行动、增强合力。

2019年中共中央印发了《中国共产党重大事项请示报告条例》并发出通知，要求各地区各部门认真遵照执行。通知指出，请示报告制度是我们党的一项重要政治纪律、组织纪律、工作纪律，是执行民主集中制的有效工作机制，对于坚决维护习近平总书记党中央的核心、全党的核心地位，坚决维护党中央权威和集中统一领导，保证全党团结统一和行动一致，具有重要意义。

第一，自觉把同以习近平同志为核心的党中央保持高度一致作为第一位的政治要求是党的政治纪律的明确规定。一个政党，只有其各个组织、全体党员以党中央为核心，紧密团结在党中央周围，才能形成统一整体，才能坚强有力。中国共产党是一个有1亿多名党员的大党，中国是一个有14亿多人口的大国，如果没有集中统一，没有强有力的中央权威，是不行的、不可想象的。当前，正处于世界格局深刻调整的重要时期，这种形势任务的特点决定了当前比任何时候都更需要一个坚强的领导核心。

从国家范围来看，中国共产党是中国特色社会主义事业的领导核心。事实上，中国共产党作为中国特色社会主义事业的领导核心，是当之无愧的。这既是来自国家宪法对中国共产党在国家中的地位和作用的法律规定，更重要的是来自中国共产党的实践活动。只要了解中国近代以来的历史、中国共产党的历史，都可以从中国共产党成立前后中国社会状况和中国人民生存状况的鲜明对比中找到答案，特别是可以从中国共产党成立100多年以来领导中国人民进行革命、建设、改革所取得的巨大成就中得到无可置辩的证明。没有共产党就没有新中国，没有共产党就没有中国的社会主义，没有共产党就没有中国特色社会主义，这些基本结论已经成为全国各族人民的基本共识。这就充分表明中国共产党作为中国特色社会主义事业的领导核心，得到了广大人民群众的公认和拥护。

面对深刻调整的世界格局和深刻变化的国内形势，以习近平同志为核心的党中央，审时度势，成竹在胸，带领全党和全国人民在坚持和发展中国特色社会主义道路上不断前进。正是在以习近平同志为核心的党中央的正确领导下，我国经济持续发展，国际地位稳步提升，充分展示出党中央卓越的执政能力。正是在习近平新时代中国特色社会主义思想的指导下，管党治党取得了重大成果，治国理政开创了崭新局面，内政外交得到了国内外高度评价。

第二，自觉同以习近平同志为核心的党中央保持高度一致是党的建设的需要。核心的作用，就是为全党提供一个凝聚智慧和力量的支柱，实现党的团结统一。在一个政党内部，如果不尊重、不维护这个核心，党就不会形成强大的凝聚力和战斗力，就不能完成历史和人民赋予的重任。在一个政党内部，如果没有核心，或者有多个核心，那就必然导致党的混乱或分裂，甚至党就会自我覆灭。这绝不是危言耸听。

2013 年 1 月 22 日，习近平总书记在十八届中央纪委二次全会上的讲话中指出，苏联解体前，在所谓“公开性”“民主化”的口号下，苏共放弃了民主集中制原则，允许党员公开发表与组织决议不同的意见，实行所谓各级党组织自治原则，一些苏共党员甚至领导层成员成了否定苏共历史、否定社会主义的急先锋，成了传播西方意识形态的大喇叭，苏共党内从思想混乱演变到组织混乱。最后，这样一个有着 90 多年历史、连续执政 70 多年的大党老党就哗啦啦轰然倒塌了。

人们曾经提出一个问题，苏共早年在有 20 万名党员时能够夺取政权，在有 200 万名党员时能够打败法西斯侵略者，而在有近 2000 万名党员时却丢失了政权、丢失了自己，这是为什么？很重要的一个原因是政治纪律被动摇了，谁都可以言所欲言、为所欲为，那还叫什么政党呢？那是乌合之众了。在这里，“政治纪律被动摇了”，实质上就是指党内的领导核心削弱了，甚至倾覆了，这就不能不使所谓的“公开性”“民主化”成为破坏党的集中统一的严重祸害，使党成为没有任何凝聚力的真正意义上的一盘散沙。

第三，自觉同以习近平同志为核心的党中央保持高度一致必须坚决克服各种背离核心的违纪行为。当前，我们党强调同以习近平同志为核心的党中央保持高度一致，具有很强的现实针对性。比如，有的干部信奉拉帮结派的“圈子文化”，整天琢磨拉关系、找门路，分析某某是谁的人，某某是谁提拔的，该同谁搞搞关系、套套近乎，看看能抱上谁的“大腿”。有的领导干部喜欢当家长式的人物，希望别人都对自己唯命是从，认为对自己百依百顺的就是好干部，而对群众怎么样可以不闻不问。

事实上，上述问题在一些地方、一些领导干部身上表现得十分严重。这些问题对党的危害不小，在一定程度上起着分裂党、瓦解党的作用。因此，全党必须勇敢地同违反党的政治纪律、破坏党的集中统一的行为作斗争，必须坚决克服党内存在的削弱、蔑视和对抗党的领导核心的各种现象，切实增强核心意识，紧密地团结在以习近平同志为核心的党中央周围。

第四，同以习近平同志为核心的党中央保持高度一致必须坚决反对分裂党的行为。只有全体党员紧密团结在党中央周围，党才能坚强有力。分裂中央是违反党的政治纪律的错误行为，必须给予严厉惩处。在我们党的历史上，曾经发生过张国焘分裂中央的行为。其大致经过是：在红军长征途中，张国焘对革命形势的发展做了过于悲观的估计，竭力夸大川陕根据地四周敌人的力量，违背中央命令，擅自放弃川陕根据地。1935 年 10 月，反对北上、坚持南下的张国焘公然另立“中央”，自任“主席”。

在中央军委多次指示其北上的时候，他不仅一再反对中央北上抗日的正确战略方针，而且自恃枪多势众，公然向党争权，还策动一部分人向中央提出改组中革军委和红军总司令部，要求由他担任军委主席，给以“独断决行”的大权。针对张国焘的分裂行为，党中央召开了政治局会议，对张国焘进行了严肃的批评教育，强调党在红军中的绝对领导作用，经过耐心说服教育和严肃的斗争，张国焘表面上接受了党中央关于北上抗日的方针，但其分裂党的野心并没有改变。

张国焘为了贯彻自己的错误方针，采取了分裂红军的罪恶行为。鉴于张国焘另立“中央”的反党罪行，1936 年 1 月 22 日，中央政治局命令张国焘立即取消伪中央，放弃反党立场，停止一切反党活动。后来，张国焘公开表示怀疑共产党，公然投到国民党特务集团。1938 年 4 月 18 日，党中央决定将张国焘开除出党。在反对张国焘分裂党、分裂红军的斗争中，中央号召红四方面军的干部、战士团结在中央周围，同张国焘的错误倾向作斗争。

事实上，张国焘分裂党、分裂红军的行为，遭到朱德、刘伯承等人的坚决反对。张国焘围攻朱德，威逼他发表反对毛泽东和北上抗日的宣言，朱德严词拒绝。朱德严正表示，全党只有以毛泽东领导的一个党中央，必须维护党中央和毛泽东的统一领导。

第五，同以习近平同志为核心的党中央保持高度一致必须坚决克服“三小”行为。我们党是一个具有高度组织纪律性的党，是一个团结统一的党。正是这种团结统一，保证了我们党 100 多年的发展，保证了党的事业的成功。但是现在，一些党员干部甚至是高级干部搞山头主义、圈子文化、利益集团、人身依附、帮派关系，被习近平总书记斥为“小山头”“小团体”“小圈子”，即“三小”。对这种现象必须给予高度重视，采取有效措施，严肃处置。习近平总书记在十八届中央纪委三次全会上讲话时，十分集中地讲到了这一问题。下面摘引几段以供学习。

习近平总书记指出：“党内决不能搞封建依附那一套，决不能搞小山头、小圈子、小团伙那一套，决不能搞门客、门宦、门附那一套，搞这种东西总有一天会出事！有的案件一查处就是一串人，拔出萝卜带出泥，其中一个重要原因就是形成了事实上的人身依附关系。在党内，所有党员都应该平等相待，都应该平等享有一切应该享有的权利、履行一切应该履行的义务。”[①]“需要注意的是，不能把党组织等同于领导干部个人，对党尽忠不是对领导干部个人尽忠，党内不能搞人身依附关系。干部都是党的干部，不是哪个人的家臣。”[②]

他还指出：“邓小平同志早就说过：‘上级对下级不能颐指气使，尤其不能让下级办违反党章国法的事情；下级也不应当对上级阿谀奉承，无原则地服从，“尽忠”。不应当把上下级之间的关系搞成毛泽东同志多次批评过的猫鼠关系，搞成旧社会那种君臣父子关系或帮派关系。’”[③]

习近平总书记在党的群众路线教育实践活动总结大会上强调：“党内上下关系、人际关系、工作氛围都要突出团结和谐、纯洁健康、弘扬正气，不允许搞团团伙伙、帮帮派派，不允许搞利益集团、进行利益交换。”[④]

在反腐败斗争中披露出来的被老百姓称为“四川帮”“石油帮”“秘书帮”的，在一些地方出现的塌方式腐败等，都是“三小”的具体例证。这“三小”对党的危害不小。事实证明，凡是搞“三小”的，总有一天会出事。这里的出事不仅涉及搞“三小”的个人会受到党的纪律的严肃处分，而且会给党的形象、党的威望、党的事业造成严重损失。因此，必须坚决克服党内存在的“三小”现象，紧密团结在以习近平同志为核心的党中央周围。

---

① 中共中央纪律检查委员会、中共中央文献研究室编：《习近平关于严明党的纪律和规矩论述摘编》，中国方正出版社2016年版，第19页。

② 中共中央纪律检查委员会、中共中央文献研究室编：《习近平关于严明党的纪律和规矩论述摘编》，中国方正出版社2016年版，第18页。

③ 中共中央纪律检查委员会、中共中央文献研究室编：《习近平关于严明党的纪律和规矩论述摘编》，中国方正出版社2016年版，第19页。

④ 中共中央纪律检查委员会、中共中央文献研究室编：《习近平关于严明党的纪律和规矩论述摘编》，中国方正出版社2016年版，第21页。

第六，同以习近平同志为核心的党中央保持高度一致必须坚决贯彻执行党的基本路线和各项方针政策。同以习近平同志为核心的党中央保持高度一致不是一句空洞的口号，而是要落实到贯彻执行党的基本路线和各项方针政策的实际行动之中。党的基本路线，是党为实现党的最高理想和最终奋斗目标，根据社会发展的一定阶段的形势特点所制定的党在这一时期的总路线、总方针、总政策，以及为完成这一时期的总任务的重大举措。党员干部在实践中同以习近平同志为核心的党中央保持高度一致，就必须坚决贯彻执行党的理论和路线方针政策。

（三）坚持问题导向，发扬斗争精神

1. 始终坚持问题导向

什么是问题导向？问题导向就是树立强烈的问题意识，坚持实事求是、真抓实干，在直面矛盾、破解难题中砥砺前行。坚持问题导向是习近平总书记治国理政的一大鲜明特色。党的十八大以来，习近平总书记直面党和国家发展面临的一系列重大理论和现实问题，坚持一切从实际出发、一切由实践检验的科学态度，砥砺前行，迎难而上，推动党和国家事业发生了历史性变革。

习近平总书记指出："我们中国共产党人干革命、搞建设、抓改革，从来都是为了解决中国的现实问题。"[①] 建党以来，我们党之所以由小到大、由弱到强，靠的就是从中国革命、建设、改革的实际问题出发，敢于正视问题，善于发现问题，在解决问题的实践中推动党的事业的发展。

习近平总书记强调："党面临的长期执政考验、改革开放考验、市场经济考验、外部环境考验具有长期性和复杂性，党面临的精神懈怠危险、能力不足危险、脱离群众危险、消极腐败危险具有尖锐性和严峻性，这

① 《习近平谈治国理政》第1卷，外文出版社2018年版，第74页。

是根据实际情况作出的大判断。全党要增强‘四个意识’、坚定‘四个自信’、做到‘两个维护’，自觉在思想上政治上行动上同党中央保持高度一致，自觉维护党的团结统一，严守党的政治纪律和政治规矩，始终保持同人民的血肉联系。”[①]

坚持问题导向要求我们必须有求真务实、实践第一的科学精神。当年毛泽东给中央党校确立的校训就是“实事求是，不尚空谈”。“实现中华民族伟大复兴是一项光荣而艰巨的事业，需要一代又一代中国人共同为之努力。”[②]习近平总书记2012年11月29日在参观《复兴之路》展览时说的这段语重心长的话，是对我们全体共产党人发出的号召。

党的十八大以来，习近平总书记治国理政不仅有强烈的问题意识、鲜明的问题导向，更有善于抓住事物主要矛盾和矛盾的主要方面的科学方法。从提出我国社会主要矛盾发生变化的重大论断到推动经济高质量发展的重大部署；从提出党内存在的思想不纯、政治不纯、组织不纯、作风不纯等突出问题尚未得到根本解决，到坚持问题导向，保持战略定力，推动全面从严治党向纵深发展，都体现出习近平总书记唯实务实的思想品格和直面矛盾的政治勇气。正是这种科学态度和科学精神，引领中国共产党人既传承了马克思主义辩证唯物主义和历史唯物主义的哲学思维，又创新发展了党的思想路线。

坚持问题导向，需要我们苦干实干、攻坚克难，在中国特色社会主义伟大事业中担当作为。“中华民族伟大复兴，绝不是轻轻松松、敲锣打鼓就能实现的”[③]，时代呼唤实干的人，唾弃纸上谈兵的人。那种追求形式主义不求真务实者，只会误党误国误民。只有脚踏实地、真抓实干，才能使党和国家的事业兴旺发达。党的十八大以来，习近平总书记从新时

---

① 《习近平谈治国理政》第3卷，外文出版社2020年版，第222页。
② 《习近平谈治国理政》第1卷，外文出版社2018年版，第36页。
③ 《习近平谈治国理政》第3卷，外文出版社2020年版，第225页。

代中国共产党人历史使命的高度来强调这种苦干实干、攻坚克难、担当作为的精神，指出要毫不动摇地坚持以人民为中心的发展思想，认真解决好发展中的不平衡不充分问题，努力为人民创造出更加美好的生活。

习近平总书记从新时代必须进行具有许多新的历史特点的伟大斗争的高度来强调这种苦干实干、攻坚克难、担当作为的精神，指出新时代中国特色社会主义的道路决不会一帆风顺，中国共产党面临的风险挑战也决不会比以往任何时候要少。只有增强忧患意识，始终做到居安思危，才能在各种风险和挑战面前，不断取得事业的新胜利。他从我们党要进行自我革命的高度强调苦干实干、攻坚克难、担当作为的精神，指出要把新时代坚持和发展中国特色社会主义这场伟大社会革命进行好，我们党必须始终坚持真理、修正错误，敢于正视问题、克服缺点，勇于刮骨疗毒、去腐生肌。正因为我们党以正视问题的勇气和刀刃向内的自觉不断推进党的自我革命，才使中国共产党成为永远打不倒、压不垮的马克思主义政党。

习近平同志早在主政浙江期间就指出："领导干部要以正确的政绩观为指导，抓好各项工作。'功成不必在我'，要甘于做铺垫性的工作，甘于抓未成之事。"①2018 年 4 月 13 日，习近平总书记在庆祝海南建省办经济特区 30 周年大会上的讲话中强调："历史从不眷顾因循守旧、满足现状者，机遇属于勇于创新、永不自满者。一切伟大成就都是接续奋斗的结果，一切伟大事业都需要在继往开来中推进。历代经济特区建设者以他们的智慧、勇气、汗水书写了辉煌篇章。今天，海南广大干部群众要不忘初心、牢记使命，以'功成不必在我'的精神境界和'功成必定有我'的历史担当，保持历史耐心，发扬钉钉子精神，一张蓝图绘到底，一任接着一任干，在实现'两个一百年'奋斗目标、实现中华民族伟大

① 习近平：《之江新语》，浙江人民出版社2007年版，第87页。

复兴中国梦的新征程上努力创造无愧于时代的新业绩！”①

新时代我们要完善坚持党的领导的体制机制，坚持稳中求进工作总基调，统筹推进“五位一体”总体布局，协调推进“四个全面”战略布局，要有直面问题的勇气和破解难题的行动。在深化改革的问题上，有许多意想不到的困难和阻力。在经济社会的发展中，会发生许多突发事件，也会有许多自然灾害。在这些危急时刻，中国共产党人就要发扬担当精神，苦干实干、攻坚克难，敢于挺身而出、敢于作出牺牲，这是对人民负责，也是对历史负责。

2. 发扬斗争精神

坚持问题导向要有风险意识和斗争精神。习近平总书记指出：“防范化解重大风险，是各级党委、政府和领导干部的政治职责，大家要坚持守土有责、守土尽责，把防范化解重大风险工作做实做细做好。”“领导干部要敢于担当、敢于斗争，保持斗争精神、增强斗争本领，年轻干部要到重大斗争中去真刀真枪干。各级领导班子和领导干部要加强斗争历练，增强斗争本领，永葆斗争精神，以‘踏平坎坷成大道，斗罢艰险又出发’的顽强意志，应对好每一场重大风险挑战，切实把改革发展稳定各项工作做实做好。”②

党的十八大以来，中国共产党人的风险意识和斗争精神不断增强，并把这种风险意识和斗争精神转化为实际行动不断增强。2015 年 10 月 8 日，习近平总书记在十八届中央政治局常委会第一百一十九次会议上强调：“我们当前主要的挑战还是党的领导弱化和组织涣散、纪律松弛。不改变这种局面，就会削弱党的执政能力，动摇党的执政基础，甚至会断送我们党和人民的美好未来。党的十八大之前有很多党内的同志和广大

① 习近平：《在庆祝海南建省办经济特区30周年大会上的讲话》，人民出版社2018年版，第21页。

② 《习近平谈治国理政》第3卷，外文出版社2020年版，第223页。

人民群众有所担忧，也就是在这里。”①2019 年 6 月 24 日，习近平总书记在十九届中央政治局第十五次集体学习时指出：“今年是新中国成立 70 周年，我们党在全国执政也 70 年了。古人说：‘生于忧患，死于安乐。’我们党作为世界第一大党，没有什么外力能够打倒我们，能够打倒我们的只有我们自己。”② 习近平总书记在庆祝改革开放 40 周年大会上的重要讲话中指出：“在坚持党的领导这个决定党和国家前途命运的重大原则问题上，全党全国必须保持高度的思想自觉、政治自觉、行动自觉，丝毫不能动摇。”③

斗争精神是马克思主义固有的理论品格和精神特质，马克思主义在斗争中不断接受检验，获得丰富和发展。实际上，中国共产党就是在斗争的血雨腥风中诞生并不断发展壮大起来的。中国共产党成立后，扶大厦之将倾，救人民于水火，领导中国人民充分发扬马克思主义的斗争精神，把为中国人民谋幸福、为中华民族谋复兴作为初心使命，充分发挥马克思主义对中国革命斗争实践的指导作用。敢于斗争、善于斗争，走出了一条适合中国国情的革命斗争道路，讲究斗争方法、斗争策略和斗争艺术，打碎了一个旧世界，创建了一个新世界。以一往无前、血战到底的斗争姿态，在 28 年艰苦卓绝的革命斗争中，先后经过第一次国内革命战争、第二次国内革命战争、抗日战争、解放战争，中国共产党人愈挫愈勇、愈战愈强，一次次遭受挫败又一次次毅然奋起，最终取得了革命斗争的伟大胜利，推翻了“三座大山”的反动统治，实现民族独立和人民解放，建立一个新中国。

与此同时，中国共产党也在斗争中发展壮大，在腥风血雨中一次次

---

① 中共中央党史和文献研究院编：《习近平关于全面从严治党论述摘编（2021年版）》，中央文献出版社2021年版，第60—61页。
② 《习近平谈治国理政》第3卷，外文出版社2020年版，第531页。
③ 《习近平谈治国理政》第3卷，外文出版社2020年版，第182页。

绝境重生，始终做到困难面前不低头、挑战面前不退缩、失败面前不屈服，在斗争中进步、在斗争中成长。勇于自我革命，同“左”的右的、党内党外、国内国外各种错误思想甚至反动势力坚决斗争，不断涵养斗争初心、锤炼斗争品质、增强斗争定力，不断积累斗争经验，把马克思主义的斗争精神发挥得淋漓尽致。此外，还一次次真刀真枪地解决自身存在的突出问题，铲除党内一切影响自身先进性和纯洁性的因素，成为一个完全巩固的布尔什维克化的党，不管在数量上还是在质量上都实现了新的飞跃，带领广大人民不断夺取伟大斗争新胜利。

斗争精神是中国共产党不变的本色，是永远传递的火种。毛泽东把进京执政比作是“进京赶考”，意在提醒全党时刻保持斗争精神。新中国成立后，中国共产党继续发扬斗争精神，始终保持敢于担当、敢于斗争的精神状态，以一往无前的奋斗姿态带领广大人民群众始终努力奋斗、坚持斗争，战胜一切内忧外患，最终巩固了政权。中国共产党从旧中国一穷二白的废墟上起步，带领全国人民顺利完成了“一化三改”任务，完成了中华民族有史以来最广泛、最深刻、最伟大的社会变革，建立了社会主义制度。中国共产党人敢于拼搏、敢于奋斗，开启社会主义建设的伟大斗争，虽然经历了各种曲折，但也取得了令世界瞩目的成就，为新的历史时期提供了宝贵经验、理论准备、物质基础，更为马克思主义斗争精神的继续发扬奠定基础。

敢于斗争、善于斗争的优良品格已经成为中国共产党人的一个鲜明特征，在斗争中保持了共产党人的风骨、气节、操守、胆魄。改革的推进是靠斗争闯出来的，面对“文化大革命”后新的形势，中国共产党高扬斗争精神这面永不褪色的旗帜，充分发挥马克思主义对中国社会实践的指导作用，破除了种种迷雾，坚持科学社会主义的指导地位，带领全国人民开启了改革开放新的伟大革命，使中华民族大踏步赶上时代潮流，实现了中华民族从站起来到富起来。还开辟了中国特色社会主义道路，创造了国际共运史、人类社会发展史上前所未有的奇迹。

在改革开放的过程中，中国共产党继续发扬斗争精神，充盈斗争情怀、燃烧斗争激情，始终保持一股昂扬向上、奋发有为的干劲，扫除中国特色社会主义道路上的一切障碍，带领人民进入了中国特色社会主义新时代，推动党和国家事业取得全方位、开创性历史成就，深刻改变了中国，也深刻影响了世界。在这个过程中，中国共产党勇于自我革命，在改革开放的历史进程中永葆先进性和纯洁性，及时清除一切侵蚀党的健康肌体的病毒，及时割除违背初心使命的政治微生物，自身建设实现了新突破，牢记初心使命、始终成为中国特色社会主义事业的坚强领导核心。

时代在变，马克思主义政党的斗争精神不能变。关于斗争问题，党的十八大以来，习近平总书记在多个场合从多个角度都阐述过。

关于同歪风邪气的斗争。2013 年 6 月 28 日，习近平总书记在全国组织工作会议上的讲话中指出，敢于担当，党的干部必须坚持原则、认真负责，面对大是大非敢于亮剑，面对矛盾敢于迎难而上，面对危机敢于挺身而出，面对失误敢于承担责任，面对歪风邪气敢于坚决斗争。

关于意识形态领域的斗争。2013 年 8 月 19 日，习近平总书记在全国宣传思想工作会议上强调，经济建设是党的中心工作，意识形态工作是党的一项极端重要的工作。我们正在进行具有许多新的历史特点的伟大斗争，面临的挑战和困难前所未有，必须坚持巩固壮大主流思想舆论，弘扬主旋律，传播正能量，激发全社会团结奋进的强大力量。以习近平同志为核心的党中央十分重视意识形态领域的斗争，中央政治局经常集体学习马克思主义理论，每年都发文通报意识形态工作的形势和任务等，都展示了我们党对意识形态工作的重视。我们要巩固马克思主义在意识形态领域的指导地位，批判党内外和国内外各种错误思潮，在事关意识形态领域政治原则和大是大非问题上，必须着眼于团结和争取大多数，有理有利有节开展意识形态斗争，帮助干部群众划清是非界限、澄清模糊认识，凝聚最大共识。

关于反腐败斗争。2014 年 1 月 14 日，习近平总书记在十八届中央纪委三次全会上发表重要讲话强调，全党同志要深刻认识反腐败斗争的长期性、复杂性、艰巨性，以猛药去疴、重典治乱的决心，以刮骨疗毒、壮士断腕的勇气，坚决把党风廉政建设和反腐败斗争进行到底。在各项伟大斗争中，“反腐败斗争”是习近平总书记使用次数较多的词。党的十八大以来，党中央把党风廉政建设和反腐败斗争作为党的重大政治任务来抓。还有“自觉同特权思想和特权现象作斗争”等提法，频繁使用这类词与党的十八大以来以反腐败斗争为重点的全面从严治党的实际做法是完全吻合的。经过全党和全国人民的共同努力，反腐败斗争取得明显成效，腐败蔓延势头得到有效遏制，反腐败斗争压倒性态势已经形成，不敢腐的目标初步实现，不能腐的制度日益完善，不想腐的堤坝正在构筑，党内政治生活呈现新的气象。

关于党内思想斗争。2014 年 10 月 8 日，习近平总书记在党的群众路线教育实践活动总结大会上的讲话中指出，党内要开展积极健康的思想斗争，帮助广大党员、干部分清是非、辨别真假，坚持真理、修正错误，统一意志、增进团结。2016 年 6 月 28 日，习近平总书记在十八届中共中央政治局第三十三次集体学习时强调，严肃党内政治生活、净化党内政治生态是伟大斗争、伟大工程的题中应有之义，是我们党坚持党的性质和宗旨的重要法宝，是我们党实现自我净化、自我完善、自我革新、自我提高的重要途径。抓住了这个点，我们党就能更好凝心聚魂、强身健体。

关于与破坏法治作斗争。2015 年 2 月 2 日，习近平总书记在省部级主要领导干部学习贯彻党的十八届四中全会精神全面推进依法治国专题研讨班开班式上发表重要讲话强调，领导干部都要牢固树立宪法法律至上、法律面前人人平等、权由法定、权依法使等基本法治观念，对各种危害法治、破坏法治、践踏法治的行为要挺身而出、坚决斗争。党的十八届四中全会确立了全面推进依法治国的总目标是建设中国特色社会主义法治体系，建设社会主义法治国家。新的时代条件下我们必须把依法治国摆在更加突出的位置，坚持在法治轨道上统筹市场力量、平衡经济利益，依靠法治解决各种复杂的经济问题，确保我国经济平稳健康发展，坚持运用法治精神调节社会关系、规范社会行为、处理社会矛盾，依靠法治化解各种社会风险，确保我国社会在深刻变革中既生机勃勃又井然有序。

关于同保护主义的斗争。2016 年 1 月 18 日，习近平总书记在省部级主要领导干部学习贯彻党的十八届五中全会精神专题研讨班上的讲话中指出，20 年前甚至 15 年前，经济全球化的主要推手是美国等西方国家，今天反而是我们被认为是世界上推动贸易和投资自由化便利化的最大旗手，积极主动同西方国家形形色色的保护主义作斗争。推动贸易和投资公正化自由化便利化，反对保护主义，符合世界各国共同利益，也是我国的一贯主张，近年来我国积极推进合作共赢的国际新秩序，赢得了全世界的瞩目和尊重。我们今天开放发展的大环境总体上比以往任何时候都更为有利，同时面临的矛盾、风险、博弈也前所未有，稍不留神就可能掉入别人精心设置的陷阱。我们既要通过“一带一路”等国际合作，正面引导公正合理的经济全球化，也要与西方国家各种以邻为壑的狭隘保护主义进行斗争，逐渐构建人类命运共同体和各国利益共同体。

关于军事领域的斗争。2017 年 8 月 1 日，习近平总书记在庆祝中国人民解放军建军 90 周年大会上的讲话中指出，全军要贯彻新形势下军事战略方针，认真研究军事、研究战争、研究打仗，把握现代战争规律和战争指导规律，扎扎实实做好军事斗争准备各项工作。要坚持仗怎么打兵就怎么练，打仗需要什么就苦练什么，什么问题突出就解决什么问题，全面提高军事训练实战化水平。我国面临较严峻的周边军事形势，必须加强军队和国防的现代化建设。只有始终聚焦备战打仗，锻造召之即来、来之能战、战之必胜的精兵劲旅，才能把强军事业不断推向前进。

关于反分裂斗争。2015 年 8 月 24 日至 25 日，习近平总书记在中央第六次西藏工作座谈会上强调，要以邓小平理论、“三个代表”重要思想、科学发展观为指导，坚持“四个全面”战略布局，坚持党的治藏方略，把维护祖国统一、加强民族团结作为工作的着眼点和着力点，坚定不移开展反分裂斗争，坚定不移促进经济社会发展，坚定不移保障和改善民生，坚定不移促进各民族交往交流交融，确保国家安全和长治久安，确保经济社会持续健康发展，确保各族人民物质文化生活水平不断提高，确保生态环境良好。

关于打击“三股势力”斗争。2017 年 6 月 9 日，习近平主席在上海合作组织成员国元首理事会第十七次会议上的讲话中指出，没有安全，就谈不上发展。近期本地区发生的暴力恐怖事件表明，打击“三股势力”斗争仍然任重道远，我们要一如既往将维护地区安全稳定作为上海合作组织工作的优先方向。当前，国际恐怖袭击事件已从偶发演变为频发，中国是国际反恐事业的重要参与者和贡献者，我们坚决打击一切形式的恐怖主义，致力于加强同国际社会的反恐合作。依法防范和打击国际恐怖主义是世界和平发展的现实需要，也体现出我国作为负责任大国的责任担当。

关于同自然灾害的斗争。2016 年 7 月 28 日，习近平总书记在河北唐山市考察时强调，同自然灾害抗争是人类生存发展的永恒课题。要更加自觉地处理好人和自然的关系，正确处理防灾减灾救灾和经济社会发展的关系，不断从抵御各种自然灾害的实践中总结经验，落实责任、完善体系、整合资源、统筹力量，提高全民防灾抗灾意识，全面提高国家综合防灾减灾救灾能力。

关于禁毒斗争。2015 年 6 月 25 日，习近平总书记在会见全国禁毒工作先进集体代表和先进个人时强调，各地区各有关部门要切实增强做好禁毒工作的政治责任感，保持对毒品的“零容忍”，锲而不舍，常抓不懈，坚定不移打赢禁毒人民战争，不获全胜决不收兵。

这些斗争是长期的和复杂的，经过不懈努力，中国共产党团结带领中国人民，为实现中华民族伟大复兴的中国梦，实施了一系列重大战略举措，有效应对风险挑战，突破外部遏制，着力补齐发展短板，取得了显著成效。但是，事业在发展，事业道路肯定不是一帆风顺的，随着中国特色社会主义事业进入新时代，我们将面临诸多困难与挑战，必须继续进行伟大斗争。

2019 年 9 月 3 日，习近平总书记在中央党校（国家行政学院）秋季学期中青年干部培训班开班式上的重要讲话中强调：“中华民族伟大复兴，绝不是轻轻松松、敲锣打鼓就能实现的，实现伟大梦想必须进行伟大斗争。在前进道路上我们面临的风险考验只会越来越复杂，甚至会遇到难以想象的惊涛骇浪。我们面临的各种斗争不是短期的而是长期的，至少要伴随我们实现第二个百年奋斗目标全过程。必须增强‘四个意识’，坚定‘四个自信’，做到‘两个维护’，坚定斗争意志，当严峻形势和斗争任务摆在面前时，骨头要硬，敢于出击，敢战能胜。”[①]

习近平总书记旗帜鲜明地指出：“共产党人的斗争是有方向、有立场、有原则的，大方向就是坚持中国共产党领导和我国社会主义制度不动摇。凡是危害中国共产党领导和我国社会主义制度的各种风险挑战，凡是危害我国主权、安全、发展利益的各种风险挑战，凡是危害我国核心利益和重大原则的各种风险挑战，凡是危害我国人民根本利益的各种风险挑战，凡是危害我国实现‘两个一百年’奋斗目标、实现中华民族伟大复兴的各种风险挑战，只要来了，我们就必须进行坚决斗争，而且

① 《习近平谈治国理政》第 3 卷，外文出版社 2020 年版，第 225—226 页。

必须取得斗争胜利。我们的头脑要特别清醒、立场要特别坚定，牢牢把握正确斗争方向，做到在各种重大斗争考验面前‘不畏浮云遮望眼’，‘乱云飞渡仍从容’。”①

“我们共产党人的斗争，从来都是奔着矛盾问题、风险挑战去的。当前和今后一个时期，我国发展进入各种风险挑战不断积累甚至集中显露的时期，面临的重大斗争不会少，经济、政治、文化、社会、生态文明建设和国防和军队建设、港澳台工作、外交工作、党的建设等方面都有，而且越来越复杂。领导干部要有草摇叶响知鹿过、松风一起知虎来、一叶易色而知天下秋的见微知著能力，对潜在的风险有科学预判，知道风险在哪里，表现形式是什么，发展趋势会怎样，该斗争的就要斗争。”②

“社会是在矛盾运动中前进的，有矛盾就会有斗争。领导干部不论在哪个岗位、担任什么职务，都要勇于担当、攻坚克难，既当指挥员、又当战斗员，培养和保持顽强的斗争精神、坚韧的斗争意志、高超的斗争本领。我们在工作中遇到的斗争是多方面的，改革发展稳定、内政外交国防、治党治国治军都需要发扬斗争精神、提高斗争本领。全面从严治党、坚持马克思主义在意识形态领域的指导地位、全面深化改革、推进供给侧结构性改革、推动高质量发展、消除金融领域隐患、保障和改善民生、打赢脱贫攻坚战、治理生态环境、应对重大自然灾害、全面依法治国、处理群体性事件、打击黑恶势力、维护国家安全，等等，都要敢于斗争、善于斗争。领导干部要做敢于斗争、善于斗争的战士。”③

---

①《习近平谈治国理政》第3卷，外文出版社2020年版，第226页。
②《习近平谈治国理政》第3卷，外文出版社2020年版，第226—227页。
③《习近平谈治国理政》第3卷，外文出版社2020年版，第227—228页。

五、自觉加强政治历练和政治训练

领导干部应如何在政治历练中坚定信念、增长才干，成为可堪大用、能担重任的栋梁之才？只有在时代的风口浪尖上经历无数风吹浪打，政治能力才能锤炼出来。实践是锤炼能力的大熔炉，政治能力归根结底源于实践的砥砺和磨炼，只有在破解一个又一个难题中才能实现能力素质的跃升，才能消除本领恐慌，才能逐步变“老练”。此外，提升政治能力，还要自觉接受党内政治生活锻炼，不断增强政治定力、纪律定力、道德定力、抵腐定力。

（一）在复杂斗争实践中积累政治经验

“天下虽安，忘战必危。”经过100多年的奋斗洗礼，斗争精神早已融入共产党人的血脉。早在1962年的七千人大会上，毛泽东就强调：“从现在起，五十年内外到一百年内外，是世界上社会制度彻底变化的伟大时代，是一个翻天覆地的时代，是过去任何一个历史时代都不能比拟的。处在这样一个时代，我们必须准备进行同过去时代的斗争形式有着许多不同特点的伟大的斗争。”[①] 的确，今天，我们正在进行具有许多新的历史特点的伟大斗争。世界正经历新一轮大发展大变革大调整，大国战略博弈全面加剧，国际体系和国际秩序深度调整，人类文明发展面临的新机遇新挑战层出不穷，不确定不稳定因素明显增多。大变局给中华民族伟大复兴带来重大机遇，在大变局时代继续开辟发展新空间，进而迈向建设社会主义现代化国家的新征程，党员干部务必要在伟大斗争中积累政治经验、提升政治能力。

首先，面对危机敢于挺身而出。中国特色社会主义进入新时代，面对错综复杂的形势以及困难与挑战，有许多“娄山关”“腊子口”需要征服。如在深化改革的问题上，有许多意想不到的困难和阻力。在这些危急时刻，党员干部要敢打攻坚战、敢蹚深水区，要有“明知山有虎，偏向虎山行”的劲头。要带领人民群众战风险、渡难关，而绝不能在危机面前畏首畏尾、瞻前顾后。要关键时刻豁得出来、顶得上去，而决不能茫然不知所措，手忙脚乱。要在遇到危急情况、大灾大难、突发事件时临危不惧、靠前指挥，而决不能躲闪回避、贻误时机，给工作造成被动。在伟大斗争实践中，党员干部要真正成为带领人民群众战风险、渡难关的主心骨。

其次，面对矛盾敢于迎难而上。新时代，国内外环境都在发生极为广泛而深刻的变化。我们在中国共产党的带领下实现奋斗目标还有不少困难和问题。经过改革开放 40 多年的发展，一系列矛盾亟须有效解决，人民的期盼需要共产党人做出有效回应。不论什么样的困难和矛盾，我们完全可以采取行动进行克服。要前进，就要克服困难和矛盾，绕是绕不过去的，要以坚韧的毅力迎接社会主义建设的重重困难和种种挑战。而克服一个困难和矛盾就会前进一步，就会登上一个新的台阶。解决一

---

① 《毛泽东著作选读》下册，人民出版社1986年版，第828页。

个难题就是打一场硬仗，党员干部在困难和矛盾面前，要抱着迎难而上的决心，以敢啃“硬骨头”的勇气，找准突破口，认真去做、用心去做、努力去做，必能“逢山开路，遇水架桥”，再大的困难都会迎刃而解。党员干部决不能坐看矛盾问题积累恶化，也不能有“等靠要”的想法，更不能推卸责任、“金蝉脱壳”。要从解决具体问题做起，直面问题和矛盾，义无反顾地承担自己肩负的历史使命。

再次，要增强底线思维。底线是事物存在和发展的最低限度，底线思维是以底线为导向的一种科学思维方法。进入新时代，习近平总书记多次要求全党要善于运用底线思维。在实践中，领导干部以底线为出发点，把握主动权，可有效规避风险挑战，在伟大事业中积极作为，勇担责任，确保完成目标任务。领导干部还要学会用底线思维来“说话办事”，摒弃“不求过得硬，只求过得去”的态度，积极争取更好的结果。要守好清正廉洁的底线，主动在思想上划出红线，在行为上明确界限。要有忧患意识，做到未雨绸缪，防患于未然，提高应对风险挑战、驾驭复杂局面的能力。

最后，面对大是大非敢于亮剑、面对歪风邪气敢于坚决斗争。当前意识形态领域形势总体上向好，但是市场经济的发展，特别是网络技术的发展，给意识形态工作带来了挑战。一些敌对势力制造大量混淆视听的负面舆论，造谣污蔑、借题发挥、小题大做、挑拨离间，尤其是意识形态网络渗透的力度不断加大，用各种形式来给广大人民群众制造“烟幕弹”，使得意识形态领域渗透与反渗透的斗争尖锐复杂。敌对势力和敌对分子利用网络大肆炒作我国的负面新闻；有的通过各种途径隐藏起来，通过其代理人对我国进行意识形态渗透，通过网络发布对我国时局的评论；有的则是到处宣扬历史虚无主义，误导、扰乱群众视线；等等。面对这些情况，党员干部既要敢于亮剑、敢于斗争，又要善于斗争，做“战士”不做“绅士”，坚决抵制错误思想侵蚀，在斗争中不断提升政治能力。

新时代是奋斗者的时代，中国共产党人必须充分认识这场伟大斗争的长期性、复杂性、艰巨性，坚定斗争意志、把准斗争方向、明确斗争任务、掌握斗争规律、讲求斗争方法，敢于斗争、善于斗争，坚持斗争过程和斗争实效相统一，保持一往无前的斗争姿态，始终做到在事关中国特色社会主义前途命运的大是大非问题上坚定不移，在改革发展稳定工作中敢于碰硬，在全面从严治党上敢于动硬，在维护国家核心利益上敢于针锋相对，不在困难面前低头，不在挑战面前退缩，不拿原则做交易，不在任何压力下吞下损害中华民族根本利益的苦果。把初心和使命落实到本职岗位上、一言一行中，在具有许多新的历史特点的伟大斗争中取得新的胜利。

（二）自觉接受党内政治生活锻炼

党的事业的发展过程，尤其是党的建设是同党内政治生活密切联系在一起的。党内政治生活是领导干部历练政治能力的大熔炉。事实表明，只有“炉火”烧旺了，才能锻造过硬的政治素质。

1. 增强党内政治生活的政治性

增强党内政治生活的政治性，就是党内政治生活要把握坚定正确的政治方向，引导党员干部自觉维护党中央权威和集中统一领导。政治性体现中国共产党的性质宗旨和职能使命。马克思主义政党具有强烈和鲜明的政治性。强烈的政治性是由于马克思主义政党从建立时起，就毫不隐瞒自己的政治立场、政治倾向、政治观点，在《共产党宣言》中明白无误地表达了共产党的性质宗旨和政治主张。比如，公开宣布自己是为大多数人谋利益的党；再如，公开宣布自己的职能使命是推翻资产阶级统治、让人民当家作主，最终实现共产主义。中国共产党作为马克思主义政党，是中国工人阶级的先锋队，同时是中国人民和中华民族的先锋队，以全心全意为人民服务为根本宗旨，以实现共产主义为最高理想和最终奋斗目标，彰显了中国共产党的政治性。

事实上，中国共产党是最讲政治的马克思主义政党。从革命战争年代，我们党强调“革命的政治工作是革命军队的生命线”；到社会主义建设时期，我们党提出“政治工作是一切经济工作的生命线”；再到改革开放新时期，我们党提出“到什么时候都得讲政治”，充分表明讲政治是中国共产党一以贯之的要求。近年来，随着形势的变化，党内有些同志认为讲政治不那么重要了，讲政治的自觉性降低了。特别是在党内政治生活中，出现好人主义和庸俗化现象。有的只讲个人利益不管党的事业，有的只想经营“圈子”不讲党性原则，有的只顾多拉选票不敢坚持真理。其结果是使一些党员干部甚至高级干部腐化堕落，严重污染了党内政治生态，消耗了党的政治能量，干扰了党的事业发展。因此，把政治性作为党内政治生活必须增强的“四性”中的“第一性”，有着极为重要的现实意义。

增强党内政治生活的政治性，核心是坚持“民心是最大的政治”。人心向背关系党的生死存亡，人民立场是中国共产党的根本政治立场。党的根基在人民、党的力量在人民。离开了人民，党的一切理论和奋斗不但会落空，而且会变得毫无意义。中国共产党100多年的奋斗历史表明，我们党之所以能够成为领导中国革命、建设、改革的核心力量，之所以能够承担起中国人民和中华民族赋予的历史重托，之所以能够在国际国内环境中始终立于不败之地，根本原因是我们党始终坚持人民立场，把为人民谋利益作为自己的奋斗目标；始终坚持党除了最广大人民的利益，没有自己的特殊利益，把全心全意为人民服务作为自己的根本宗旨；始终把合乎最广大人民群众的最大利益、为最广大人民群众所拥护，作为自己一切言论和行动的最高标准。

不论在任何时候、任何情况下，党只有始终与人民同呼吸、共命运、心连心，始终依靠人民推动历史前进，才能做到坚如磐石。因此，党员干部心中要始终装着老百姓，先天下之忧而忧，后天下之乐而乐，做到不谋私利、克己奉公。对个人的名誉、地位、利益，要想得透、看得淡。要着力解决好人民最关心最直接最现实的利益问题，特别是要下大气力解决好人民不满意的问题，多做雪中送炭的事情。党员干部必须树立正确的权力观，严以用权，为民用权；树立正确的地位观，始终站在人民群众的立场上，和人民群众同甘苦、共患难；树立正确的利益观，始终用公权力为人民谋利益，切不可以权谋私。必须坚持马克思主义群众观，相信群众、依靠群众，尊重群众首创精神；坚持党的群众路线，一切为了群众、一切依靠群众，从群众中来、到群众中去。必须持续改进作风，密切党同人民群众的血肉联系。必须把努力提高人民群众的生活水平作为自己的基本职责，把党中央关爱民众、改善民生的决策部署落实到党和国家各项工作中去，把人民对美好生活的向往变为现实。

增强党内政治生活的政治性，根本的是维护党中央权威。统一全党的意志，维护党中央权威，保证令行禁止，凝聚全党的精气神朝着共同的目标而奋斗，是讲政治的核心问题，是党内政治生活的根本问题，也是判断党员干部是不是讲政治、讲什么样的政治的最高标准。常言道，令之不行，政之不立。一个拥有 1 亿多名党员、500 多万个基层党组织的世界第一大党，如果有令不行、有禁不止，必会组织涣散，变成一盘散沙，失去凝聚力和战斗力。作为党员干部特别是高级领导干部，必须明确的是应当按照谁的“令”去“行”，按照谁的“禁”去“止”。如果在这一点上出了问题，那就不只是一般的不讲政治，而是背离了我们党讲政治的初心。

习近平总书记强调，坚决维护党中央权威、保证全党令行禁止，是党和国家前途命运所系，是全国各族人民根本利益所在。坚持党的领导，首先是坚持党中央集中统一领导。毋庸讳言，一段时间内，无视党中央权威的现象仍然存在，有的还比较严重。搞任人唯亲、排斥异己的有之，搞团团伙伙、拉帮结派的有之……习近平总书记曾经用“七个有之”概括党内存在的突出问题。每一个党的组织、每一名党员干部，无论处在哪个领域、哪个层级、哪个部门和单位，都要服从党中央集中统一领导，按照党中央的“令”而“行”，按照党中央的“禁”而“止”。维护党中央权威，就是要在全党牢固树立政治意识、大局意识、核心意识、看齐意识，把党中央的精神和决策部署不折不扣落到实处。

增强党内政治生活的政治性，关键的是领导干部严守党的政治纪律和政治规矩。政治纪律和政治规矩是全体党员必须严格遵守的基本红线，是严肃党内政治生活、净化党内政治生态的基本保证。在这个方面，习近平总书记在十八届中央纪委五次全会上曾经提出过“五个必须”：必须维护党中央权威，在任何时候任何情况下都必须在思想上政治上行动上同党中央保持高度一致；必须维护党的团结，坚持五湖四海，团结一切忠实于党的同志；必须遵循组织程序，重大问题该请示的请示，该汇报的汇报，不允许超越权限办事；必须服从组织决定，决不允许搞非组织活动，不得违背组织决定；必须管好亲属和身边工作人员，不得默许他们利用特殊身份谋取非法利益。

“五个必须”是守纪律、讲规矩不可逾越的底线、不能触碰的红线。党员、干部党性强不强、对党忠不忠，一个党组织的政治生活严肃不严肃，这“五个必须”是重要的考验、根本的检验。各级党组织要把严守纪律、严明规矩放到重要位置来抓，努力在全党营造守纪律、讲规矩的氛围。各级领导干部特别是高级干部要牢固树立纪律和规矩意识，在守纪律、讲规矩上做表率。各级党委、纪委要加强监督检查，对不守纪律的行为要严肃处理。执行党纪党规不能有任何含糊，不能让党纪党规成为“纸老虎”“稻草人”，形成“破窗效应”。凡是违反党章和党的纪律特别是政治纪律、组织纪律、财经纪律、群众纪律、廉洁纪律和生活纪律的行为，都不能放过，更不能放纵，为严肃党内政治生活提供坚实有力的纪律保证。

增强党内政治生活的政治性，重要的是净化党内政治生态。党内政治生活和党内政治生态之间的关系，可以从二者之间的联系和区别两个方面来看：一方面，二者之间的联系在于党内政治生活和党内政治生态互为条件、同生共长。一个净化的党内政治生态来自严肃的党内政治生活，严肃的党内政治生活有赖于净化的党内政治生态的形成、维护和发展。相反，如果党内政治生活不严肃，党内政治生态就必然污浊；如果党内政治生态不净化，党内政治生活也不可能严肃。因此，严肃党内政治生活、净化党内政治生态二者之间，或是相得益彰，或是一损俱损。另一方面，二者之间的区别在于党内政治生活是党内政治生态的基础，是构成或营造党内政治生态的元素；党内政治生态是党内政治生活长期发展形成的综合性状态，是党内政治生活是否正常、严肃的反映。因此，净化党内政治生态要从严肃党内政治生活抓起，而严肃党内政治生活也需要净化的党内政治生态。

对此，习近平总书记指出："政治生态和自然生态一样，稍不注意，就很容易受到污染，一旦出现问题，再想恢复就要付出很大代价。"[①] 事实上，不论是自然生态，还是政治生态，一种生态的形成绝不是一成不变的，而是可以在尊重客观规律的基础上进行科学的"营造"；同时，一种生态的形成也不是一朝一夕的，而是可以借鉴以往的经验进行创新性的重构。特别是习近平总书记提出"重构政治生态"，这"重构"二字意义深远。它既体现了对我们党在历史上已有的良好政治生态的充分肯定，也体现了对当前党内政治生态中存在的突出问题的深刻认知。

---

① 中共中央文献研究室编：《习近平关于协调推进"四个全面"战略布局论述摘编》，中央文献出版社2015年版，第150页。

因此，在新的历史条件下，适应党所承担的历史重任以及人民群众对党的无限期待，我们要把我们党理论联系实际、密切联系群众、批评和自我批评等优良作风发扬光大，把我们党政治路线、思想路线、组织路线、群众路线以及民主集中制的优良传统发扬光大，把我们党“三会一课”、民主生活会、党员民主评议以及领导干部过双重组织生活等管用有效的制度发扬光大。事实证明，党的这些优良作风、优良传统和好的制度，既是中国共产党区别于其他政党的显著标志，也是党千锤百炼越来越坚强的重要原因。

增强党内政治生活的政治性，基础的是突出全党思想政治建设。共产党人必须坚守共产党人的政治灵魂，做到在党爱党、在党言党、在党忧党、在党为党。要切实增强政治定力，倍加珍惜、始终坚持、不断发展中国特色社会主义。要保持高度政治警觉，在重大政治问题上站稳立场。要严格遵守政治纪律和政治规矩，在党内生活中不越底线、不碰红线。要强化政治担当，促进全面从严治党落到实处。要保持高度的政治敏锐性和政治鉴别力，时刻警惕形形色色的错误思潮，善于辨别敌对势力暗藏玄机的企图和阴谋，对任何否定党的领导、抹黑党的历史、歪曲党的路线的错误言论，敢于针锋相对，敢于发声亮剑，敢于坚决斗争。

2. 增强党内政治生活的时代性

增强党内政治生活的时代性，要求党内政治生活要紧跟时代步伐、聆听时代声音、回答时代课题，及时发现和解决党内出现的新问题，使党内政治生活始终充满活力。每个时代有每个时代的任务，每个时代有每个时代的特点，党内政治生活只有紧跟时代步伐，找准历史方位，准确把握时代要求，才能体现时代性，把握规律性，富于创造性，实现与时俱进，取得实际成效。我们党团结带领全国各族人民走过了 100 多年波澜壮阔的奋斗历程，始终站在时代潮头，既善于总结经验，继承和发扬优良传统，又勇于解放思想、与时俱进，以改革创新精神推进党的建设新的伟大工程。

增强党内政治生活的时代性，目的是完成党的时代任务。党和人民的事业发展到什么阶段，党的建设就要推进到什么阶段，党内政治生活就要跟进到什么阶段。就当前来说，我们党所承担的时代任务，就是实现第二个百年奋斗目标，实现中华民族伟大复兴，把党的二十大部署贯彻落实，党内政治生活要紧紧围绕我们党承担的这一艰巨而伟大的时代任务来开展。

增强党内政治生活的时代性，关键是应对党所面临的时代挑战。现在，世情、国情、党情发生了很大变化。我们党要在全新的形势下推进中国特色社会主义伟大事业、进行具有许多新的历史特点的伟大斗争、推进党的建设新的伟大工程。在新形势新任务面前，我们党面临的执政考验、改革开放考验、市场经济考验、外部环境考验是长期的、复杂的、严峻的，精神懈怠的危险、能力不足的危险、脱离群众的危险、消极腐败的危险更加尖锐地摆在全党面前。我们党能否经受住“四大考验”，能否避免“四种危险”，是时代向党提出的重大挑战。对此，严肃党内政治生活，就不能视而不见、避而不谈，而是必须勇敢直面、主动应对，以党内政治生活的时代性为党在新形势下保持和发展先进性、纯洁性提供保证。只有如此，我们党才能应对重大挑战、抵御重大风险、克服重大阻力、解决重大矛盾，坚持和发展中国特色社会主义，坚持和巩固党的领导地位和执政地位，使我们的党、我们的国家、我们的人民永远立于不败之地。

增强党内政治生活的时代性，重点是解决党内存在的突出问题。问题和矛盾无时不在、无处不有，但一定时代的问题总有一些突出特点，总有一些特定的表现形式。一个伟大的马克思主义政党，必须是自己有勇气、有能力解决自己问题的党，而党内政治生活就是解决党内存在问题的一个重要平台。当前，我们党内存在的突出问题是形式主义、官僚主义、享乐主义和奢靡之风。在党内政治生活中，我们不能讳疾忌医，而是要针对党组织和党员干部自身存在的这样那样的问题，积极主动地清除自己的泥垢，治疗自己的病症，打扫自己的房间，增强党自我净化、自我完善、自我革新、自我提高的能力。要不断提出新标准新追求新目标，不断提高各级党组织和广大党员干部的先进性和纯洁性，不自满、不止步、不懈怠，在思想“长征”的路上永远保持共产党人的坚定信念、浩然正气和政治本色。

特别值得引起高度重视的是党内存在野心家、阴谋家。对此，2016年1月12日，习近平总书记在十八届中央纪委六次全会上的讲话中非常严肃地指出，要清醒看到，党风廉政建设和反腐败斗争形势依然严峻复杂。有的置若罔闻，搞结党营私、拉帮结派、团团伙伙，一门心思钻营权力；有的明知在换届中组织没有安排他，仍派亲信到处游说拉票，搞非组织活动；有的政治野心不小，扬言“活着要进中南海，死了要入八宝山”；有的在其主政的地方建“独立王国”，搞小山头、拉小圈子，对党中央决策部署阳奉阴违，为实现个人政治野心而不择手段。

习近平总书记强调：“对政治隐患就要从政治高度认识。党内存在野心家、阴谋家，从内部侵蚀党的执政基础，我们不能投鼠忌器，王顾左右而言他，采取鸵鸟政策，这个必须说清楚。全党必须讲政治，把政治纪律摆在首位，消弭隐患、杜绝后患。”[①] 总之，增强党内政治生活的时代性，只有坚持问题导向，认真解决党内存在的突出问题，才能做到有的放矢，取得实效。

增强党内政治生活的时代性，要根据时代发展要求创新制度规则和方式手段。首先，没有规矩，不成方圆。党内政治生活也需要以制度来

---

① 中共中央党史和文献研究院编：《习近平关于全面从严治党论述摘编（2021年版）》，中央文献出版社2021年版，第106页。

约束和保证。在党内政治生活中，有些制度是根本性的，比如我们党的民主集中制，再比如党内政治生活的若干准则等。根本性的制度，不论在任何时代、任何情况下，其基本点都是必须坚持的，但这并不影响对这些制度的具体内容随着时代的不断发展而不断创新。只有这样，才能以顺应和符合时代发展要求的制度来规范党内政治生活，使党内政治生活更具有时代性。

当然，制度不在多，而在于精，在于务实管用，突出针对性和指导性。如果空洞乏力，起不到应有的作用，再多的制度也会流于形式。“牛栏关猫”是不行的！要搞好配套衔接，做到彼此呼应，增强整体功能，不断增强党内生活和党的建设制度的严密性和科学性，既建立实体性制度，又形成程序性制度；既明确应该怎么办，又明确违反规定怎么处理，推进党的建设制度化、规范化、科学化。要严格执行民主集中制，形成心齐气顺的政治氛围。民主集中制是我们党和国家的根本组织制度和领导制度，是党组织永葆生机活力的法宝。

当前，在贯彻执行民主集中制方面，既有民主不够的问题，也有集中不够的问题。民主不够，突出表现在一些地方和部门的主要领导干部搞个人说了算，“决策一言堂、用人一句话、花钱一支笔”，甚至独断专行、排除异己；集中不够，突出表现在一些领导干部搞分散主义、各自为政，凡事从自己的一亩三分地出发，甚至把分管领域变成“私人领地”。这些问题不解决，就难以有健康的党内政治生活。

其次，党内政治生活的方式和手段是否科学、是否为党员群众所喜闻乐见，在一定程度上对党内政治生活质量有一定的决定作用。比如，在当今信息化时代、互联网普及的形势下，要注重健全党内重大思想理论问题分析研究和情况通报制度，强化互联网思想理论引导，善于利用传统媒体和互联网等各种渠道了解民意，倾听群众呼声，改进和创新联系群众方法，建立和完善民意调查、群众满意度测评等制度；要运用微信微博、手机客户端、视频直播等通信手段，占领“指尖上的阵地”，创新在党内政治生活中教育党员的方式方法。

增强党内政治生活的时代性，最根本的是坚持用当代中国马克思主义武装全党。马克思主义是我们立党立国的根本指导思想，同时，面对新的时代特点和实践要求，马克思主义也面临着进一步中国化、时代化、大众化的问题。党的十八大以来，习近平总书记着眼于马克思主义在当代中国发展的现实基础和实践需要，提出了一系列治国理政新理念新思想新战略，开辟了21世纪马克思主义理论创新和实践发展的新境界。

习近平新时代中国特色社会主义思想，是马克思主义中国化的最新成果，是指导我们进行具有许多新的历史特点的伟大斗争的行动指南。增强党内政治生活的时代性、适应新的伟大斗争要求，最根本的就是坚持用习近平新时代中国特色社会主义思想来指导党内政治生活。为此，要做到以下几点。

一是深刻认识严肃认真的党内政治生活、健康洁净的党内政治生态，是党的优良作风的生成土壤，是党的旺盛生机的动力源泉，是保持党的先进性纯洁性、提高党的创造力凝聚力战斗力的重要条件，是党团结带领全国各族人民完成历史使命的有力保障，是我们党区别于其他非马克思主义政党的鲜明标志。抓好了党内政治生活，全面从严治党就有了重要基础。

二是党内政治生活要讲政治、讲原则、讲规矩，坚决反对党内政治生活随意化、平淡化、娱乐化、庸俗化，不断提高党内政治生活质量和水平。在严肃党内政治生活中，要坚持固本培元，把加强思想政治建设摆在首位，引导党员特别是领导干部筑牢信仰之基、补足精神之钙、把稳思想之舵，坚定中国特色社会主义道路自信、理论自信、制度自信、文化自信，增强党的意识、党员意识、宗旨意识，坚守真理、坚守正道、坚守原则、坚守规矩，做到以信念、人格、实干立身。要坚持激浊扬清，让党内正能量充沛，让歪风邪气无所遁形，铲除腐败这个致命的“污染源”，深入推进作风建设，坚持正确用人导向，真正让那些忠诚、干净、担当的干部得到褒奖和重用，让那些阳奉阴违、阿谀逢迎、弄虚作假、不干实事、会跑会要的干部没市场、受惩戒，倡导清清爽爽的同志关系、规规矩矩的上下级关系。要坚持立规明矩，把纪律规矩立起来、严起来，使各项纪律规矩真正成为“带电的高压线”，防止出现“破窗效应”。要坚持以上率下，从中央政治局常委会、中央政治局、中央委员会做起，从各地区各部门党委（党组）做起，从高级干部做起，对党绝对忠诚，模范遵守党章，严格按党的制度和规矩办事，夙兴夜寐为党和人民工作，任何时候都不搞特权，都不破坏党的制度和规矩。要坚持继承创新，传承和发扬党内政治生活优良传统，同时立足新的实际，不断进行改进和创新，善于以新的经验指导新的实践，更好发挥党内政治生活功能作用，实现干部清正、政府清廉、政治清明，使我们党始终成为中国特色社会主义伟大事业的坚强领导核心。

三是严肃党内政治生活是每个党员、干部的事。全体党员特别是领导干部要增强角色意识和政治担当，把爱党、忧党、兴党、护党落实到工作生活各个环节，敢于同形形色色违反党内政治生活原则和制度的现象作斗争。

四是严肃党内政治生活贵在经常、重在认真、要在细节。“经常”“认真”“细节”都很重要，因为党内政治生活贯穿于党的政治生活的全过程，必须时时严、时时紧；凡事只有认真才有成效，党内政治生活也不例外；世间事，做于细，只有从细处入手，才能真正做实做好。在“经常”“认真”“细节”中，“认真”又特别重要。世界上怕就怕“认真”二字，我们共产党人就最讲认真。讲认真就是要严字当头，不能应付、不能对付、不能敷衍、不能马虎。讲认真就是要一以贯之、坚持不懈，不能有始无终、有头无尾，不能断断续续、时热时冷。讲认真就是要一丝不苟、做细做实，不能摘了西瓜丢了芝麻、只顾抓大放弃抓小。只有在党内政治生活中坚持贵在经常、重在认真、要在细节，才能始终在党内形成既有集中又有民主，既有纪律又有自由，既有统一意志又有个人心情舒畅的生动活泼的政治局面。

3. 增强党内政治生活的原则性

增强党内政治生活的原则性，就是党内政治生活要坚持党的思想原则、政治原则、组织原则、工作原则，按原则处理党内各种关系，按原则解决党内矛盾和问题。所有党员干部都要牢记第一身份是党员，按照党的规矩行事，把捍卫原则作为责任和使命，使讲原则、守原则在党内蔚然成风。开展严肃认真的党内政治生活，理所当然要把坚持原则、增强原则性摆在突出位置。实践表明，在原则问题上退一寸，党内政治生活就松一尺，党员队伍就散一丈。一些党员干部讲私情、讲利益、讲关系、讲面子，就是不讲原则，导致在批评和自我批评上拉不下脸面，在圈子、场子里动不了真，在所谓的要人、名人、能人面前直不起腰，在诱惑面前管不住自己。这方面的教训十分深刻，必须吸取。

增强党内政治生活的原则性，需要全面落实2016年党的十八届六中全会通过的《关于新形势下党内政治生活的若干准则》(以下简称《准则》)。《准则》强调，在长期实践中，我们党坚持把开展严肃认真的党内政治生活作为党的建设重要任务来抓，形成了以实事求是、理论联系实际、密切联系群众、批评和自我批评、民主集中制、严明党的纪律等为主要内容的党内政治生活基本规范，为巩固党的团结和集中统一、保持党的先进性和纯洁性、增强党的生机活力积累了丰富经验，为保证完成党在各个历史时期中心任务发挥了重要作用。

新形势下，党内政治生活状况总体是好的。同时，一个时期以来，党内政治生活中出现了一些突出问题，主要是：在一些党员干部包括高级干部中，理想信念不坚定、对党不忠诚、纪律松弛、脱离群众、独断专行、弄虚作假、庸懒无为，个人主义、分散主义、自由主义、好人主义、宗派主义、山头主义、拜金主义不同程度存在，形式主义、官僚主义、享乐主义和奢靡之风问题突出，任人唯亲、跑官要官、买官卖官、拉票贿选现象屡禁不止，滥用权力、贪污受贿、腐化堕落、违法乱纪等现象滋生蔓延。特别是高级干部中极少数人政治野心膨胀、权欲熏心，搞阳奉阴违、结党营私、团团伙伙、拉帮结派、谋取权位等政治阴谋活动。这些问题严重侵蚀党的思想道德基础，严重破坏党的团结和集中统一，严重损害党内政治生态和党的形象，严重影响党和人民事业发展。这就要求我们必须继续以改革创新精神加强党的建设，加强和规范党内政治生活，全面提高党的建设科学化水平。

因此，《准则》提出 12 条主要原则。（1）坚定理想信念。共产主义远大理想和中国特色社会主义共同理想，是中国共产党人的精神支柱和政治灵魂，也是保持党的团结统一的思想基础。必须高度重视思想政治建设，把坚定理想信念作为开展党内政治生活的首要任务。

（2）坚持党的基本路线。党在社会主义初级阶段的基本路线是党和国家的生命线、人民的幸福线，也是党内政治生活正常开展的根本保证。必须全面贯彻执行党的基本路线，把以经济建设为中心同坚持四项基本原则、坚持改革开放这两个基本点统一于中国特色社会主义伟大实践，任何时候都不能有丝毫偏离和动摇。

（3）坚决维护党中央权威。坚决维护党中央权威、保证全党令行禁止，是党和国家前途命运所系，是全国各族人民根本利益所在，也是加强和规范党内政治生活的重要目的。必须坚持党员个人服从党的组织，少数服从多数，下级组织服从上级组织，全党各个组织和全体党员服从党的全国代表大会和中央委员会，核心是全党各个组织和全体党员服从党的全国代表大会和中央委员会。

（4）严明党的政治纪律。纪律严明是全党统一意志、统一行动、步调一致前进的重要保障，是党内政治生活的重要内容。必须严明党的纪律，把纪律挺在前面，用铁的纪律从严治党。

（5）保持党同人民群众的血肉联系。人民立场是党的根本政治立场，人民群众是党的力量源泉。我们党来自人民，失去人民拥护和支持，党就会失去根基。必须把坚持全心全意为人民服务的根本宗旨、保持党同人民群众的血肉联系作为加强和规范党内政治生活的根本要求。

（6）坚持民主集中制原则。民主集中制是党的根本组织原则，是党内政治生活正常开展的重要制度保障。坚持集体领导制度，实行集体领导和个人分工负责相结合，是民主集中制的重要组成部分，必须始终坚持，任何组织和个人在任何情况下都不允许以任何理由违反这项制度。

（7）发扬党内民主和保障党员权利。党内民主是党的生命，是党内政治生活积极健康的重要基础。要坚持和完善党内民主各项制度，提高党内民主质量，党内决策、执行、监督等工作必须执行党章党规确定的民主原则和程序，任何党组织和个人都不得压制党内民主、破坏党内民主。

（8）坚持正确选人用人导向。坚持正确选人用人导向，是严肃党内政治生活的组织保证。必须严格标准、健全制度、完善政策、规范程序，使选出来的干部组织放心、群众满意、干部服气。

（9）严格党的组织生活制度。党的组织生活是党内政治生活的重要内容和载体，是党组织对党员进行教育管理监督的重要形式。必须坚持党的组织生活各项制度，创新方式方法，增强党的组织生活活力。

（10）开展批评和自我批评。批评和自我批评是我们党强身治病、保持肌体健康的锐利武器，也是加强和规范党内政治生活的重要手段。必须坚持不懈把批评和自我批评这个武器用好。

（11）加强对权力运行的制约和监督。监督是权力正确运行的根本保证，是加强和规范党内政治生活的重要举措。必须加强对领导干部的监督，党内不允许有不受制约的权力，也不允许有不受监督的特殊党员。

（12）保持清正廉洁的政治本色。建设廉洁政治，坚决反对腐败，是加强和规范党内政治生活的重要任务。必须筑牢拒腐防变的思想防线和制度防线，着力构建不敢腐、不能腐、不想腐的体制机制，保持党的肌体健康和队伍纯洁。

对这 12 条主要原则，要不折不扣地贯彻落实在党内政治生活实践之中，不能阳奉阴违、偷工减料、打擦边球、搞变通。

增强党内政治生活的原则性，必须突出原则性的基本要求。一般说来，原则性的基本要求主要有以下几个方面。一是党内不论职务高低都要坚持原则。职务再高也要主动接受党内政治生活原则的约束，不存在凌驾于党组织之上的特殊党员，各级领导机关和领导干部，尤其是高级干部更要率先垂范、以上率下。职务再低甚至没有职务的普通党员也不能游离于党内政治生活原则之外。二是不论问题大小、轻重都要坚持原则。不能因为党内政治生活中存在的问题性质严重、涉及的党员干部职务高，就怕惹麻烦，不敢捅“马蜂窝”，想方设法捂住盖子、以纸包火、瞒天过海，不敢按原则揭露处理，而是要正视抓大抓要抓重点的震慑力和警示力；也不能因为党内政治生活中存在的问题性质轻微，只是发生在少数一般党员身上，就认为成不了大气候，小事化了，而是要相信针尖大的窟窿能透过斗大的风，正视抓早抓小抓苗头的教育力和关爱力。三是不论涉及众寡都要坚持原则。不能因为问题和错误量大面广、涉及人多，就法不责众。也不能因为涉及面窄，就忽略不计，养痈遗患，党内政治生活不能存在“死角”“空白”。四是不论对上对下都要坚持原则。领导干部对党员不能颐指气使，党员对领导干部不能阿谀奉承。领导干部不能搞家长制，要求别人唯命是从；下级对上级违反党纪国法的要求不能无原则服从，应当坚决抵制并向更上级直至中央报告。五是不论对人对己都要坚持原则。不能马克思主义对人、自由主义对己，教育别人头头是道，自己却说一套做一套。一些领导干部之所以在群众中没有威信，一个重要的原因就是台上台下的双重人格和对人对己的双重标准。

4. 增强党内政治生活的战斗性

增强党内政治生活的战斗性，就是党内政治生活要旗帜鲜明坚持真理、修正错误，勇于开展批评和自我批评，使每个党组织都成为激浊扬清的战斗堡垒，使每个党员都成为扶正祛邪的战斗员。革命不是请客吃饭。一个革命政党的政治生活也不能温情脉脉。毛泽东说过，“我们要建设的一个大党，不是一个‘乌合之众’的党，而是一个独立的、有战斗力的党”①。邓小平也讲过，“要建立一个有战斗力的党”②。

习近平总书记多次强调增强党内政治生活的战斗性，不仅强调了我们党必须建成一个有战斗力的党，而且强调了党的战斗力与党内政治生活的战斗性密切相关，甚至可以说，从党内政治生活是党的建设的重要基础的角度来看，判断一个党组织有没有战斗力，关键看其有没有严肃认真的党内政治生活，而判断党内政治生活是否严肃认真，关键是看党内政治生活有没有战斗性。所以，党的战斗性不仅体现在血与火的革命战争年代，体现在拼与搏的和平建设时期，还体现在党内政治生活之中。战斗性强不强，决定着党内政治生活的质量和成效。

增强党内政治生活的战斗性，根本的是充分运用好批评和自我批评这个武器。批评和自我批评的武器要多用、常用、用够用好，使之成为党员开展严肃认真的党内政治生活的一种习惯、一种自觉、一种责任。现实中，一些党员干部“自我批评怕丢面子，批评上级怕穿小鞋，批评同级怕伤和气，批评下级怕丢选票”。这些不良心态严重妨碍了批评和

① 《毛泽东文集》第2卷，人民出版社1993年版，第179页。
② 《邓小平文集（1949—1974）》下卷，人民出版社2014年版，第254页。

自我批评的正常开展，是导致党内生活平淡化、庸俗化的罪魁。因此，开展批评和自我批评，各级组织和全体党员要有抛开面子的勇气、敢于交锋的精神，不绕弯子、直奔主题，真刀真枪提意见，满腔热情帮同志，起到红红脸、出出汗，触及思想、触及灵魂的效果。当然，开展党内批评绝不是搞残酷斗争、无情打击，因此在强调战斗性的同时，还要坚持“团结—批评—团结”的公式，坚持实事求是、与人为善等基本原则，坚持“惩前毖后、治病救人”等基本方针，按照“照镜子、正衣冠、洗洗澡、治治病”的要求，党员干部之间严肃认真提意见，满腔热情帮同志；党员干部严于自我剖析，认真整改。只有这样，才能使我们党在自己的政治生活中正确地开展批评和自我批评，在原则问题上进行思想斗争，坚持真理，修正错误。

增强党内政治生活的战斗性，在原则问题上必须旗帜鲜明、敢于碰硬、激浊扬清。对否定党的领导、否定我国社会主义制度、否定改革开放的言行，对歪曲、丑化、否定中国特色社会主义的言行，对歪曲、丑化、否定党的历史、中华人民共和国历史、人民军队历史的言行，对歪曲、丑化、否定党的领袖和英雄模范的言行，对一切违背、歪曲、否定党的基本路线的言行，必须旗帜鲜明反对和抵制。当人民利益受到损害、党和国家形象受到破坏、党的执政地位受到威胁时，要挺身而出、亮明态度，主动坚决开展斗争。

增强党内政治生活的战斗性，必须坚决同消极腐败现象作斗争。要自觉防止和反对个人主义、分散主义、自由主义、本位主义，坚决反对形式主义、官僚主义、享乐主义和奢靡之风，坚决抵制潜规则。决不能把商品交换那一套搬到党内政治生活和工作中来。党的各级组织要担负起反腐倡廉政治责任，坚持有腐必反、有贪必肃，坚持“老虎”“苍蝇”一起打，坚持无禁区、全覆盖、零容忍，党内决不允许有腐败分子藏身之地。以党内政治生活的战斗性，营造风清气正的政治生态，把党和人民的各项事业更好地推向前进。

增强党内政治生活的战斗性，要处理好批评与妄议的关系。党员干部在党的会议上有根据地批评党的任何组织和任何党员、揭露和纠正工作中存在的缺点和问题、向党负责任地揭发检举党的任何组织和任何党员违法乱纪的事实，是党员的正当权利和应尽义务。对于那些当面不说、背后乱说，会上不说、会后乱说，妄议中央大政方针、破坏党的集中统一的，要按规定严肃处理。

总之，增强党内政治生活的政治性、时代性、原则性、战斗性这"四性"，是一个整体，对严肃党内政治生活有着不可替代、不可或缺的重要作用。其中，政治性是灵魂，决定着党内政治生活的方向，如果没有灵魂，就一切无从谈起。时代性是党的先进性的重要体现，离开时代性，党内政治生活就失去生机活力。原则性是党内政治生活的准绳，没有原则性或者原则性不强，就等于丧失或者模糊了是非曲直的标准，就会陷入混乱。战斗性是检验党作为一个战斗的组织的重要标准，没有战斗性就没有战斗力，就不能实现党的纲领和使命，也不可能坚持真理、修正错误，保持党的先进性。因此，加强党的政治建设，我们一定要把增强党内政治生活的政治性、时代性、原则性、战斗性，作为一个密切相关、相辅相成的有机整体来认识，来实践。

（三）增强政治定力、纪律定力、道德定力、抵腐定力

"定力"二字，从字面意思来看，"定"是坚定，"力"是力量、能力等。对于领导干部来说，增强定力，就是要增强坚定地执行党的各项规定的力量和能力。只有这种"定力"增强了，才能在原则性问题面前表现出很强的政治敏锐性和政治鉴别力，做到明是非，知荣辱，自觉坚持正确的政治立场、政治方向、政治原则、政治道路，成为政治上的明白人；才能在各种诱惑面前，表现出强大的抵御能力和抗拒能力，做到不

越轨、不逾矩，自觉坚持正确的人生观、价值观、利益观，成为廉洁奉公的清白人。当前，加强党的政治建设，领导干部必须按照习近平总书记的要求，着力在增强政治定力、纪律定力、道德定力、抵腐定力上锤炼自己。

1. 增强政治定力

作为党的干部，要坚定对马克思主义的科学信仰，自觉把习近平新时代中国特色社会主义思想作为行动指南，这是增强政治定力的思想理论基础。作为党的干部，要坚定共产主义、社会主义理想信念，不论在什么地方、在哪个岗位上工作，都要经得起风浪考验，不能在政治方向上走岔了、走偏了，这是增强政治定力的核心要求。作为党的干部，要坚定对党的信念，忠于党，与党同心同德，牢固树立坚定政治信仰的政治意识、服从党的中心工作的大局意识、党中央是党和国家的领导核心的核心意识和向党中央看齐的看齐意识，自觉同党中央保持高度一致，自觉维护党中央权威，党中央提倡的坚决响应，党中央决定的坚决照办，党中央禁止的坚决杜绝。这是增强政治定力的最高体现。作为党的干部，要大公无私、公私分明、先公后私、公而忘私，牢记公款姓公，一分一厘都不能乱花；公权为民，一丝一毫都不能私用，坦荡做人、谨慎用权，光明正大、堂堂正正。

增强政治定力，必须建立在增强政治警觉性和政治鉴别力的基础之上。政治警觉性，是指对一句话语、一个行为、一种现象，能够及时、敏锐地从政治上去认识。政治鉴别力，是指对一句话语、一个行为、一种现象，能够从政治上判断出是非对错。只有在迅捷地认识、准确地判断的基础上，才能在行动上赞赏和支持正确的，批判和抵制错误的，才能显现出政治定力。特别是党员干部，一定要充分认识到，政治问题，在任何时候都是根本性的大问题，在任何工作中都是不可能绕过的大问题。全面从严治党，必须注重政治上的要求，必须严明政治纪律，特别是各级领导干部要时刻绷紧政治纪律这根弦，坚持党的全面领导不动摇，贯彻党的路线方针政策不含糊，从思想上政治上行动上同党中央保持高度一致，始终做政治上的明白人。

2. 增强纪律定力

中国共产党不是“乌合之众”、不是“私人俱乐部”，而是中国工人阶级的先锋队，同时是中国人民和中华民族的先锋队。我们党之所以是先锋队，一个极其重要的条件就是党有严明的党纪，或者说，严格的纪律是党的先进性的重要保证。中国共产党是靠革命理想和铁的纪律组织起来的马克思主义政党，纪律严明是党的光荣传统和独特优势。

共产党员必须严格地、无条件地遵守党的纪律，做到有纪必执，有违必查，决不能把纪律作为一个软约束或是束之高阁的一纸空文。这是因为：党的纪律是全党意志的体现，是党的各级组织和全体党员必须遵守的行为准则，是党的路线方针政策贯彻执行的保证，是维护党的团结统一的有力武器，是巩固党与群众密切联系的重要条件，更是党的事业取得胜利的重要保证。只有纪律严明，才能保证党的理论和路线方针政策的贯彻落实，才能维护党的团结统一。战争年代我们打胜仗靠的是这一条，现在我们进行社会主义现代化建设同样离不开这一条。党面临的形势越复杂、肩负的任务越艰巨，就越要加强纪律建设，越要维护党的团结统一，确保全党统一意志、统一行动、步调一致前进。

增强纪律定力，最重要的是增强政治纪律定力。大量事实表明，在政治纪律方面放松警惕、降低要求是危险的。增强政治定力、纪律定力有现实针对性。有的党员、干部在重大原则问题上立场摇摆，对党中央决策部署和三令五申的要求，阳奉阴违甚至搞非组织活动，公开发表反对党的路线方针政策和决议的言论；有的党组织觉得政治纪律是“软”的、“虚”的，对违反政治纪律的错误言行不在意、不报告、不抵制、不斗争，更谈不上查处；有的妄议中央，在重大政治原则问题上、在大是大非问题上同党中央唱反调、搞政治上的自由主义；有的“两面人”问题严重，修身不真修、信仰不真信，很会伪装，喜欢表演作秀，表里不一、欺上瞒下，说一套、做一套，台上一套、台下一套，当面一套、背后一套，其具体表现是，有的在公开场合要求党员干部坚定理想信念，背地里自己不敬苍生敬鬼神，笃信风水、迷信“大师”；有的口头上表态坚定不移反腐败，背地里对涉及领导干部的问题线索不追问、不报告；有的张口“廉洁”、闭口“清正”，私底下却疯狂敛财。这些行为都是政治纪律定力不够的突出表现。

在新时代，虽然党所处的环境在变化，党所承担的任务在发展，党员队伍在扩大，但是严明党的纪律，只能加强，不能削弱。各级党组织都必须严格执行和维护党的纪律，每一个共产党员都必须自觉接受党的纪律的约束，自觉遵守党的纪律。我们讲全面从严治党，就是要依据党的纪律对广大党员进行严格要求、严格教育、严格管理、严格监督，使广大党员成为中国工人阶级的有共产主义觉悟的先锋战士，使广大党员干部成为信念坚定、为民服务、勤政务实、敢于担当、清正廉洁的好干部。总之，具有严密的组织性和铁的纪律，是中国共产党的一个重要优势，是实现全党统一意志、统一行动的重要基础，是充分发挥党的其他各方面优势的重要保证。

3. 增强道德定力

道德作为行为规范对人的行为具有引导性和约束性。一个人有良好的道德品质，就能向上向善，在行动上表现出满满的正能量，从而为遵守纪律、遵守法律奠定道德基础。一个人如果在道德品质上出了问题，必然在行动上胡作非为、违纪违法。现实中那些受到党纪国法惩处的党员干部，在这方面提供的教训实在太深刻了。一般说来，党员干部增强道德定力，必须有畏惧之心和知耻之心。因为道德就是通过人们对某一行为的善恶评判和褒贬舆论来发挥引导和约束作用的。一种行为如果能得到百姓的褒奖和社会的肯定，那就是有道德的行为；一种行为如果受到了百姓的痛斥和社会的批评，那就是不道德的行为。

关于畏惧之心，古人云：“畏则不敢肆而德以成，无畏则从其所欲而及于祸。”意思是说，一个人如果有畏惧之心，就不会、不敢肆意妄为，就能以其优良的道德而成就事业。相反，一个人如果没有畏惧之心，就会顺从、放纵自己的欲望而招致祸端。党的干部也是这样，如果失去畏惧之心，对党的事业缺少敬畏、对人民缺少敬畏、对法纪缺少敬畏，内心的“私”和“贪”便会有所滋生、有所抬头，甚至贪得无厌、贪婪无度、贪赃枉法，给党和人民的事业造成损害。现实中，一些干部由于没有畏惧之心，没有道德约束，于是贪权、贪钱、贪色，整天声色犬马，灯红酒绿，为所欲为，以至于在欲望的深渊中不能自拔，最终受到党纪国法的严惩。这样的教训太深刻了，有些就在我们的身边，一定要吸取。

关于知耻之心，中国古代文人有过许多论述。孔子说：“行己有耻。”孟子说：“羞恶之心，义之端也。”欧阳修讲过，“廉耻，士君子之大节”。康有为则讲过，“人之有所不为，皆赖有耻心”“风俗之美，在养民知耻”。这些有关耻的文化，都是说作为一个人要有自尊、自爱之心，不要做出令自己感到羞耻、让他人认为耻辱的事情。一个人丧失了知耻之心，就到了“药石难救”的地步。这就不仅告诉我们知耻的意义，而且还告诉我们必须在社会上营造知耻明德的风气。一名领导干部如果有了知耻之心，就会明确地知道什么是荣、什么是耻；就会主动地避耻弃耻，向荣向善；就不会去做那些有悖道德的低级庸俗、无耻堕落、贪污腐化的事情，而是更多更好地为百姓服务。

然而，现实生活中一些领导干部恰恰就缺少一颗畏惧之心和知耻之心。有的对涉及党的理论和路线方针政策等重大政治问题公开发表反对意见，对中央方针政策和重大决策部署阳奉阴违；有的党员干部想说什么说什么，想干什么干什么，甚至还专门挑那些党已经明确规定的政治原则来说事，口无遮拦，毫无顾忌，以显示自己所谓的“能耐”，受到敌对势力追捧，对此他们不以为耻，反以为荣。这些问题在党内和社会上造成恶劣影响，给党的事业造成严重损害。可见，在党的干部队伍中，倡导畏惧之心和知耻之心，已经成为增强道德定力的一个十分紧迫而重大的现实课题。

4. 增强抵腐定力

新时代，以习近平同志为核心的党中央在反腐败斗争中坚持以零容忍态度，以坚决把反腐败斗争进行到底的决心，以“猛药去疴”“重典治乱”“刮骨疗毒”“壮士断腕”“有腐必反、有贪必肃”的决心，始终保持对腐败分子和腐败现象的“高压态势”，查处了一大批严重违纪违法案件，向世人证明中国共产党敢于直面问题、纠正错误，勇于全面从严治党、捍卫党纪，善于自我净化、自我革新，大得民心。

然而，就是在这样的反腐高压态势下，仍然有人不收手。这就充分表明，要取得反腐败斗争的彻底胜利，遏制腐败的滋长，靠监督和查处创造不能腐、不敢腐的大环境是重要的措施，但更重要的、最根本的是让领导干部不想腐，所以要增强领导干部的抵腐定力。

各级领导干部要以身作则、率先垂范，说到的就要做到，承诺的就要兑现。要坚持勤俭办一切事业，坚决反对讲排场比阔气，坚决抵制享乐主义和奢靡之风。要大力弘扬中华民族勤俭节约的优秀传统，大力宣传节约光荣、浪费可耻的思想观念，努力使厉行节约、反对浪费在全社会蔚然成风。

领导能力篇

2020年10月10日，秋季学期中央党校（国家行政学院）中青年干部培训班在中央党校开班。习近平总书记在开班式上发表重要讲话，指出历史总是在不断解决问题中前进的。我们党领导人民干革命、搞建设、抓改革，都是为了解决我国的实际问题。提高解决实际问题能力是应对当前复杂形势、完成艰巨任务的迫切需要，也是年轻干部成长的必然要求。面对复杂形势和艰巨任务，我们要在危机中育先机、于变局中开新局，干部特别是年轻干部要提高政治能力、调查研究能力、科学决策能力、改革攻坚能力、应急处突能力、群众工作能力、抓落实能力，勇于直面问题，想干事、能干事、干成事，不断解决问题、破解难题。[①]

当前世界百年未有之大变局加速演进，我国发展的内部条件和外部环境正在发生深刻复杂的变化。我们必须辩证认识和把握国内外大势，统筹两个大局，深刻认识我国社会主要矛盾发展变化带来的新特征新要求，深刻认识错综复杂的国际环境带来的新矛盾新挑战，准确识变、科学应变、主动求变，勇于开顶风船，善于化危为机，努力实现更高质量、更有效率、更加公平、更可持续、更为安全的发展。这里，很重要的一条就是干部特别是年轻干部要提高解决实际问题能力，以过硬本领

① 《习近平在中央党校（国家行政学院）中青年干部培训班开班式上发表重要讲话强调年轻干部要提高解决实际问题能力 想干事能干事干成事》，《人民日报》2020年10月11日。

展现作为、不辱使命。习近平总书记强调要提高“七种能力”，正是着眼于新形势新任务，对干部特别是年轻干部提出的明确要求，具有重大的现实意义和深远的历史意义。

中国式现代化是人类历史上前所未有的大变革，领导干部需要深化规律性认识，增强引领现代化发展的领导能力。这是涉及全方位、系统性的要求，重点是各级领导干部要对标习近平总书记强调的“七种能力”，推动整体素质来一次大提升。

在提高政治能力、筑牢忠诚根基的前提下，要不断提高调查研究能力，了解和掌握真实情况，通过调研摸清现代化建设进程中的一系列卡点瓶颈，为解决各类问题和矛盾提供有力支撑；不断提高科学决策能力，树立战略眼光，站在全局看问题、作决策，善于综合分析、全面权衡、科学决断；不断提高改革攻坚能力，实现思想观念、生产方式、利益格局的变革创新，聚焦全面建设社会主义现代化国家中的重大问题谋划推进改革；不断提高应急处突能力，准确识变、科学应变、主动求变，面对突发事件能够心中有数、分类施策、精准拆弹；不断提高群众工作能力，走好新时代党的群众路线，用群众喜闻乐见、易于接受的方法开展工作，善于宣传动员、组织发动群众；不断提高抓落实能力，做到不折不扣、雷厉风行、求真务实、敢作善为，有效破解难题，当好中国式现代化建设的坚定行动派、实干家。

一、提高政治能力

习近平总书记指出，年轻干部要提高政治能力。在干部干好工作所需的各种能力中，政治能力是第一位的。有了过硬的政治能力，才能做到自觉在思想上政治上行动上同党中央保持高度一致，在任何时候任何情况下都能“不畏浮云遮望眼”“乱云飞渡仍从容”。[①] 可以说，提高政治能力是实现党在新时代条件下历史使命的紧要课题，是新时代党的建设中的一个重大命题，具有很强的现实针对性。年轻干部只有增强自身的政治能力，才能在面对新挑战之时临危不惧，迎难而上，才能更好地履行好自己的职责。

提高政治能力，首先要把握正确政治方向，坚持中国共产党领导和我国社会主义制度。在这个问题上，决不能有任何迷糊和动摇！中国抗击新冠疫情斗争的实践再次证明，中国共产党是风雨来袭时中国人民最可靠的主心骨，我国社会主义制度是抵御风险挑战的最有力制度保证。年轻干部必须坚守一条，凡是有利于坚持党的领导和我国社会主义制度

---

① 《习近平在中央党校（国家行政学院）中青年干部培训班开班式上发表重要讲话强调 年轻干部要提高解决实际问题能力 想干事能干事干成事》，《人民日报》2020年10月11日。

的事就坚定不移做，凡是不利于坚持党的领导和我国社会主义制度的事就坚决不做！方向指引道路，道路决定命运。坚定正确的政治方向，这是我们党带领人民群众取得巨大成就的实践经验，也是推进党和国家各项事业健康发展的基本保证。

对年轻干部而言，干事创业务必具有正确的政治方向，政治能力最根本的就是把握正确的政治方向。担负起工作的神圣职责和光荣使命，坚定正确的政治方向至关重要。能否牢牢把握正确政治方向，事关党的政权稳固和国家长治久安。只有牢牢把握政治方向，才能在重大政治原则和大是大非问题上是非分明、坚定不移，才能在错综复杂的形势面前廓清迷雾、心明眼亮。中国共产党人的政治方向，就是中国特色社会主义的前进方向。

无数的事实已经证明并继续证明着，中国特色社会主义的政治方向是中国历史的结论、中国未来的希望。坚持这一政治方向，不仅是推进党和国家各项事业健康发展的保证，对党员干部来说也是非常重要的，党员干部提升政治能力，把握政治方向是根本，只有方向正确了，才能取得事半功倍的效果，否则，只会适得其反。只有把握正确的政治方向，党员干部才能真正提升政治能力，才能在复杂的斗争格局中辨别是非，才能在面对错误思潮、错误言论、错误行为时坚定立场。坚定不移沿着中国特色社会主义道路开辟新天地、创造新奇迹。

2014 年 9 月 5 日，习近平总书记在庆祝全国人民代表大会成立 60 周年的讲话中指出："中国共产党的领导是中国特色社会主义最本质的特征。"[①] 提出中国共产党的领导是中国特色社会主义最本质的特征，反映了以习近平同志为核心的党中央对共产党执政规律、社会主义建设规律、人类社会发展规律认识的进一步深化。

---

① 《习近平谈治国理政》第2卷，外文出版社2017年版，第18页。

党的领导，是指中国共产党作为马克思主义政党，在革命、建设、改革事业中发挥总揽全局、协调各方的领导核心作用。党的领导的本质是领导和支持人民当家作主，最广泛地动员和组织人民群众依法管理国家和社会事务、经济和文化事业，实现好、维护好、发展好最广大人民的根本利益。因为党是一个政治组织，党的领导不是靠行政命令和权力行使来实现的，而是靠代表广大人民群众的根本利益、制定和执行正确的路线方针政策、保持党同群众的密切联系、得到人民群众的信任和拥护来实现的。党的领导只能依靠自己正确的路线方针政策、依靠向人民群众做宣传教育工作、使人民群众自觉地接受和执行自己的路线方针政策来贯彻。我们倍感自信的中国特色社会主义制度，是我们党带领人民在革命、建设、改革的长期实践探索中确立和发展起来的。

习近平总书记强调："一个国家选择什么样的治理体系，是由这个国家的历史传承、文化传统、经济社会发展水平决定的，是由这个国家的人民决定的。"① 新中国成立后，我们党创造性地开辟了一条适合中国国情的社会主义道路，团结带领人民完成社会主义革命，确立社会主义基本制度，推进社会主义建设，完成了中华民族有史以来最为广泛而深刻的社会变革，为当代中国一切发展进步奠定了根本政治前提和制度基础。党的十一届三中全会后，中国特色社会主义根本制度、基本制度、重要制度日益得到坚持和巩固、完善和发展。中国特色社会主义制度是党和人民在长期实践探索中形成的科学制度体系，必须一以贯之坚持。

要不断提高政治敏锐性和政治鉴别力，观察分析形势首先要把握政治因素，特别是要能够透过现象看本质，做到眼睛亮、见事早、行动快。进入新时代，人们的思想意识日益多样化，社会现象日益纷繁复杂，共产党员要做政治上的明白人，抵御住思想上、精神上的各种诱惑，就必

---

① 《习近平谈治国理政》第1卷，外文出版社2018年版，第105页。

须拥有敏锐的政治鉴别力。

党员干部是一面旗帜，来自各条战线的优秀分子，影响着周围的广大人民群众。在任何时候对政治上的是非都要能够分清，因为党员干部是制定、执行党的路线方针政策的决定因素，如果在政治上糊涂，分不清是非，就不可能做好组织者、领导者的角色，就会把人民群众带入歧途，影响党在人民群众中的形象，甚至给事业带来损失。所以，党员干部，特别是年轻干部必须具有一定的政治鉴别能力，对全局性、战略性的重大问题要做到能把握、善把握，能够分析大局、判断方向和形势；应对西方和平演变需要党员干部具有一定的政治鉴别力。

实践发展永无止境，解放思想永无止境，改革开放也永无止境，停顿和倒退没有出路。但在改革中出现的一些问题，需要党员干部用敏锐的政治鉴别力做出甄别和判断。尤其是市场经济高速发展中出现的问题，影响着人们的思维和判断，急需党员干部对广大群众进行释疑解惑。

提高政治能力必须对党的政治纪律和政治规矩怀有敬畏之心。要自觉加强政治历练，增强政治自制力，始终做政治上的明白人、老实人。只有在严格遵守政治纪律的前提下，才谈得上提高和发挥政治能力，领导干部才能在政治舞台上施展才能、实现抱负，严格遵守政治纪律是提高政治能力之基。遵守党的政治纪律是遵守党的全部纪律的基础，在党的各项纪律中是最重要的纪律，是党员政治生活中必须遵守的行为规范。严明的政治纪律和政治规矩，是由我们党这个政治组织的性质和肩负的历史使命决定的。把政治纪律作为最重要、最根本、最关键的纪律，是我们党历来在实践中所坚持的重要原则。

进入新时代，政治纪律被放在更高的位置上。习近平总书记在多种场合反复强调政治纪律问题，提出了一系列的具体要求和方法，为党员遵守政治纪律指明了方向，特别是把严明党的政治纪律放在严明党的纪律的首要地位加以强调，体现了政治纪律的重要性，彰显了中央对党的政治纪律的重视。

因此，党的政治纪律，在党的纪律中具有头等重要的地位，是关于政治原则、政治方向和党的政治路线方面的纪律和规矩。团结和领导中国人民创造美好生活，实现民族复兴，这是党既定的政治目标。如果党的奋斗离开了社会主义，就偏离了政治方向，就失去党的一切奋斗和努力的意义。党的政治目标的实现，要靠党的政治纪律。政治纪律是政治底线、不能触碰的政治红线，也是检验领导干部党性强不强、对党忠诚不忠诚的根本尺度。全党特别是党的各级领导干部，一定要高度认识党的政治纪律的极端重要性，在实践中不断加强政治纪律修养，做自觉遵守党的政治纪律的模范。只有这样，才能在政治舞台上更好地施展才华、实现政治抱负。

要注重提高马克思主义理论水平，学深悟透，融会贯通，掌握辩证唯物主义和历史唯物主义，掌握贯穿其中的马克思主义立场、观点、方法，掌握中国化的马克思主义，做马克思主义的坚定信仰者、忠实实践者。理论上成熟是政治上坚定的基础。“尤其在党和国家处于历史转折时期、事业发展处于新的起点、前进道路上遇到大的困难、世界社会主义运动出现风波、国内外敌对势力借机制造思想混乱的时候，我们党更加注重用科学理论武装党员、教育干部，起到了统一全党思想、凝聚全党力量的重要作用。”①

进入新时代，我国经济发展进入新常态，我国社会的主要矛盾发生了变化。与此同时，一些党员的世界观、人生观、价值观在市场经济的发展中、社会关系中、利益格局变动中受到了冲击。再加上外来文化和思潮的冲击，敌对势力有目的的渗透，一些党员甚至出现理想信念动摇。

这些情况与我们党的先进性是不相容的。习近平总书记多次强调，

① 习近平:《加强和改进新形势下党的建设的纲领性文献》,《人民日报》2009年10月9日。

“学习马克思主义基本理论是共产党人的必修课”[①]，要“真正掌握马克思主义的立场观点方法，坚持以与时俱进的态度学习和运用马克思主义理论”[②]。首先是抓住马克思主义经典著作这个“牛鼻子”。马克思主义经典作家们为了更好地指导无产阶级革命，不断追求真理、探索真理，结合革命斗争的实际进行大量艰苦的创作，“人类探索真理的丰富思想成果”被他们汲取到作品中去。他们的作品不但体现着经典作家攀登科学理论高峰的不懈追求和艰辛历程，还体现着他们的坚定政治立场和政治信仰，尤其是体现着他们为所要开创的事业献身的品质。马克思主义经典著作作为本源和基础，是马克思主义理论的直接体现，是“老祖宗”。抓住了马克思主义经典著作，真正掌握马克思主义立场、观点、方法，就抓住了提升马克思理论素养的“牛鼻子”，对提升马克思主义理论修养有巨大的帮助。

其次是与时俱进地学习中国化马克思主义理论。历史在前进，时代在发展，实践也在不断地进行着。加强理论修养，不但要坚持马克思主义，还要随着时代的进步和实践的发展来学习、运用、丰富马克思主义。“我们要以科学的态度对待科学，以真理的精神追求真理，不断赋予马克思主义以新的时代内涵。”[③]

新时代，最重要的就是认真学习和掌握习近平新时代中国特色社会主义思想，用以武装头脑，指导行动。运用新思想推进工作，找准落实中央要求的切入点，尤其是用新思想解决前进中遇到的难题，化解来自不同方面的风险，从而不断推进中华民族伟大复兴中国梦的顺利实现。

---

① 习近平：《学习马克思主义基本理论是共产党人的必修课》，《求是》2019年第22期。

② 《习近平在中央党校春季学期开学典礼上强调 领导干部要加强党性修养提高综合素质》，《人民日报》2009年3月2日。

③ 习近平：《学习马克思主义基本理论是共产党人的必修课》，《求是》2019年第22期。

二、提高调查研究能力

习近平总书记指出，年轻干部要提高调查研究能力。调查研究是做好工作的基本功。一定要学会调查研究，在调查研究中提高工作本领。调查研究要经常化。要坚持到群众中去、到实践中去，倾听基层干部群众所想所急所盼，了解和掌握真实情况，不能走马观花、蜻蜓点水，一得自矜、以偏概全。[①] 第一，要通过制度机制的设计，把调查研究贯穿于重大决策的全过程，使得调查研究真正成为重大决策的必经程序。对于什么事项必须通过调研程序，必须实行清单制，该严格执行调研程序的必须执行，不能因为个人好恶和主观愿望而省略。对本地区、本部门事关改革发展稳定全局的问题，应坚持做到不调研不决策、先调研后决策。提交讨论的重要决策方案，应该是经过深入调查研究形成的，有的要有不同决策方案作比较。特别是涉及群众切身利益的重要政策措施出台，要采取听证会、论证会等形式，广泛听取群众意见。要在建立、完善落实重大项目、重大决策风险评估机制上取得实质性进展，使领导干部的

---

① 《习近平在中央党校（国家行政学院）中青年干部培训班开班式上发表重要讲话强调 年轻干部要提高解决实际问题能力 想干事能干事干成事》，《人民日报》2020年10月11日。

各项工作真正赢得群众的理解和支持，从源头上预防矛盾纠纷的发生。

第二，各级领导机关的主要负责人要以身作则，带头做调查研究。领导干部带头调查研究，必须拿出一定时间深入基层，特别是主要负责人必须亲自主持重大课题的调研，拿出对工作全局有重要指导作用的调研报告。这是因为，对各种问题特别是重大问题的决策，最后都需要主要负责人去集中各方面的意见，由领导集体决断，而主要负责人亲自做了调查研究，同大家有着共同的深切感受和体验，就更容易在领导集体中形成统一认识和一致意见，更容易作出决断；否则，往往会造成负责人不了解下情，容易决策失误。

第三，党政主要领导干部要以身作则，率先垂范，始终关心基层群众和基层问题。党政主要领导干部不仅要"身入"基层，更要"心到"基层，始终关心基层联系点，关心联系点的群众。走进基层群众，锤炼优良作风，就要实实在在接地气。到联系点调查研究，要真心实意地交朋友、拉家常，通过面对面交流直接了解基层干部群众所想所急所盼。同时，还可有选择地开展蹲点调研。要注意选择问题多、困难大、矛盾集中，与本职工作密切相关的农村、社区、企业等基层单位，开展蹲点调研，倾听群众呼声，找准问题的症结所在。

要坚持到群众和实践中去。20 世纪 80 年代，习近平同志在正定工作期间，骑自行车下乡跑遍了全县的每一个村庄，深入群众当中拉家常、问寒暖。他还时常在街头"摆桌子"，真真切切地听民声、察民情。那个时期，正定出台的许多文件和重大决策，都跟这些调研有直接关系。回忆起习近平同志在正定工作的往事，许多人都有这样一个印象——"习书记从不在办公室闲坐"。把调查研究的"桌子"摆到群众中去，不但要"身入"更要"心到"。放下架子、扑下身子，面对面交流，心与心碰撞，听到的是群众心声，看到的是实际问题，收获的是真知灼见。高高在上、打打官腔，走马观花、浅尝辄止，群众就会敬而远之，真心话不和你说，实际情况不跟你讲。调查研究的过程是一个向群众学习的过程，也是一个发现问题、解决问题的过程。

把调查研究的“桌子”摆到群众中去，不是为了听而听，更不是“闭着眼睛捉麻雀”，而是着眼于解决实际问题。倘若仅仅为了调查研究而调查研究，不去了解和解决实际问题，那就偏离了调查研究的目的。只有在群众中了解和解决实际问题，才能在调查中听真话、察实情、发现问题，通过深入研究找症结、谋实招、解决问题，只有这样，广大领导干部才能更好地正确认识客观世界、改造主观世界、转变工作作风、增进同人民群众的感情，更好担负起时代和人民赋予的光荣使命。

首先，领导干部要坚持从政治上研究和把握问题。调研所得的材料往往不是系统的，需要有一个去粗取精、去伪存真、由此及彼、由表及里的过程，在这个过程中领导干部必须学会思考、分析、综合，要善于透过现象看本质，防止偏听偏信、“唯此为大”，防止只调查不研究。在研究分析调研材料的过程中，对几种问题要区别对待：对认识尚不统一的问题，要重视从理论上深入研究分析；对具有一定历史纵深的问题，要增强历史感，充分考虑其历史背景和历史条件；对与产业相关的事宜，要加大统计分析力度，既做数量上的统计，也做结构上的分析。

其次，领导干部不但要善于“研读”信息，还要善于“研判”问题。有的领导干部只会“研读”信息，不会“研判”问题。也就是说，这类领导干部在获取数据信息后，不进行分析判断、对比甄别，仅做简单摘录、机械整合。这样形成的调研报告质量堪忧，据此决策极易漏洞百出，甚至造成失误。应当做全方位、深层次的“研判”，调研者要充分发挥主观能动性去洞察问题、处理信息、深思熟虑，在决策中还要体现人文关怀，探究合理合法又带有温度的解决之道。要及时转化调研成果。调查研究不是最终目的，而是为了“到实践中去”，为了推动问题的解决，最终是为了推动工作的开展，因此，要及时转化调研成果。调研成果的转化，分为以下几种情况。

第一，对经过充分研究、比较成熟的调研成果，要及时上升为决策部署，转化为具体措施。所谓经过充分研究、比较成熟的调研成果，是指在调查的前期做了精密准备、调查中精心组织实施、调查后及时研究调查材料和信息，从而形成的能够为科学决策提供依据的调研成果。对这种调研成果，不能束之高阁，扔进故纸堆，而是要让其在实践中充分发挥作用。

第二，对尚未研究透彻的调研成果，要更深入地听取意见，完善后再付诸实施。尚未研究透彻的调研成果，往往是因为所调研的问题在实践中还未充分显现，或者调查的现象纷繁复杂，还难以对这些现象做出去粗取精、去伪存真、由此及彼、由表及里的加工，对其进行有效的、科学的研究还存在困难，还需要多方论证。因此，对于尚未研究透彻的调研成果，一定要扩大听取意见的范围，在调研成果实施前进行完善。

第三，对已经形成举措、落实落地的调研结果，要及时跟踪评估，视情况调整优化。依据经过充分研究、比较成熟的调研成果作出的决策、制定的措施，在实施的过程中不一定会以理想化的状态运行，有可能会遇到新的问题、理论推理与现实不符的情况，有可能会出现“按下葫芦浮起瓢”的情形，导致原有政策失效，也有可能出现一些新的因素的干扰导致政策实施困难重重。因此，对已经形成举措、落实落地的调研结果，要及时跟踪评估，视情况调整优化。

三、提高科学决策能力

习近平总书记强调，年轻干部要提高科学决策能力。做到科学决策，首先要有战略眼光，看得远、想得深。领导干部想问题、作决策，一定要对国之大者心中有数，多打大算盘、算大账，少打小算盘、算小账，善于把地区和部门的工作融入党和国家事业大棋局，做到既为一域争光、更为全局添彩。要深入研究、综合分析，看事情是否值得做、是否符合实际等，全面权衡，科学决断。作决策一定要开展可行性研究，多方听取意见，综合评判，科学取舍，使决策符合实际情况。①

科学决策要坚持执政为民的执政理念，不断强化问政于民。新时代，我国社会主要矛盾已经转化为人民日益增长的美好生活需要和不平衡不充分的发展之间的矛盾，发展不平衡不充分问题依然突出，人民对发展的期待、对治理水平的要求也在逐步提高。在涉及人民根本利益、人民切身利益、人民身边利益的实际问题上，要敢于迎难而上，出真招、见实策，做好调研、开门问策，多方听取意见，科学研判，使决策符合实

---

① 《习近平在中央党校（国家行政学院）中青年干部培训班开班式上发表重要讲话强调 年轻干部要提高解决实际问题能力 想干事能干事干成事》，《人民日报》2020年10月11日。

际情况，以科学决策赢得人民的拥护。对于领导干部而言，提高科学决策能力，必须切实做到执政为民、问计于民、决策为民，切实做到全心全意为人民服务。

一要坚持正确的政绩观，始终把老百姓的安危冷暖放在心上，以造福人民为最大政绩，想群众之所想，急群众之所急，让人民生活更加幸福美满；抱着对党和人民的事业高度负责的态度，求真务实、真抓实干，做工作自觉从人民利益出发，脚踏实地，扎实肯干，埋头实干，尽心尽力为人民谋利益，决不搞华而不实、劳民伤财的决策部署，做到“民之所好好之，民之所恶恶之”，作出真正造福群众的决策，做出真正造福人民的政绩。

二要坚持牢固的群众观。我们党最大的政治优势在于密切联系群众。我们在决策时要充分考虑群众意愿，维护群众利益，把对上负责和对下负责统一起来，坚决杜绝“不怕群众不满意，就怕上级不注意”的错误倾向；充分尊重群众首创精神，坚持问政于民、问需于民、问计于民，拜人民为师，向群众求教，把实事好事办到群众心坎上，不搞主观臆断和违背客观规律的“拍脑袋”决策，不追求脱离实际的盲目攀比，不提哗众取宠的空洞口号；始终为民谋利解难，多想想群众的事情办好了没有、群众的困难解决了没有、群众还需要我们做什么，急民之需、解民之忧、纾民之难，使群众最大程度地享受改革发展成果。

树立远见卓识的战略眼光，不断提升战略思维能力。战略思维，就是高瞻远瞩、统揽全局，善于把握事物发展总体趋势和方向。早在2003年，习近平同志就发表文章表明，“要有世界眼光和战略思维”“要努力增强总揽全局的能力，放眼全局谋一域，把握形势谋大事”。

党的十八大以来，习近平总书记更是多次强调在改革和发展的各项工作中要有战略思维，“战略”“全局”“方向”“长远”等都是他讲话中的高频词。谈到全面深化改革时，他强调全面深化改革要坚持从大局出发考虑问题，“要真正向前展望、超前思维、提前谋局”，重大改革举措必须符合全局需要，必须有利于党和国家事业长远发展，只有这样，最后形成的政策才能真正符合党和人民事业发展要求。2017 年 7 月 26 日，在省部级主要领导干部“学习习近平总书记重要讲话精神，迎接党的十九大”专题研讨班开班式上，习近平总书记指出，“全党要提高战略思维能力，不断增强工作的原则性、系统性、预见性、创造性”[①]。

历史和实践证明，战略思维是党和国家事业取得伟大历史性成就的思想武器和精神动力。面对各种风险挑战和严峻考验，广大领导干部必须观察形势、分析问题、解决问题，在复杂多变的形势下，树立远见卓识的战略眼光，不断提升战略思维能力，以战略家的头脑运用战略思维，把握事物发展的总体方向，总揽全局，把握未来。

领导干部的战略思维，是立足全局、着眼长远的科学思维方式，是系统把握事物发展总体趋势和根本方向的思维方法，体现为观察全局性、谋划长远性、处理根本性问题的立场、观点、方法，为分析解决宏观性、前瞻性、政策性重大问题提供科学指引。

领导干部不论职位高低、不论分管领域大小，如果不具备战略思维的头脑，实现科学决策就无从谈起。一个领导干部只关心眼前的事情，胸无大局、不讲大局是没有未来的，是不可能成为一个有发展前途的好领导的。所以，一位卓越的领导干部，不可能什么都懂，但一定要懂全局、把大局，必须是一位高瞻远瞩的战略家。

树立远见卓识的战略眼光，不断提升战略思维能力，就必须提高高瞻远瞩、统揽全局，善于把握事物发展总体趋势和方向的能力；要站在历史高位、价值高点、世界高度来观察、思考和处理问题；要有前瞻性、预见性，善于透过纷繁复杂的表象把握事物发展的未来方向；要勇于走

① 《习近平谈治国理政》第 2 卷，外文出版社 2017 年版，第 62 页。

前人没有走过的路，善于做他人没有想到的事；要在事物发展变化中抓住主要矛盾和矛盾的主要方面，在战略应对和战略实施中抓住重大关系、重点领域和关键环节。

厘清科学决策的清晰思路，不断提高决策的科学性。党的十八大以来，党和国家事业取得历史性成就、发生历史性变革，其中一条很重要的经验就是坚持问题导向，把解决实际问题作为打开工作局面的突破口。

进入“十四五”时期，我们开启了全面建设社会主义现代化国家新征程。新征程新使命，意味着新挑战新要求。越是向前发展，以后的问题会越来越多。所以，在这样的大背景下，科学决策对于党和国家发展的重要性不言而喻。这就要求广大领导干部在领会、贯彻落实党中央精神和决策部署的实际工作中，要加强决策的可行性研究，不断提高决策的科学性。

一是要尊重知识，重视人才，为科学决策提供智力支持。科学决策的核心是科学。坚持科学决策首先要尊重专业意见，当好专业的行家里手。尊重知识，重视人才，打造适应不同类型决策的智囊团，科学、合理、民主地使用“内脑”和“外脑”，是新时代领导干部的必修课。领导干部要学习掌握自己分管领域的专业知识，使自己成为内行领导。同时，要坚持发扬集思广益的优良传统，坚持问题导向、需求导向、发展导向、现实导向，针对现实问题有针对性地提出可行的解决办法，努力实现动态平衡，实现科学决策的目标。

二是要发扬民主，集思广益，为科学决策提供思路方法。充分发扬民主，是实施科学决策的重要前提。关于科学决策的领导理论提出了许多科学决策的具体方法，如德尔菲法等。在决策过程中，如果决策制定的管理者不采取民主、科学的方法来组织，这些方法往往会失去作用甚至导致产生错误的决策。有的领导干部，民主作风差，把集体领导变成“一言堂”，喜欢搞“一锤定音”，结果堵塞了言路，导致决策偏差、工作失误。所以，必须发扬民主、集思广益、注意采取科学的方法，坚持问题导向、需求导向、发展导向、现实导向。比如，主要领导干部在决策中必须发扬民主作风，具有平等的意识。平等是民主的前提，要把成员平等参与决策和履行好职责有机结合起来，鼓励大家畅所欲言，各抒己见；要有宽广的胸怀，尽可能多听取他人的意见，认真对待异议、歧议，集思广益，博采众长。这样作出的决策才不会出现大的偏差。

三是要善于决断，敢于负责，为科学决策提供组织保障。“政善治，事善能。”如何正确处理好改革发展进程中不断涌现的新问题新情况，考验并检验着各级领导干部的决断力。一项工作，首先要判断其“该不该做”，是不是“马上可行”，如果符合应该做和现在必须做的条件，就要果断下决心，积极主动地创造条件去引导、去争取，进而达成目标。改革发展千头万绪，正所谓矛盾有主次、诉求有缓急，这就要求我们进一步增强决断力，掌握好科学的方法论，把握好发展次序，深谋远虑观大势，立足全局抓大事，善于抓住“牛鼻子”，找准关键突破口，在牵一发而动全身的关键点上集中发力，努力提高工作的针对性与实效性。如果总是在不同的方案中纠结、游移不定，就只能在议而不决中观望等待，始终找不到着力点，最终延误时机，做虚功。现代决策要求领导干部要有高度的责任感和事业心，要有敢担风险、敢负责任的决策品格。决断的依据是什么？就是看制定的政策是否符合党中央精神和要求，是否符合人民的利益，是否符合客观规律、客观实际。

四、提高改革攻坚能力

习近平总书记指出，年轻干部要提高改革攻坚能力。面向未来，我们要全面推进党和国家各项工作，尤其是贯彻新发展理念、推动高质量发展、构建新发展格局，继续走在时代前列，仍然要以全面深化改革添动力、求突破。改革必须有勇气和决心，保持越是艰险越向前的刚健勇毅。要把干事热情和科学精神结合起来，使出台的各项改革举措符合客观规律、符合工作需要、符合群众利益。改革攻坚要有正确方法，坚持创新思维，跟着问题走、奔着问题去，准确识变、科学应变、主动求变，在把握规律的基础上实现变革创新。要尊重群众首创精神，把加强顶层设计和坚持问计于民统一起来，从生动鲜活的基层实践中汲取智慧。要注重增强系统性、整体性、协同性，使各项改革举措相互配合、相互促进、相得益彰。[①]

锻造改革的勇气和攻坚的决心。党政主要负责同志是抓改革的关键力量，不仅要亲自抓、带头干，还要勇于挑最重的担子、啃最硬的骨头，

---

① 《习近平在中央党校（国家行政学院）中青年干部培训班开班式上发表重要讲话强调 年轻干部要提高解决实际问题能力 想干事能干事干成事》，《人民日报》2020年10月11日。

扑下身子，狠抓落实。一是锻造改革的勇气。改革就是革新与创新，既无经验可借鉴，也无现成模式供复制，必须开动脑筋，多谋善断，思新求变，勇闯新路，这就要求领导干部要“在状态”，有朝气蓬勃的精神面貌、不断进取的奋发斗志，避免墨守成规、拾人牙慧。特别是随着改革的继续推进和深入，硬骨头越多，困难越大。领导干部必须站在改革的最前沿，挺身而出，一马当先，敢负责、敢作为、敢拍板、敢担当、敢碰硬，身体力行，真抓实干，以敢探深渊、敢踏险滩、敢攀险峰的精神与勇力披荆斩棘，一往无前，迎接改革、拥抱改革。决不能遇到困难绕道走，看到危险就缩头。

二是锻造攻坚的决心。对于领导干部来说，锻造攻坚的决心，就是要在改革中遇到困难和问题需要攻坚的时候，以勇往直前的昂扬之气和舍我其谁的战斗力去冲锋陷阵。领导干部既要善做运筹帷幄的将军，也要敢当赴汤蹈火的冲锋士兵，带头参与改革，积极投身改革，带领人民群众涌入改革的潮流，不断攻克改革中的一个个难题，不断啃下改革中的一块块硬骨头，如此才能产生“其身正，不令而行”的正能量及效果，才能创造“天翻地覆慨而慷”的改革伟业。

把干事热情和科学精神结合起来。改革攻坚是一项既需要勇气也需要方法的工作，因此，培养领导干部的改革攻坚能力，其中重要的一项就是要把领导干部干事的热情和科学精神结合起来。具体有以下几个方面。

第一，领导干部满怀干事创业的热情，是做好一切工作的前提。俗话说“干一行，爱一行”，同样“爱一行”才能“干好一行”。因此，领导干部要时刻坚定理想信念，积极乐观、充满激情地工作。要学深悟透习近平新时代中国特色社会主义思想，增强“四个意识”、坚定“四个自信”、做到“两个维护”，在学习中找准坐标、校准方向、自觉看齐，在干事创业的实践中把责任扛起来，把党员的先锋形象彰显出来。

领导干部的工作激情要体现在热爱本职工作上。满怀激情就需要党员干部把工作当成事业，以火一般的热情投入工作，尽职尽责、兢兢业业，工作也会越干越起劲，工作经验和成绩也会不断地积累；如果把工作当成副业，当一天和尚撞一天钟，得过且过、敷衍应付，完全没有工作的热情，工作的效果可想而知。工作态度不同，工作成绩就会大相径庭。领导干部的工作激情要落实在责任上，不断强化责任意识。

党的十八届一中全会结束后，习近平总书记在新一届中央政治局常委同中外记者见面时，突出强调了“对民族的责任、对人民的责任、对党的责任”，给全党同志传递的是对人民满怀深厚感情的宗旨意识，对党的事业高度负责的责任意识。领导干部在各自的工作岗位上要清楚地知道自己肩负的责任，并自觉、认真地履行，要把责任转化为努力工作的动力，不断激发干事创业的热情。

第二，领导干部秉持干事创业的科学精神，是做好一切工作的保障。实事求是，坚持一切从实际出发，是中国共产党人世界观、方法论的基石。然而，实事求是这种可贵精神和政治品格，在一些党员干部身上正在逐渐退化，有的甚至已经丢失。现实中，诸如鸵鸟心态、形式主义、弄虚作假、故步自封等各种影响改革深入推进的“拦路石”不容小觑，说到底还是违背了实事求是的科学精神。

第三，中国特色社会主义事业越前进、越发展，新情况新问题就越多，面临的风险和挑战就越多，这就需要以实事求是的态度对待马克思主义经典著作，始终坚持实践才是检验真理的唯一标准。掌握和运用好实事求是这个马克思主义的精髓和灵魂，就要求领导干部树立科学的精神，在平时的学习和工作中多观察多思考，多学习现代科学文化知识，多掌握现代信息传媒手段，多掌握现代施政理念，运用科学决策的方法，坚持科学决策的习惯，这样不仅能够起到事半功倍的效果，而且能够使各项决策和各方面工作都符合实际情况、客观规律、人民意愿。

领导干部把干事热情和科学精神结合起来，是做好一切工作的根本。对一名领导干部来说，光有干事的热情或者仅有科学精神是不够的，必须把两者结合起来。如果仅有干事的热情而不注重科学精神，就有可能拍脑袋决策，甚至有可能湮没在纷繁复杂的信息里，导致蛮干，从而贻误时机。如果仅有科学精神而不具备干事的热情，那么领导干部在改革攻坚中就会冲劲不够，在关键时刻、关键领域需要拍板的时候瞻前顾后，同样会贻误时机。因此，从全面辩证的角度看，领导干部必须把干事的热情和科学精神结合起来，既要有改革攻坚的激情、热情、闯劲，也要有求实的科学精神，通过运用现代科学理念和方法推动改革攻坚顺利进行。

将把握规律和变革创新结合起来。在把握规律的基础上进行变革创新是中国共产党人工作方法特点的集中体现。培养领导干部改革攻坚的能力，其中的一个重要方面就是将把握规律和变革创新结合起来。

第一，领导干部要善于把握规律。善于把握规律，既是中国共产党人的历史自觉，也是我们党领导推动工作的制胜法宝。认识规律、把握规律、遵循和运用规律，从规律层面把握和解决问题，是马克思主义的基本要求，党员干部在工作中要善于把握规律。规律就是联系，就是客观事物内部的、本质的、必然的联系。

任何社会问题的产生、发展和变化，归根结底是由相关事物发展规律决定的。表面看来，人们对问题可以这样解决，也可以那样解决，所谓“法无定法”，其实，真正起作用的是“背后”的规律。符合规律，问题就可以得到解决；违背规律，不但原有的问题解决不好，而且还会引发更多、更大的问题。在多样化、信息化、快节奏的今天，各种矛盾交织，诸多事务繁杂，凡事想看得真真切切，想得明明白白，使事情件件落实，就必须避免拍脑袋决策。

领导干部必须坚持唯物辩证法，运用发展眼光、辩证逻辑、系统思维去推动工作，必须善于总结经验、把握规律，要见微知著，防患于未然，只有这样才能从对规律的不断认识和把握中找到抓落实的正确方向和方法，使所做之事具有可行性、前瞻性，避免主观盲目性。领导干部应该坚持党的群众路线，深入基层、深入群众，了解群众的冷暖疾苦，了解群众的热望期待，吸纳群众的新鲜经验，在了解实情、把握规律的基础上，因地制宜，结合实际，创造性地制定出本部门、本单位工作的思路、规划和布局，不好高骛远，不盲目攀比，不出花招、虚招，使工作思路符合客观实际，真正解决建设过程中的当务之急、切实之需和突出问题。惟其如此，才能确保决策科学，减少失误，扎扎实实、创造性地抓好工作的落实。

第二，领导干部要善于变革创新。创新是一个民族进步的灵魂，是一个国家兴旺发达的不竭动力，也是一个政党永葆生机的源泉。在当前国际竞争日趋激烈的形势下，领导干部在工作中会遇到更多新情况、新问题，必须提高创新能力。要善于用时代的眼光和发展的观点分析、思考问题，探索新路子，融入自己的创新智慧，不断提高创新水平，不断提高自身素质，为社会主义建设作出自己的贡献，凝聚干事创业的强大力量。

要勤于学习，解放思想。思想是行动的先导，只有先进、开放的思想才能有效地指导各项工作的开展。正确思想的来源是勤奋学习，学习是我们提高工作潜力和创造力的源泉。一些领导干部虽然工作很认真努力，但大多时候还只是遵规守矩、墨守成规，视野不够宽，思路不够活，缺乏创新意识，工作上想不出好点子、好办法，有时思维方式、工作方法不适应新形势的发展，解决具体问题时会出现唯书、唯上、因循守旧的情况，不善于研究新情况，凭经验办事，不能创造性地开展工作。要克服这种缺点，必须通过不断地学习，不断地用科学的理论武装自己，如此才能进一步提高自己的理论水平、综合素质和认识水平，不断开阔视野，解放思想，树立开拓进取、开放创新的精神，才能切实把各项工作落到实处。

要树立创新意识，改进思维方法。党员干部要按照新形势新任务新要求，进一步解放思想，制定新标准，树立创新意识。在干事创业中敢于创新，勇于跳出条条框框限制，在探索中不断突破，把创新精神贯穿工作始终，敢于突破传统，敢于大胆尝试，才能在干事创业中干出成绩，带领人民群众朝着美好幸福的生活不断前进。创新的一个鲜明特征，是要想没想过的，做没做过的，使我们的思想和认识更加符合变化了的实际。创新有大有小，无处不在。重大的发现，重大的创造，重大的改革是创新；拓展工作思路，改进工作方法，提出合理化建议，也是创新。

要转变作风，敢于创新。习近平总书记讲："抓创新就是抓发展，谋创新就是谋未来。不创新就要落后，创新慢了也要落后。"[①] 在日常工作中，领导干部要时刻严格要求自己，以高标准、严要求、好状态投入每项工作，重视工作中的每个小细节和每件小事，尽最大努力高标准完成各项任务。要摒除惰性思想、被动意识，努力争取更多的锻炼机会，勤于探索和解决工作中遇到的新情况、新问题、新矛盾，善于总结规律，破除思想禁锢，摒弃一切等待观望、不敢担当的习气，发扬求真务实之风，敢于负责、敢于碰硬、敢担风险，不断探索新思路、新举措和新方法，着力推动真改革、真创新。

第三，领导干部要善于将把握规律和变革创新结合起来。把握规律和变革创新两者缺一不可。没有变革创新，把握规律就失去了目的和意义；没有把握规律就去变革创新，往往是为了创新而创新，往往是盲目的创新。这两种情况都是有害的。因此，领导干部要将把握规律和变革

① 中共中央文献研究室编：《习近平关于科技创新论述摘编》，中央文献出版社2016年版，第70页。

创新结合起来，就必须准确把握这两者之间的辩证关系。

一是明确把握规律是变革创新的前提。领导干部必须明确把握规律是变革创新的前提，为此，就必须加强学习，加强对工作的研究，在对新理论的学习和掌握中不断去研究工作中的新问题，从而逐渐把握工作的规律。只有对规律有了充分把握，变革创新才具有坚实的科学基础，而不是变成一场为了创新而创新的没有意义的行动。

二是明确变革创新是把握规律的目的。对中国共产党人来说，把握规律并不是为了鉴赏。1942 年 2 月 1 日，毛泽东在中共中央党校开学典礼上作《整顿党的作风》讲话时指出，有些同志“仅仅把箭拿在手里搓来搓去，连声赞曰：‘好箭！好箭！’却老是不愿意放出去。这样的人就是古董鉴赏家，几乎和革命不发生关系”①。这一形象比喻，对于我们的工作具有启发意义。马克思主义作为掌握了人类社会发展规律的科学理论，并不是被拿来鉴赏的，而是用来改造社会、推动社会发展的。同样的道理，领导干部在工作中总结规律是科学认识的系统体现，也不是用来鉴赏的，而是用来推动工作发展的，需要以变革创新为目的。

三是准确处理把握规律和变革创新的关系。把握规律和变革创新是辩证统一的关系，两者相辅相成、缺一不可、相互促进。领导干部在干事创业的过程中，必须能够敏锐洞察时机，在关键时刻敢于、勇于变革创新，又要在适当的时候善于总结规律，善于运用总结出的规律去指导实践、推动创新，要将两者的关系把握得恰到好处，才能良性推动工作向前发展。

---

① 《毛泽东选集》第 3 卷，人民出版社 1991 年版，第 820 页。

五、提高应急处突能力

习近平总书记强调，年轻干部要提高应急处突能力。预判风险是防范风险的前提，把握风险走向是谋求战略主动的关键。要增强风险意识，下好先手棋、打好主动仗，做好随时应对各种风险挑战的准备。要努力成为所在工作领域的行家里手，不断提高应急处突的见识和胆识，对可能发生的各种风险挑战，要做到心中有数、分类施策、精准拆弹，有效掌控局势、化解危机。要紧密结合应对风险实践，查找工作和体制机制上的漏洞，及时予以完善。[①]

（一）强化居安思危的风险意识

居安思危既是中华民族治国安邦的重要经验，也是干部增强驾驭风险本领的心理基础。忧患意识是5000多年中华文明的重要内容，最早源自人们对未知的畏惧和对天地的敬畏。随着中华民族历史的发展，忧患意识逐渐从自然领域发展到社会领域、政治领域，形成了“安而不忘危，

① 《习近平在中央党校（国家行政学院）中青年干部培训班开班式上发表重要讲话强调 年轻干部要提高解决实际问题能力 想干事能干事干成事》，《人民日报》2020年10月11日。

存而不忘亡，治而不忘乱，是以身安而国家可保也”的政治哲学；形成了“人无远虑，必有近忧”“凡事预则立，不预则废”的人生思考；形成了“安不忘危，治不忘乱，虽知今日无事，亦须思其终始。常得如此，始是可贵也”的盛世之忧；形成了“忧劳可以兴国，逸豫可以亡身”的从政经验；形成了“前事不忘，后事之师”“以史为镜，可知兴替”的历史警示；形成了“先天下之忧而忧，后天下之乐而乐”的宽广胸怀；形成了“位卑未敢忘忧国”的民族之忧。这些治国安邦的人生智慧和政治智慧，给我们党治国理政以深刻的思想启迪。

成立于民族危难之际的中国共产党始终保持着很强的忧患意识。在全国革命即将取得胜利、中国共产党即将在全国执政的前夕，为了防止党员干部执政后脱离群众、贪污腐败，毛泽东未雨绸缪，及时给全党敲响了警钟。他在党的七届二中全会上提出了“两个务必”，即“务必使同志们继续地保持谦虚、谨慎、不骄、不躁的作风，务必使同志们继续地保持艰苦奋斗的作风”①。

实行改革开放后，邓小平逐渐认识到改革在促进经济社会发展的同时也带来了极大的风险。他指出：“我们的改革有很大的风险，但很有希望成功。有了这样的信心，才能有恰当的决策。”“我们要把工作的基点放在出现较大的风险上，准备好对策。这样，即使出现了大的风险，天也不会塌下来”。② 鉴于改革过程中党内随之出现的新问题，邓小平明确指出：“这个党该抓了，不抓不行了。”③ 在党的十六大上，党中央再次强调全党同志一定要增强忧患意识，居安思危，清醒地看到日趋激烈的国际竞争带来的严峻挑战，清醒地看到前进道路上的困难和风险，要进一步解决提高党的领导水平和执政水平、提高拒腐防变和抵御风险能力这

① 《毛泽东选集》第4卷，人民出版社1991年版，第1438—1439页。
② 《邓小平文选》第3卷，人民出版社1993年版，第268、267页。
③ 《邓小平文选》第3卷，人民出版社1993年版，第314页。

两大历史性课题。

党的十七届四中全会强调，全党必须居安思危，增强忧患意识，常怀忧党之心，恪尽兴党之责，勇于变革、勇于创新，永不僵化、永不停滞。

新时代，我们党在前进路上面临着许多风险与挑战，必须增强风险意识和忧患意识。党的十八大以来，习近平总书记高度重视党治国理政中出现的风险和挑战，多次强调全党要增强风险意识和忧患意识。2013年1月5日，习近平总书记在新进中央委员会的委员、候补委员学习贯彻党的十八大精神研讨班上的讲话中提出，“我们的事业越前进、越发展，新情况新问题就会越多，面临的风险和挑战就会越多，面对的不可预料的事情就会越多。我们必须增强忧患意识，做到居安思危”①。

在2017年中央政治局民主生活会上，习近平总书记指出：“我们党是生于忧患、成长于忧患、壮大于忧患的政党。正是一代代中国共产党人心存忧患、肩扛重担，才团结带领中国人民不断从胜利走向新的胜利。”②2018年1月5日，在新进中央委员会的委员、候补委员和省部级主要领导干部学习贯彻习近平新时代中国特色社会主义思想和党的十九大精神研讨班开班式上，习近平总书记再次强调，“增强忧患意识、防范风险挑战要一以贯之”③。

2019年1月21日，在省部级主要领导干部坚持底线思维着力防范化解重大风险专题研讨班开班式上的重要讲话中，习近平总书记强调：“要强化风险意识，常观大势、常思大局，科学预见形势发展走势和隐藏

① 《习近平谈治国理政》第1卷，外文出版社2018年版，第23页。
② 中共中央党史和文献研究院编:《习近平关于防范风险挑战、应对突发事件论述摘编》，中央文献出版社2020年版，第15页。
③ 《习近平谈治国理政》第3卷，外文出版社2020年版，第69页。

其中的风险挑战，做到未雨绸缪。”[①]2019年10月，习近平总书记在《关于〈中共中央关于坚持和完善中国特色社会主义制度、推进国家治理体系和治理能力现代化若干重大问题的决定〉的说明》中进一步指出：“当今世界正经历百年未有之大变局，国际形势复杂多变，改革发展稳定、内政外交国防、治党治国治军各方面任务之繁重前所未有，我们面临的风险挑战之严峻前所未有。”[②]

中国共产党作为在中国长期执政的马克思主义政党，团结带领人民历经千难万险、付出巨大牺牲，攻克了一个又一个看似不可攻克的难关，创造了一个又一个彪炳史册的人间奇迹。今天，我们比历史上任何时期都更接近、更有信心和能力实现中华民族伟大复兴的目标。但实现中华民族伟大复兴的征途不可能一帆风顺。面对波谲云诡的国际形势、复杂敏感的周边环境、艰巨繁重的改革发展稳定任务，我们要传承、弘扬中华优秀传统文化，汲取中华民族治国理政的政治智慧和政治经验，不断增强忧患意识，既要有防范风险的先手，也要有应对和化解风险挑战的高招；既要打好防范和抵御风险的有准备之战，也要打好化险为夷、转危为机的战略主动战。

面对国际国内风险增多的严峻挑战，习近平总书记以果敢的政治魄力、强烈的居安思危的风险意识，立足时代、顺应大势、着眼大局，未雨绸缪、及时预警、科学预测，为我们党和全国人民直面风险挑战，理性判断风险，积极而为，砥砺前行，打赢重大风险防范攻坚战提供了重要的思想认识基础。

---

① 《习近平谈治国理政》第3卷，外文出版社2020年版，第223页。
② 《习近平谈治国理政》第3卷，外文出版社2020年版，第112页。

（二）做好防风险准备

风险高发、危机频发是当今世界的特征之一。我们进入了中国特色社会主义新时代，正处于大有可为的历史机遇期，但前进道路上也面临着许多前所未有的挑战和风险。无疑，做好积极主动的防风险准备，是对新时代领导干部的内在要求。

习近平总书记以马克思主义政治家的战略胆识和实干家的政治魄力，深刻把握风险治理规律，强调要有效防范化解重大风险，必须发扬“踏石留印、抓铁有痕”的顽强作风，始终坚持底线思维，增强忧患意识，做到未雨绸缪、防微杜渐，打好化险为夷、转危为机的战略主动战，形成了系统完备的新时代风险防控战略思想。

我们要继续进行具有许多新的历史特点的伟大斗争，准备战胜一切艰难险阻，朝着我们党确立的伟大目标奋勇前进。

应该认识到，当前阶段，我国经济社会发展既面临着百年未有之大变局，比历史上任何时期都更接近实现中华民族伟大复兴的目标，与此同时也面临着前所未有的风险挑战。这些风险的产生领域更加多元、表现形式更加多样、内在原因更加复杂、扩散速度更加快捷、涉及人群更加广泛、造成的后果更加严重，它们之间彼此渗透、相互交织，具有极强的连锁反应能力。

2016 年 1 月 18 日，习近平总书记在省部级主要领导干部学习贯彻党的十八届五中全会精神专题研讨班上的讲话中强调，要“下好先手棋，打好主动仗”，预判风险是防范风险的前提，把握风险走向是谋求战略主动的关键。要充分认识到必须将风险治理关口前移，做好风险的前期准备工作，这种积极主动的防风险准备对我们党贯彻落实“空谈误国，实干兴邦”的务实精神，未雨绸缪，牢牢掌握防范风险的制高点和主动权具有重要的指导价值。

（三）敢于斗争的风险担当

树立风险意识是做好应急处突的思想前提，做好防风险准备是做好应急处突的各项要求，而敢于斗争的风险担当则体现的是领导干部在面临危机风险和进行应急处突的工作时，必须强化责任担当。越是成绩巨大越要冷静谨慎警惕，不可麻痹大意。这必须建立在对风险本质的正确认识上。正确认识风险、正确把握风险的本质特征是更好应对危险、驾驭风险的逻辑起点。所谓“风险”，是可能发生的危险，是遭受损失、伤害、不利或毁灭的可能性。风险具有多重特征，直接威胁到执政党的执政安全，是任何一个执政党都不容忽视的问题。因而，这就要求各级领导干部在应对风险的过程中，从全党的利益出发、从全国人民的福祉出发，敢于斗争、敢于担当，从容不迫，有效应对。

工作精益求精，作风踏踏实实，是从源头上防范风险的基础性要求，是增强驾驭风险本领的落脚点。正确认识、有效解决风险问题，对于我们党来说，任何时期都是至关重要的。这就要求我们必须自觉树立起敢于同风险作斗争的勇气，塑造最终战胜风险、打赢重大风险防范攻坚战的自信心。

2016年1月18日，在省部级主要领导干部学习贯彻党的十八届五中全会精神专题研讨班上的讲话中，习近平总书记以宏阔的视野和长远的眼光明确指出：“发展中国特色社会主义是一项长期而艰巨的历史任务，必须准备进行具有许多新的历史特点的伟大斗争。当前和今后一个时期，我们在国际国内面临的矛盾风险挑战都不少，决不能掉以轻心。”① 充分彰显了习近平总书记高瞻远瞩的时代判断、居安思危的风险意识和勇于回应风险的斗争精神。无疑，这也成了指引全党和全国人民

① 《习近平谈治国理政》第2卷，外文出版社2017年版，第222页。

凝心聚力防范风险，勇往直前治理风险，最终打赢重大风险防范攻坚战这一战略任务的根本遵循和行为指南。

防范化解风险是中国特色社会主义事业的一项重要任务，打赢重大风险防范攻坚战是我们实现中华民族伟大复兴中国梦所要进行的斗争，时间紧、任务重、压力大、道路长，直接关乎民众的获得感、幸福感、安全感，关乎我们党的执政公信力，更关乎我国总体安全。但这绝不是一朝一夕就能解决的，要求我们必须具有勇于同风险决战的斗争精神和坚定顽强的斗争意志。

2019 年 1 月 21 日，习近平总书记告诫全党，“防范化解重大风险，需要有充沛顽强的斗争精神”，也要时刻保持“踏平坎坷成大道，斗罢艰险又出发”的顽强意志。[①]2019 年 9 月 3 日，习近平总书记在中央党校（国家行政学院）中青年干部培训班开班式上进一步强调，“坚定斗争意志，当严峻形势和斗争任务摆在面前时，骨头要硬，敢于出击，敢战能胜”[②]。这就要求我们党不为风险所惑、不为风险所困、不为风险所惧、不为风险而退，主动回应、迎难而上、积极有为，做到勇于直面风险挑战，善于同风险作斗争，抓重点、补短板、强弱项，既要全面提升驾驭风险的斗争本领，又要具有不战胜风险誓不罢休的顽强意志，保持突出的政治定力和勇往直前的坚强决心，为打赢重大风险防范攻坚战负重前行。

① 《习近平著作选读》第 2 卷，人民出版社 2023 年版，第 248、249 页。
② 《习近平著作选读》第 2 卷，人民出版社 2023 年版，第 258 页。

六、提高群众工作能力

习近平总书记指出，年轻干部要提高群众工作能力。要坚持从群众中来、到群众中去，真正成为群众的贴心人。要心中有群众，时刻把群众安危冷暖放在心上，认真落实党中央各项惠民政策，把小事当作大事来办，切实解决群众急难愁盼问题。要落实党中央关于逐步实现全体人民共同富裕的要求，带领群众艰苦奋斗、勤劳致富，在收入、就业、教育、社保、医保、医药卫生、住房等方面不断取得实实在在的成果。要注意宣传群众、教育群众，用群众喜闻乐见、易于接受的方法开展工作，提高群众思想觉悟，让他们心热起来、行动起来。要自觉运用法治思维和法治方式深化改革、推动发展、化解矛盾，维护社会公平正义。①

（一）牢固树立马克思主义群众观点

继承和发扬党的密切联系群众的优良传统，不断强化年轻干部的群

---

① 《习近平在中央党校（国家行政学院）中青年干部培训班开班式上发表重要讲话强调 年轻干部要提高解决实际问题能力 想干事能干事干成事》，《人民日报》2020年10月11日。

众观念，自觉坚持党的群众观点和群众路线，是新时代做好群众工作的一项重要而紧迫的政治任务。

第一，以坚持科学理论武装为基础，增强党的先进性意识和执政为民意识，端正对人民群众的态度，建立起对人民群众的深厚感情。对待人民群众的态度和感情问题是群众观念的灵魂。只有满怀爱民之心，才能恪守为民之责、善谋富民之策、多办利民之事。没有对人民群众的真情实感，就不可能有群众观念，不可能当好最广大人民根本利益的忠实代表。马克思主义充分肯定人民群众创造历史的伟大作用，认为人民群众是历史活动的主体，是社会实践的主体。从理论上弄通并真正树立起科学的唯物史观，就会更加深刻地理解马克思主义群众观点的真谛，认识保持与广大人民群众血肉联系的重要性，为群众谋利益的行动就会更加自觉主动。因此，必须坚持用马克思主义群众观点武装全党，树立全心全意为人民服务的思想和真心实意对人民负责的精神，树立立党为公、执政为民的意识，做到心里时刻装着人民，凡事想着人民，在任何时候任何情况下都与人民同呼吸、共命运、心连心。

第二，以改进工作作风和工作方法为突破点，不断提高新形势下做好群众工作的能力和水平，真正为群众解难题、办实事。增强群众观念不仅要有对人民群众的深厚感情，还要有为群众解决实际问题的本领。群众往往是通过与他们最直接的事情来感受和体验党的温暖，从他们接触到的党员干部的作为来认识和评价我们整个党的先进性。能不能真正关心群众的疾苦，切实解决群众生产和生活的实际问题，是检验一个党员干部是否真正树立了群众观念的重要标志，也是能否保持共产党员先进性的重要标志。提高解决群众实际问题的能力和水平，必须树立科学的工作作风，掌握科学的工作方法。我们党的科学工作作风最主要的是密切联系群众，我们党的科学工作方法最主要的是走群众路线。

具体说来，一是要牢固树立正确政绩观，做到科学执政、民主执政、依法执政，用实实在在的工作和成效努力树立为民、务实、清廉的形象，赢得群众的认同和拥护。二是要牢固树立群众利益无小事的观念，把群众利益想细做实。要以解决群众最关心、最直接、最现实的利益问题为切入点和抓手，深入实际、深入基层、深入群众，切实了解群众的所思、所盼、所求，使我们的各项决策和工作更加符合实际、更加符合群众要求，保证广大群众不断从经济社会发展中得到更多实惠。三是要正确处理党群关系中的矛盾问题，克服某些干部身上存在的形式主义、官僚主义、命令主义作风，解决某些干部不关心群众痛痒、脱离群众甚至滥用权力、违法乱纪等问题。因此，在处理党群干群关系时，首先要从党员干部自身找原因，对于群众中出现的某些问题，不能用唯我独尊、强迫命令的简单粗暴的方法，要做好耐心细致的思想工作。

第三，以制度建设为保证，建立健全党员密切联系群众的长效机制，用制度和机制来调动广大干部增强群众观念，密切联系群众的积极性、主动性和创造性。要建立健全联系群众的各项基本制度，包括调查研究制度、接待群众制度、干部联系点制度、定期向群众通报重大问题制度等，确保党员干部特别是领导干部倾听群众呼声、了解群众意愿的渠道稳定畅通，保持与人民群众的经常性联系，维护人民群众的切身利益。还必须建立健全有效的运行机制，包括考核机制、群众评议机制、监督机制、激励机制等，把每个领导干部落实联系群众制度的情况作为工作实绩考核的主要内容，作为提拔使用的重要依据。

无数事实表明，确立马克思主义群众观念，密切联系群众，是始终保持党的先进性的根本要求和根本标志，决定着党的生死存亡。只要广大党员干部始终保持旺盛的革命斗志，坚持和发扬党密切联系群众的优良传统和作风，不断增强群众观念，我们党就一定能始终保持同人民群众的血肉联系，永葆先进性的生机与活力。

（二）牢固树立正确的权力观

以人民为中心，保持党同人民群众的血肉联系，做好新时代群众工作，关键是要树立正确的权力观。

第一，共产党的权力是人民赋予的，只能用来为人民服务。我们党执政70多年来，广大党员干部坚持全心全意为人民服务的根本宗旨，国家面貌发生了翻天覆地的变化，人民生活得到了显著提高，这是人所共知的事实。但是，党内确有一部分干部包括高级干部，把党全心全意为人民服务的根本宗旨忘得一干二净，他们利用手中掌握的权力，不择手段地为自己或亲属谋取私利，贪污受贿，走私贩私，聚敛财富，过着荒淫无耻的腐朽生活。这与我们党的宗旨和性质是格格不入的，也是严明的党纪国法所不容许的。历史和现实反复教育我们，在执政的条件下，我们党的各级干部一定要正确行使手中的权力，绝不能把职权变成特权，绝不允许以权谋私，绝不允许形成既得利益集团。认识权力的两重性，就是要防止把权力变成个人手中的特权，要防止权力的商品化，禁止搞权钱交易、“等价交换”，绝不允许党的干部利用手中掌握的人、财、物的实权，吃拿卡要，或者到处送礼、收礼，跑官、要官等。

第二，树立正确的权力观，着力解决党内存在的腐败问题。全面落实党的十八大以来关于反腐败斗争的精神，永葆共产党人清正廉洁的政治本色。反对腐败、建设廉洁政治，是党一贯坚持的鲜明政治立场，是人民关注的重大政治问题。进入新时代，习近平总书记反复强调党内存在的突出问题是贪污腐败、脱离群众、形式主义和官僚主义，全党要下大气力解决这些问题。

习近平总书记指出：“‘物必先腐，而后虫生。’近年来，一些国家因长期积累的矛盾导致民怨载道、社会动荡、政权垮台，其中贪污腐败就是一个很重要的原因。大量事实告诉我们，腐败问题越演越烈，最终必然会亡党亡国！我们要警醒啊！”[①]近年来，党内发生的严重违纪违法案件性质非常恶劣，政治影响极坏，令人触目惊心。习近平总书记要求各级领导干部特别是高级干部要自觉遵守廉政准则，既严于律己，又加强对亲属和身边工作人员的教育和约束，决不允许以权谋私，决不允许搞特权。领导干部一定要从党和国家生死存亡的高度，把树立正确观念作为加强自律、有效抵御腐败的根本。对一切违反党纪国法的行为，都必须严惩不贷，决不能手软。同时，要通过加强干部教育，加强党内监督、法律监督、群众监督，建立健全权力的制约机制和监督机制、严厉惩治和有效预防腐败等措施，促使广大年轻干部树立正确的权力观，为人民掌好权、用好权，做到权为民所用、情为民所系、利为民所谋。

（三）正确调整深化改革中的利益格局，解决利益矛盾

我国改革开放 40 多年的历程充分证明，改革开放是决定当代中国命运的关键一招，是坚持和发展中国特色社会主义的必由之路。

第一，改革就是利益格局的调整。以改革开放为鲜明特征的新的革命，必然带来各种利益关系和利益格局的深刻调整，使人民内部的利益矛盾出现新的情况，并带有过去不曾有的复杂性。既然经济成分和经营方式多元化，利益主体就必然多元化；既然要实行按有效劳动分配利益以提高效率，那么人们的收入就必然拉开差距；既然要实行市场竞争，那么必然会出现一些人受益或受损等问题。

如处理不当，一些利益矛盾就会尖锐地表现出来。为此，必须正确调整改革中的利益格局，妥善处理和协调各种利益矛盾。这既是改革顺利进行的保证，又成为做好新形势下群众工作的重点。改革的根本目的

① 中共中央党史和文献研究院编：《习近平关于全面从严治党论述摘编（2021年版）》，中央文献出版社2021年版，第357页。

是使人民群众受益，但在短期内又不可能达到所有人都满意的程度，有的甚至要作出暂时的牺牲。因此，在推进改革时，要充分注意到群众的承受能力，要正确处理改革、发展、稳定三者的关系。凡是涉及群众的切身利益和实际困难的事情，再小也要竭尽全力去办。这就要求我们自觉地从政治的高度、全局的高度、事业成败的高度来增强群众观点，真正把为人民谋利益作为天职，把实现群众的愿望作为最大的事情。要始终把涉及群众利益的事作为大事，满腔热情地去做实做好。

第二，妥善协调各方面利益关系。党处在执政地位，要着力拓宽和疏通党的群众工作的渠道。必须着力拓宽和疏通密切联系群众的渠道，使老百姓的呼声能顺利、快速地传到领导干部的耳朵里，使“群众利益无小事”变成实实在在的行动。要着力健全和完善党与群众的沟通规则。包括明确沟通内容，凡是涉及人民群众根本利益的都要与人民群众沟通；明确沟通程序，建立公示制度、听证制度、辩论制度、抽样调查制度等，以确保沟通信息的客观性、全面性、准确性；明确沟通时限，建立定期沟通制度，以确保沟通的经常性；建立及时反馈制度，以确保沟通的有效性；明确沟通责任，建立责任追究制，对不愿与群众沟通或忽视与群众沟通的，进行相应的责任追究。要着力保障人民群众的合法权益。

要注重维护和实现社会公平。维护和实现社会公平，不仅涉及收入分配、利益调节等经济问题，而且涉及公民权利保障、政府施政、司法公正等政治、社会问题。我们必须高度重视收入分配问题，处理好按劳分配为主体和实行多种分配方式的关系。合理调整国民收入分配格局，逐步解决地区之间和部分社会成员之间收入差距过大的问题。要进一步完善社会保障体系，逐步扩大社会保障的覆盖面，切实保障各方面困难群众的基本生活。要从法律上、制度上、政策上努力营造公平的社会环境，保证社会成员都能够接受教育，都能够进行劳动创造，都能够平等地参与市场竞争、参与社会生活，都能够依靠法律和制度来维护自己的合法权益。要坚决纠正损害群众利益的不正之风，重点解决在土地征用、城镇拆迁过程中损害群众利益的问题。

要关心群众生产生活。群众评价党员干部，不在于党员干部说了什么，而在于党员干部做了什么，给群众带来了什么。我们知道，一切空话都是无用的，必须给人民以看得见的物质福利。要继续做好就业、再就业工作；继续做好扶贫开发工作；继续抓好农民进城务工就业的管理、培训和服务工作，确保农民工工资足额按时发放；采取更加有力的措施，进一步解决好群众看病难、上学难的问题；切实抓好安全生产工作，坚决遏制重特大安全事故的发生，确保人民群众生命财产安全；加强对严重危害群众健康的重大传染性疾病的防治。

要坚决遏制各种腐败现象。党内存在的腐败现象严重地侵犯了人民群众的根本利益，割裂了党同人民群众的血肉联系，严重损害了党在人民群众中的形象，降低了人民群众对政府的信任度，必须下大力气有效遏制腐败现象，坚决惩处腐败分子。

要加强对群众的教育引导。要在群众中深入开展党的基本理论、基本路线、基本纲领、基本经验的教育，深入进行党和国家的方针政策的教育，深入开展国情教育，深入进行思想道德教育，特别要加强民主法制教育，深入开展思想政治工作，引导和帮助群众学会运用正确的手段维护自身的合法权益。做宣传群众、教育群众的工作，要讲究方式方法，善于摆事实、讲道理，努力做到深入浅出、以理服人，使群众能听得明白、听得进去，真正产生实际效果。

七、提高抓落实能力

习近平总书记强调，年轻干部要提高抓落实能力。干事业不能做样子，必须脚踏实地，抓工作落实要以上率下、真抓实干。特别是主要领导干部，既要带领大家一起定好盘子、理清路子、开对方子，又要做到重要任务亲自部署、关键环节亲自把关、落实情况亲自督查，不能高高在上、凌空蹈虚，不能只挂帅不出征。干事业就要有钉钉子精神，抓铁有痕、踏石留印，稳扎稳打向前走，过了一山再登一峰，跨过一沟再越一壑，不断通过化解难题开创工作新局面。[①]

（一）提高抓落实能力，要提高思想认识水平

进入新时代，各级领导干部要提高抓落实能力，就必须紧紧围绕新的时代要求和时代使命来进行。

要准确把握新时代抓落实的内涵要求。习近平总书记在“不忘初心、牢记使命”主题教育工作会议上指出：“抓落实，就是要把新时代中国特

① 《习近平在中央党校（国家行政学院）中青年干部培训班开班式上发表重要讲话强调 年轻干部要提高解决实际问题能力 想干事能干事干成事》，《人民日报》2020年10月11日。

色社会主义思想转化为推进改革发展稳定和党的建设各项工作的实际行动，把初心使命变成党员干部锐意进取、开拓创新的精气神和埋头苦干、真抓实干的自觉行动，力戒形式主义、官僚主义，推动党的路线方针政策落地生根，推动解决人民群众反映强烈的突出问题，不断增强人民群众获得感、幸福感、安全感。”[①] 这就为抓落实提出了新的时代内涵。与此同时，习近平总书记关于抓落实的重要论述，也鲜明指出了抓落实的时代要求，这些都是领导干部狠抓落实的行动指南，必须一以贯之地落到实处。

要深刻认识新时代抓落实的重大意义。当前，国内外形势复杂多变，我国仍处在重要的发展战略机遇期，但同时社会矛盾也日益凸显，出现不少需要克服的困难和风险。只有攻坚克难，乘势而上，才能抓住和用好机遇，赢得未来发展的主动权；如果自满懈怠，心浮气躁，就不可能开创改革发展稳定的新局面，已经取得的成果也有可能丧失。

为此，必须把抓落实摆上重要位置，做到落实、落实、再落实。抓而不紧，等于不抓；抓而不实，等于白抓。实践表明，抓好落实，党和人民事业就能充满生机；不抓落实，再好的蓝图也是空中楼阁。落实党中央的路线方针政策，是实现第二个百年奋斗目标、实现中华民族伟大复兴中国梦的客观要求，是广大人民群众的共同愿望，是当前和今后一个时期的重要政治任务要求，领导干部必须高度重视，必须把抓落实摆上重要位置，结合各地区各部门实际情况，一步一步地展开，一项一项地分解，一件一件地落实，一年一年地见效，狠抓各项工作落实。

要充分看到抓落实最能检验干部的党性。党性是党员干部立身、立业、立言、立德的基石。在“三严三实”专题教育中，习近平总书记强调，各级领导干部都要树立和发扬好的作风，既严以修身、严以用权、

---

① 《习近平谈治国理政》第3卷，外文出版社2020年版，第524页。

严以律己，又谋事要实、创业要实、做人要实。创业要实，就是要脚踏实地、真抓实干，敢于担当责任，勇于直面矛盾，善于解决问题，努力创造经得起实践、人民、历史检验的实绩。讲实话、干实事、抓落实，最能检验和锤炼干部的党性。抓工作，是停留在一般性号召还是身体力行，成效大不一样。党中央强调要增强“四个意识”，这不是一个口号，不是一句空话，而是要落实在行动上。在现实生活中，有的领导干部长期养尊处优，满足于开会发文件，以会议落实会议，以文件落实文件，导致大好的发展局面和发展契机白白丧失，这是新时代领导干部必须抵制和反对的现象和行为。

（二）提高抓落实能力，要坚持鲜明问题导向

“问题就是时代的口号，是它表现自己精神状态的最实际的呼声。”坚持问题导向是马克思主义的理论品格和根本要求。习近平总书记强调：“我们中国共产党人干革命、搞建设、抓改革，从来都是为了解决中国的现实问题。”[①]要增强问题意识、坚持问题导向，抓住关键问题进一步研究思考，把问题作为研究制定政策的起点，把认识和化解矛盾作为打开工作局面的突破口，把工作的着力点放在解决最突出的矛盾和问题上，着力推动解决我国发展面临的一系列突出矛盾和问题。当前，面对改革发展稳定遇到的新形势新情况新问题，领导干部要有所作为、有所进步，就要敢于较真碰硬、敢于直面困难，自觉把使命放在心上、把责任扛在肩上。

要破解不抓落实的问题。抓落实，是对各级领导干部使命感和责任感的重要检验。近年来，从中央到地方都加大了抓落实的工作力度，并

---

① 中共中央文献研究室编：《习近平关于全面深化改革论述摘编》，中央文献出版社2014版，第8页。

已取得明显成效。特别是中央对重大决策、重大部署、重大举措，采取任务分解、明确责任、加强督查等措施，保证和促进了改革发展稳定各项任务的落实。但是也要看到，在有些地方、部门和单位，中央的一些方针政策和重大部署，口头上讲了、文件上也写了，而贯彻落实得却不好；一些中央三令五申、明令禁止的事情，依然我行我素、屡禁不止；有的领导干部工作不求进取，满足现状，只求过得去，不求过得硬。由此可见，不重视抓落实的问题仍然存在，而领导干部出现这样的精神状态，也是无法抓好工作落实的。实践充分证明，不抓落实的问题不解决，改革发展稳定的其他问题也无法得到解决，经济社会发展目标任务就无法顺利实现。为此，领导干部要懂得，党和人民把为人民服务的重担放在领导干部肩上，这是对领导干部的一种信任和责任。各级领导干部要把这种信任和责任看得比泰山还重，始终以饱满的热情投身工作，永葆蓬勃朝气、昂扬锐气和浩然正气，自觉盯着榜样找差距，对照先进学经验，对照人民期盼狠抓工作落实。

要破解不敢抓落实的问题。敢不敢抓落实，与干部的政绩观正确与否紧密相关。所谓政绩，就是为政之绩，即为政的成绩、功绩、实绩。在干部抓落实的过程中，持不同的政绩观会有不同的态度。政绩观正确，领导干部就敢于狠抓落实；政绩观错位，领导干部就不敢狠抓落实，抓落实的过程中就会“扭扭捏捏”“左顾右盼”，怕引火烧身、怕得罪他人、怕损失自己的利益。如果我们做事情、干工作做到了上有利于国家、下有利于人民，既符合国家和人民眼前利益的要求，又符合国家和人民长远利益的要求；既能促进经济社会发展，又能促进国家富强和人民幸福，那就做出了党和人民所需要的真正的政绩。然而，在实际抓落实的过程中，有的领导干部并不是把抓落实的出发点放到为党尽责、为民造福上，而是为自己升迁铺路；不是把抓落实的落脚点放到办实事、求实效上，而是追求表面政绩，搞华而不实、劳民伤财的“形象工程”；不是把抓落实的重点放到立足现实、着眼长远、打好基础上，而是盲目攀比、竭泽而渔。这就导致了不敢狠抓落实的问题。为此，领导干部要牢固树立正确的政绩观，摒弃个人主义思想，把心思和精力放在努力争创一流业绩、不断开创各项工作新局面上，真正做到“为官一任、造福一方”。

要破解会不会抓落实的问题。狠抓落实，要注意改进抓落实的工作方法。现在各单位、各部门的任务很重，工作头绪很多。作为领导干部，要善于通盘筹划，把握重点，抓住主要矛盾，把领导工作的重心放在对全局有决定性意义的关节点上。在抓落实的过程中，有的领导干部没有按职责抓好落实，反而越俎代庖，使工作不协调，出现忙乱的局面，一些工作也得不到有效落实。为此，要从大处着眼、小处着手，不断提高运用马克思主义立场、观点、方法解决问题的能力，进一步认识规律、把握规律、运用规律，按照目标细化、任务量化、责任硬化、进度时段化的要求，善于抓住工作重点，分清轻重缓急，明确主攻方向，要细化任务要求，对工作进行逐项梳理，抓好分解落实，拿出流程图，列出时间表，定好责任制，提高狠抓落实的工作能力，努力使工作思路和落实措施配套衔接。

（三）提高抓落实能力，要掌握科学的方法途径

对领导干部来说，理论上的成熟，是政治上成熟的基础。马克思主义是我们党的指导思想，是我们党认识世界和改造世界的强大思想武器。领导干部要主动提高理论素养，掌握马克思主义的立场、观点、方法，把马克思主义基本原理内化为一种自身的思维方式和思想方法，从而正确地看待事物，分析问题、解决问题、作出科学决策。

一是始终坚持以人民为中心。马克思主义经典作家在自己的全部理论中所贯穿的人民立场、人民观点，是非常鲜明的。我们党坚持全心全

意为人民服务的根本宗旨，就是把符合人民利益作为党的一切言论和工作的最高准绳，作为衡量我们党一切工作成败得失的最高标准。从这个意义上讲，是否抓落实直接反映了领导干部的宗旨意识和党性。领导干部不论职务高低，不论在什么岗位工作，都要身体力行坚持党的宗旨，把坚持以人民为中心的发展思想贯穿到各项工作的落实中，努力为群众办实事办好事，切实做到权为民所用、情为民所系、利为民所谋。把握住这一点，就把握住了抓落实的根本，就能把全部心思和精力用到抓落实上。

二是坚持辩证唯物主义和历史唯物主义。马克思、恩格斯所创立的辩证唯物主义和历史唯物主义，是中国共产党人的世界观和方法论。辩证唯物主义和历史唯物主义，为中国共产党人提供了认识世界和改造世界的理论武器。领导干部要贯彻落实党中央提出的协调推进“四个全面”战略布局、“五位一体”总体布局，要奋力实现第二个百年奋斗目标、实现中华民族伟大复兴的中国梦，就必须不断接受马克思主义哲学智慧的滋养，更加自觉地坚持和运用辩证唯物主义和历史唯物主义的世界观和方法论，增强辩证思维、战略思维能力，努力提高解决我国改革发展基本问题的本领，在实际工作中把握现象和本质、形式和内容、原因和结果、偶然和必然、可能和现实、内因和外因、共性和个性的关系，增强辩证思维、战略思维能力，把各项工作抓实抓好。

三是坚持解放思想、实事求是、与时俱进。解放思想、实事求是、与时俱进，是马克思主义活的灵魂，是我们适应新形势、认识新事物、完成新任务的根本思想武器。在马克思主义理论的创立和发展过程中，每前进一步，都是在实事求是的基础上解放思想，从而发现新问题、找到新方法、提出新观点、创立新理论。无论是马克思主义经典作家对自己以前提出的理论观点进行新的丰富和完善，还是后人对前人的理论进行创新和发展，都是解放思想、实事求是、与时俱进的成果。

可以说，在各种方法中，思想方法是基础，而在各种思想方法中，解放思想、实事求是、与时俱进是最根本的。因此，领导干部必须坚持马克思主义的发展观点，坚持实践是检验真理的唯一标准，发挥历史的主动性和创造性，清醒认识世情、国情、党情的变和不变，永葆逢山开路、遇河架桥的精神，锐意进取，大胆探索，敢于和善于分析、回答现实生活中和群众思想上迫切需要解决的问题，不断深化改革开放，不断有所发现、有所创造、有所前进，不断推进理论创新、实践创新、制度创新和其他各方面创新，提高抓落实的能力。

（四）提高抓落实能力，要厘清矛盾辩证关系

没有矛盾，就没有世界、没有发展。矛盾和问题是普遍存在的，问题也是矛盾。抓落实的过程，必然会遇到许多矛盾和问题，只有努力解决好各种矛盾和问题，才能把落实工作真正抓好、抓出成效。因此，领导干部在抓落实工作中，要敢于正视矛盾和问题，正确处理矛盾双方之间的辩证逻辑关系。

要正确处理“稳”和“进”的辩证关系。稳中求进工作总基调是治国理政的重要原则，要长期坚持。“稳”和“进”是辩证统一的，要作为一个整体来把握。因而在看问题、想对策、抓落实的过程中，领导干部要审时度势、深思熟虑、尊重规律，既反对消极应付、不思进取，又反对冲动蛮干、急于求成，该稳住的要稳住，该进取的要进取，把握好工作节奏和力度。特别是在责任和任务层层加码方面，要结合实际，实事求是，留有余地，不能搞层层加码。这是因为，不顾客观条件的层层加码，看似积极向上，实则违背规律、急躁冒进，欲速则不达。

要正确分清主要矛盾和次要矛盾的辩证关系。无论是贯彻上级的决策，还是抓好本级的部署，都要做到既抓部署，又抓落实，在部署中出实招，在落实中求实效。但在抓落实的过程中，不能眉毛胡子一把抓，

而应该有主要矛盾和次要矛盾、有阶段性和长期性之间的辩证统一。在抓落实的问题上，领导干部必须根据工作中的主要矛盾和矛盾的主要方面，分清轻重缓急，突出工作重点，抓住关键环节，明确主攻方向；又要防止急躁症，警惕“大跃进”，注意把阶段性工作与长期性目标结合起来，一件一件抓落实，一年一年抓成效，不断积小胜为大胜，不断向既定目标迈进。

要正确处理顶层设计与问计于民的辩证关系。中国共产党的领导是中国特色社会主义制度的最大优势。坚持党的全面和集中统一领导，是中国特色社会主义最本质的特征。加强党的领导，要求我们党要做好方方面面工作的顶层设计，为整个国家的发展谋划蓝图。与此同时，基层是一切工作的落脚点。党和国家各项政策措施落实了没有，落实得好不好，基层群众最有实际感受。

我们党所开展的一切工作，都是为了实现人民对美好生活的向往，因而党的路线方针政策、发展规划和蓝图，也必须坚持问计于民，这样才能做到顺应民意、汇集民智、形成合力，不断开创新时代中国特色社会主义的新局面。可见，抓落实的重心一定要放在基层一线，解决落实不到位问题的思路和办法也要到基层和群众中去寻找。领导干部要坚持眼睛向下看、身子往下沉，深入基层、深入群众开展调查研究，及时了解在上面难以听到、不易看到和意想不到的新情况新问题，掌握第一手资料，向群众问计问策。

（五）提高抓落实能力，要强化领导责任落实

责任就是担当。好干部必须有责任重于泰山的意识，坚持党的原则第一、党的事业第一、人民利益第一，敢于旗帜鲜明，敢于较真碰硬，对工作任劳任怨、尽心竭力、善始善终、善作善成。抓落实，是党的政治路线、思想路线、群众路线的根本要求，也是衡量领导干部党性和政

绩观的重要标志。增强狠抓落实本领，提高狠抓落实能力，必须以责任清单的思路，建立管理体制，健全责任体系，明确和细化各级领导责任。

要制定狠抓落实的责任清单。在中央全面深化改革领导小组第二十次会议上，习近平总书记指出，要牢牢扭住全面深化改革各项目标，落实主体责任，理清责任链条，拧紧责任螺丝，提高履责效能，打通关节、疏通堵点、激活全盘，努力使各项改革都能落地生根。[①]《在中央政治局常委会会议审议〈关于二〇一六年省级党委和政府扶贫开发工作成效考核情况的汇报〉时的讲话》中，习近平总书记强调："召开中央扶贫开发工作会议，印发《关于打赢脱贫攻坚战的决定》，二十二个省区市的书记和省长在脱贫攻坚责任书上签了字。这是给党中央立的军令状，也是对各省区市党委和政府脱贫攻坚工作进行考核的依据。"[②]

"强调'三严三实'，就是要言必行、行必果，做到行胜于言、言行一致，不是搞个形式、签个字就完了。这是军令状，完不成是要追责的！"[③]可见，在抓落实的过程中，在抓落实能力的建设中，要按照谁主管、谁负责、谁落实的原则，制定责任清单，对工作中所涉及的领导干部的责任事项进行明确，实行工作落实台账式管理，明确责任分工、完成时限，一以贯之、负责到底，确保领导责任、主体责任抓实见效。

要建立狠抓落实的管理机制。提高抓落实能力、抓好工作落实，必须针对各级领导机关和领导干部建立严格的管理机制。列宁指出，"借口集体管理而无人负责，是最危险的祸害""应不顾一切尽快根除这一祸

① 《习近平主持召开中央全面深化改革领导小组第二十次会议强调 扭住全面深化改革各项目标 落实主体责任拧紧责任螺丝》，《人民日报》2016年1月12日。

② 中共中央党史和文献研究院编：《习近平扶贫论述摘编》，中央文献出版社2018年版，第45页。

③ 中共中央党史和文献研究院编：《习近平扶贫论述摘编》，中央文献出版社2018年版，第46页。

害”。[①]邓小平也明确强调：“党和国家的各级机关中，一个很大的问题就是无人负责。名曰集体负责，实际上等于无人负责。一项工作布置之后，落实了没有，无人过问，结果好坏，谁也不管。所以急需建立严格的责任制。”[②]可见，党委集体领导必须坚持，但某一方面的工作由谁负责，由谁承担责任，必须清清楚楚。出了问题，不仅党委要负责，同时要追究领导者个人的责任。不能借口集体领导，逃避个人责任。哪一级出了问题，就要追究哪一级领导的责任。这样才能做到赏罚分明，才有助于建立严格的责任制。

在部分省区市扶贫攻坚与“十三五”时期经济社会发展座谈会上，习近平总书记强调：“要强化扶贫开发工作领导责任制，把中央统筹、省负总责、市（地）县抓落实的管理体制，片为重点、工作到村、扶贫到户的工作机制，党政一把手负总责的扶贫开发工作责任制，真正落到实处。什么东西只有抓得很紧，毫不放松，才能抓住。抓一阵子松一阵子，热一阵子冷一阵子，就会‘沙滩流水不到头’。”[③]为此，在抓落实的过程中，要建立中央统筹、省负总责、市县抓落实的管理体制。中央统筹，就是要做好顶层设计，主要是管两头，一头是在政策、资金等方面为地方创造条件，另一头是加强党和国家中心工作效果的监管。省负总责，就是要做到承上启下，把党中央大政方针转化为实施方案，加强指导和督导，促进工作落地。市县抓落实，就是要因地制宜，从当地实际出发，推动党和国家工作各项政策措施落地生根。

要加强党对责任落实的领导。坚持党的领导，发挥社会主义制度可以集中力量办大事的优势，这是我们的最大政治优势。在全国生态环境

---

① 《列宁全集》第37卷，人民出版社2017年版，第42、41页。
② 《邓小平文选》第2卷，人民出版社1994年版，第150—151页。
③ 中共中央党史和文献研究院编：《习近平扶贫论述摘编》，中央文献出版社2018年版，第35页。

保护大会上，习近平总书记强调："打好污染防治攻坚战时间紧、任务重、难度大，是一场大仗、硬仗、苦仗，必须加强党的领导。""地方各级党委和政府主要领导是本行政区域生态环境保护第一责任人，对本行政区域的生态环境质量负总责，要做到重要工作亲自部署、重大问题亲自过问、重要环节亲自协调、重要案件亲自督办，压实各级责任，层层抓落实。"[①] 由此可见，党和国家各项重大工作的落实，必须坚持党的领导，强化党对抓落实的根本组织保证。

总之，只有干出来的精彩，没有等出来的辉煌。千招万招，不抓落实都是虚招；千结万结，不抓落实都是死结。抓落实是领导干部的一项基本功，想不想抓落实、敢不敢抓落实、会不会抓落实，既是对领导干部党性是否忠诚的重要考验，也是对领导干部能力水平高低的直接检验。广大领导干部要撸起袖子、铆足干劲，干在实处、走在前列，以实际行动践行初心、担当使命，以求真务实、崇尚实干、只争朝夕、狠抓落实的精神状态和奋斗姿态自觉投身到热火朝天的新时代中国特色社会主义伟大事业中，力争为党和人民事业增光添彩，作出新的更大贡献。

---

① 习近平：《论坚持党对一切工作的领导》，中央文献出版社2019年版，第248页。

工作能力篇

责重山岳，能者方可当之。在干部能力中，工作能力是履职尽责的基本功，是其担当作为的最直接表现，特别是面对急难险重的各项改革发展任务，各级领导干部要切实将能力建设摆在更加重要的位置，不断夯实干事创业的坚实基础。工作能力是一个由多种能力素质构成的系统集群，从现代化建设全局出发，锚定新时代党的中心任务，需要着重强化推动发展、服务群众、防范风险等多方面能力，使干部能力与现实需要更加协调和匹配。

从现代化建设全局出发，要锚定党的二十大作出的重大部署，重点提升推动高质量发展本领、服务群众本领、防范化解风险本领。高质量发展是全面建设社会主义现代化国家的首要任务，需要干部完整、准确、全面贯彻新发展理念，以创新的思路和办法加快构建新发展格局，因地制宜发展新质生产力。全心全意为人民服务是我们党的根本宗旨，需要干部践行以人民为中心的发展思想，着力解决人民群众急难愁盼问题，让现代化建设成果更多更公平惠及全体人民。

当前我国发展进入战略机遇和风险挑战并存、不确定难预料因素增多的时期，需要干部增强忧患意识，坚持底线思维，统筹发展和安全，及时预见、应对、处置重大风险。伴随现代化建设进程，各方面工作越来越专业化、专门化、精细化，对干部做好本职工作专业能力的要求也越来越高。习近平总书记多次强调要注重培养专业能力、专业精神，对不同领域、不同类型的干部的素质能力分别提出了明确要求。干部要自觉从中找差距、明方向、定目标，增强本领，做到术业有专攻。

一、增强学习本领

党的十九大报告指出，要增强学习本领，在全党营造善于学习、勇于实践的浓厚氛围，建设马克思主义学习型政党，推动建设学习大国。把“增强学习本领”列为全党要增强的“八大本领”之首。要想实现这一目标，需要在党的领导下发挥出大国牵引带动的力量，通过有效措施增强党的执政能力，增强领导干部的学习本领。

学习是领导干部做好工作必不可少的条件。学习可以拓宽领导干部的视野，增强洞察力；可以放大领导干部的格局，增强预见力；可以提升领导干部的本领，增强领导力。领导工作的复杂性要求领导干部博闻强识，要学习政治理论、专业知识和历史、党史；要善于运用学到的理论解决实际问题，使理论与实际结合，做到有的放矢。增强学习本领是新时代社会主要矛盾转化之下的必然选择，是领导干部补充和丰富知识的需要。领导干部增强学习本领应牢牢把握正确方向，营造良好的学习氛围，坚持把理论学习与实践锻炼相结合，努力学习专业知识，完善知识结构，提升业务水平。

（一）学习本领是领导干部真正的看家本领

学习是领导干部的本领，而且是真正的看家本领，因为理论、智慧、经验、能力等，都源于学习。一位领导干部，喜欢不喜欢学习，能不能坚持学习，善于不善于学习，能反映出他领导水平的高低、工作方法的优劣、能力素质的强弱。因此，必须深刻认识学习本领对于领导干部的重要性。

增强学习本领是新时代社会主要矛盾转化过程中的必然选择。依靠学习不断前进是党成立以来积累的宝贵精神财富。当前，提高学习能力是世情、国情、党情不断发展变化的结果。党的十八大以来，党中央顺应民族复兴要求和时代发展大势，推出了一系列推动国家发展和社会进步的重大战略方针，从根本原则和理念入手解决了多年来始终悬而未决的难题，完成了过去数十年来始终未完成的大事，推动党和国家事业发生了历史性变革，极大地推动了社会发展与进步，形成了风清气正的政治环境，人民群众的精神生活与物质需求得到极大改善。

通过长期的努力和探索，中国特色社会主义进入了新时代，我国社会的主要矛盾也发生了历史性的变化，对全局发展提出了挑战，因而需要全党不断增强学习能力。新时代保持党的先进性和纯洁性，关键在学以致用，不仅要提升学习能力，更要在实践中不断进步和成长，更好地顺应现代化浪潮实现自身发展。

增强学习本领是领导干部补充和丰富知识的需要。对于领导干部而言，身上肩负着重要的责任和使命，对其思想政治水平、工作水平、领导水平和知识水平的要求越来越高。从内部角度分析，学习是一般性问题和个人问题的结合，领导干部更应当提升自身的学习能力，这对于综合知识水平的提升具有极大的促进作用。随着信息技术的发展和互联网时代的到来，现代社会知识的增长速度日渐加快，新生事物不断涌现。

对于领导干部来说，要想顺应时代的发展，并为社会作出更大贡献，必须加强自身的学习，提升自身学习能力和综合素养，用知识武装自己，这在很大程度上将帮助领导干部更好地完成自己的工作。通常情况下，领导干部任务重、工作忙，平时主要依靠党委中心组来学习。如果不能通过加强自学"充电"来充实自己，就会给工作的开展带来不良影响，久而久之导致原有的知识储备透支。如果有固定的时间段到党校进行学习，就可以更为直观系统地补充知识，从而更顺利地开展党政工作。

1. 学习是领导干部做好工作必不可少的条件

领导干部做好领导工作，需要各种各样的条件，而"学习是做好工作的一个条件，而且是一个必不可少的条件"。

第一，学习可以拓宽领导干部的视野，增强洞察力。视野开阔，方能看得高远。《庄子·秋水》云："井蛙不可以语于海者，拘于虚也；夏虫不可以语于冰者，笃于时也；曲士不可以语于道者，束于教也。"这段话的意思是说，对于井里的蛤蟆你无法跟它谈海洋，因为它的眼界受到狭小的生活环境的限制；对于夏天生死的虫子，你无法跟它说冰雪是什么样子，因为它的眼界受到气候时令的限制；而对于孤陋寡闻的人，你无法跟他谈论大道理，因为他的眼界受着所受教育的束缚。那什么时候可以跟他们谈论大道理呢？《庄子·秋水》给出了答案："尔出于崖涘，观于大海，乃知尔丑，尔将可与语大理矣。"这就是说，当你走出狭隘的河岸，向大海观看，知道你的浅薄无知的时候，就可以跟你谈论大道理了。庄子这里是借秋水来说明视野的重要性。

人的认识是受客观环境限制的。中国近代著名红顶商人胡雪岩（1823—1885）有一段名言，如果你有一乡的眼光，你可以做一乡的生意；如果你有一县的眼光，你可以做一县的生意；如果你有天下的眼光，你可能做天下的生意。一个在县域工作的领导干部，如果他只有一个乡的眼光，他怎么能做好县域的工作？其他亦然。

如何开阔视野，增强洞察力？1939 年 1 月 28 日，毛泽东就给出了答案。他在八路军延安总兵站检查工作时说："有了学问，好比站在山上，可以看到很远很多东西。没有学问，如在暗沟里走路，摸索不着，那会苦煞人。"① 这段话说得非常明确。要视野开阔，增强洞察力，就得有学问。学问如何来？答案是两个字：学习。

第二，学习可以放大领导干部的格局，增强预见力。格局，是一个人的眼界、胸襟、气度、胆识等心理要素的总和。曾国藩说："谋大事者首重格局。"心中没有格局或者格局太小，都难成大事。一个有格局的领导干部眼界开阔，气度非凡，胆识超群，思考问题既有历史的深度，又有世界的宽度，更有未来的高度。正如毛泽东在党的七大上所言："坐在指挥台上，如果什么也看不见，就不能叫领导。坐在指挥台上，只看见地平线上已经出现的大量的普遍的东西，那是平平常常的，也不能算领导。只有当着还没有出现大量的明显的东西的时候，当桅杆顶刚刚露出的时候，就能看出这是要发展成为大量的普遍的东西，并能掌握住它，这才叫领导。"②

我们在全面建成小康社会的基础上，到 2035 年基本实现现代化，再奋斗 15 年，把我国建成富强民主文明和谐美丽的社会主义现代化强国。这是一个伟大的梦想。"实现伟大梦想，必须进行伟大斗争。社会是在矛盾运动中前进的，有矛盾就会有斗争。我们党要团结带领人民有效应对重大挑战、抵御重大风险、克服重大阻力、解决重大矛盾，必须进行具有许多新的历史特点的伟大斗争，任何贪图享受、消极懈怠、回避矛盾的思想和行为都是错误的。""实现伟大梦想，必须建设伟大工程。这个伟大工程就是我们党正在深入推进的党的建设新的伟大工程。""实现伟

① 中共中央党史和文献研究院编：《毛泽东年谱》第 2 卷，中央文献出版社 2023 年版，第 109 页。

② 《毛泽东文集》第 3 卷，人民出版社 1996 年版，第 394—395 页。

大梦想，必须推进伟大事业。中国特色社会主义是改革开放以来党的全部理论和实践的主题，是党和人民历尽千辛万苦、付出巨大代价取得的根本成就。”[①]伟大斗争、伟大工程、伟大事业、伟大梦想的实现，需要党和国家的执政骨干——领导干部放大自己的格局。

俗话说：“再大的烙饼也大不过烙它的锅。”作为党和国家执政骨干的领导干部，心中如果没有大的格局，是盛不下伟大斗争、伟大工程、伟大事业、伟大梦想的。有大格局才有大抱负，有大抱负才有大目标，有大目标才有大作为。如果没有海的胸怀，怎么能有海的事业？领导干部如何放大自己心中的格局？答案还是两个字：学习。

第三，学习可以提升领导干部的本领，增强领导力。牛顿说：“如果说我比别人看得更远些，那是因为我站在了巨人的肩上。”“站在了巨人的肩上”就是向巨人学习。领导干部要做好领导工作，需要有各种各样的本领。这些本领如何获得？答案仍是两个字：学习。“读书足以怡情，足以长才，读史使人明智，读诗使人聪慧，演算使人精密，哲理使人深刻，道德使人高尚，逻辑使人善辩。”培根的话是经验的总结。

2013 年 3 月 1 日，习近平总书记在中央党校建校 80 周年庆祝大会暨 2013 年春季学期开学典礼上的讲话中说：“学史可以看成败、鉴得失、知兴替；学诗可以情飞扬、志高昂、人灵秀；学伦理可以知廉耻、懂荣辱、辨是非。”[②]学习，对于担负着为中国人民谋幸福、为中华民族谋复兴的初心和使命的领导干部来说尤为重要。正如习近平总书记在欧美同学会成立 100 周年庆祝大会上的讲话中所说：“梦想从学习开始，事业从实践起步。当今世界，知识信息快速更新，学习稍有懈怠，就会落伍。有人说，每个人的世界都是一个圆，学习是半径，半径越大，拥有的世

---

① 《习近平著作选读》第2卷，人民出版社2023年版，第13、14页。
② 习近平：《在中央党校建校80周年庆祝大会暨2013年春季学期开学典礼上的讲话》，人民出版社2013年版，第9页。

界就越广阔。”[①]

总而言之，学习可以让领导干部以更宽广的视野、更长远的眼光来思考和把握党和国家事业发展面临的一系列重大战略问题。

2. 领导工作的复杂性要求领导干部博闻强识

这里需要回答的是领导干部学什么的问题。领导活动涉及各个领域：政治、经济、军事、外交、文化、教育、卫生等。哪个领域的问题处理不当，都会给领导工作带来影响。领导工作关涉各个方面：上级、同僚、下属、群众、媒体等。哪个方面的关系协调不好，都会给领导工作带来制约。领导活动、领导工作不仅十分复杂，而且还非常深奥。有人说它“深不可测”，有人说它“深不见底”。总而言之，领导工作是门大学问。既然领导工作是门大学问，领导干部就要博闻强识。因为领导活动涉及各个领域、各个方面，所以领导干部既要明政治，又要懂经济；既要知天文，又要懂地理。可见，领导干部需要掌握的知识是非常广泛的。

第一，学习政治理论。理论作为一种揭示、反映客观事物规律的科学体系，与实践有着密不可分的联系。它来源于实践，又对实践起指导作用。科学的理论，可以指导人们正确认识和有效解决社会活动中出现的各种复杂的情况和问题；可以帮助人们深刻地、准确地理解党的路线方针政策，自觉地、创造性地贯彻执行；可以提高人们探索解决新的政治经济社会文化基本问题的本领。

总之，人们的行动如果没有科学的理论指导必然陷入盲目。领导干部的行动，尤其离不开科学理论的指导。这正如列宁所指出的：“没有革命理论，就不会有坚强的社会党，因为革命理论能使一切社会党人团结起来，他们从革命理论中能取得一切信念，他们能运用革命理论来确定

① 中共中央文献研究室编：《习近平关于实现中华民族伟大复兴的中国梦论述摘编》，中央文献出版社2013年版，第86页。

斗争方法和活动方式。”[1]因此，领导干部增强学习本领，首要的一条就是要努力学习政治理论知识。当前，最重要的是学习习近平新时代中国特色社会主义思想。

第二，学习专业业务知识。所谓专业业务知识，主要是指与领导干部工作业务有关的专业知识。领导干部要确保自己成为真正的内行领导，就必须认真学习和掌握专业业务知识。只有这样，才能正确认识本行业的特点，才能准确把握本行业发展变化的规律，并根据本行业的特点和发展变化的规律作出正确的决策。否则，以其昏昏，是不能使人昭昭的。心理学家认为，使人信服的权威性主要体现在专业性上。

第三，学习领导科学知识。现实的社会，规模庞大，因素众多，结构复杂，“发展不平衡不充分的一些突出问题尚未解决，发展质量和效益还不高，创新能力不够强，实体经济水平有待提高，生态环境保护任重道远；民生领域还有不少短板，脱贫攻坚任务艰巨，城乡区域发展和收入分配差距依然较大，群众在就业、教育、医疗、居住、养老等方面面临不少难题；社会文明水平尚需提高；社会矛盾和问题交织叠加，全面依法治国任务依然繁重，国家治理体系和治理能力有待加强；意识形态领域斗争依然复杂，国家安全面临新情况；一些改革部署和重大政策措施需要进一步落实；党的建设方面还存在不少薄弱环节”[2]。这无疑对领导干部提出了新的挑战和更高的要求。

领导干部如果仅凭以往的领导经验来进行领导，不仅不能适应新时代的要求，也是不能实现有效领导的。实践中，一些领导干部决策失误、用人失察、工作效率不高，重要的原因之一就是缺乏专业业务知识。因此，领导干部要想成为内行的领导，必须掌握娴熟的专业业务知识。其

① 《列宁选集》第1卷，人民出版社2012年版，第274页。
② 习近平：《决胜全面建成小康社会 夺取新时代中国特色社会主义伟大胜利——在中国共产党第十九次全国代表大会上的报告》，人民出版社2017年版，第9页。

核心是领导科学。领导科学是一门研究领导工作的特有矛盾和规律的学问。掌握领导科学知识，才能使领导干部更好地把握领导规律和领导方法，提升领导工作能力和领导艺术水平。

第四，学习历史党史知识。毛泽东早就要求领导干部要好好学历史。他说："指导一个伟大的革命运动的政党，如果没有革命理论，没有历史知识，没有对于实际运动的深刻的了解，要取得胜利是不可能的。"① 习近平总书记在不同的场合强调，"历史是最好的老师""历史是最好的教科书，也是最好的清醒剂"。他还强调："中国的今天是从中国的昨天和前天发展而来的。要治理好今天的中国，需要对我国历史和传统文化有深入了解，也需要对我国古代治国理政的探索和智慧进行积极总结。"② 学习中国近现代史要特别注意学习中国共产党的历史。历史是一面明镜，它可以透视、折射出前人的成功与失败，从而帮助我们认识现在，预测未来，少走弯路，免走岔路，少犯错误，或不犯错误。

此外，领导干部还应该学习法律法规知识，学习其他自然科学和社会科学知识。领导干部具有广博的自然科学和社会科学的知识，才能有效地、成功地驾驭领导工作。正如列宁所说的，"要成为共产主义者，只有用人类创造的全部知识财富来丰富自己的头脑"③。

3. 领导干部要善于运用学到的理论解决实际问题

领导干部要博闻强识，但仅博闻强识还当不了也当不好领导干部，还要能够学以致用，善于运用学到的理论解决实际问题。

第一，善于运用学到的理论分析研究中国特色社会主义现代化建设中的实际问题。早在 1942 年，毛泽东就说过："对于马克思主义的理论，

① 《毛泽东选集》第 2 卷，人民出版社 1991 年版，第 533 页。
② 习近平：《论党的宣传思想工作》，中央文献出版社 2020 年版，第 89 页。
③ 《列宁全集》第 39 卷，人民出版社 2017 年版，前言第Ⅺ页。

要能够精通它、应用它，精通的目的全在于应用。”[①] 毛泽东的这段话精辟地阐明了理论联系实际的重要性。的确，如果领导干部学习了马克思主义理论知识，却不去应用它，那么，这种理论再好，也是没有用处的。

理论联系实际，不是理论与实际的简单对应，而是要运用马克思主义的立场、观点、方法分析、研究中国特色社会主义现代化建设中的实际问题，进而得出创造性的新结论，找出解决问题的新方法。正如毛泽东所说的：“中国共产党人只有在他们善于应用马克思列宁主义的立场、观点和方法，善于应用列宁斯大林关于中国革命的学说，进一步地从中国的历史实际和革命实际的认真研究中，在各方面作出合乎中国需要的理论性的创造，才叫做理论和实际相联系。”[②]

新时代，有许多新情况需要我们去了解，有许多新问题需要我们去解决。我们必须用学到的理论分析、研究中国特色社会主义现代化建设中的实际问题，才算真正做到了理论联系实际。

第二，要善于脚踏实地地进行调查研究。理论必须联系实际。怎样联系？有两个环节是必须做到的：一是掌握马克思主义理论，一是搞好调查研究。搞好调查研究是为了了解实际，使理论与实际结合，做到有的放矢。

实际是客观存在的事物，但并非所有的人都能正确地认识它。只有通过调查研究，才能达到正确认识它的目的。如毛泽东所说的：“你对于那个问题不能解决吗？那末，你就去调查那个问题的现状和它的历史吧！你完完全全调查明白了，你对那个问题就有解决的办法了。一切结论产生于调查情况的末尾，而不是在它的先头。只有蠢人，才是他一个人，或者邀集一堆人，不作调查，而只是冥思苦索地‘想办法’，‘打主

---

① 《毛泽东选集》第3卷，人民出版社1991年版，第815页。
② 《毛泽东选集》第3卷，人民出版社1991年版，第820页。

意'。须知这是一定不能想出什么好办法，打出什么好主意的。换一句话说，他一定要产生错办法和错主意。"[①] 毛泽东还强调："一切实际工作者必须向下作调查。对于只懂得理论不懂得实际情况的人，这种调查工作尤有必要，否则他们就不能将理论和实际相联系。"[②] 可见，调查研究是理论联系实际不可或缺的桥梁。

习近平同志也非常重视调查研究。2004 年 4 月 9 日，他在浙江富阳市调研时的讲话中指出，调查研究是"一个了解情况的过程""一个推动工作的过程""一个联系群众、为民办事的过程""一个自我学习提高的过程"，他鼓励领导干部"学会搞调查研究"。[③]2011 年 11 月 16 日，习近平同志在中央党校秋季学期第二批入学学员开学典礼上的讲话中也强调，通过深入实际调查研究，把大量和零碎的材料经过去粗取精、去伪存真、由此及彼、由表及里的思考、分析、综合，加以系统化、条理化，透过纷繁复杂的现象抓住事物的本质，找出它的内在规律，由感性认识上升为理性认识，在此基础上作出正确的决策，这本身就是领导干部分析和解决问题本领的重要反映，也是领导干部思想理论水平和工作水平的重要反映。[④]

调查研究需要有脚踏实地的精神、求真务实的作风。只有脚踏实地、求真务实，才能掌握真实的情况。正如习近平同志 2003 年 2 月 10 日在浙江省委理论学习中心组学习会上的讲话中所言，在调查研究工作中，一定要保持求真务实的作风，努力在求深、求实、求细、求准、求效上

---

① 《毛泽东选集》第1卷，人民出版社1991年版，第110页。
② 《毛泽东选集》第3卷，人民出版社1991年版，第791页。
③ 习近平：《干在实处 走在前列——推进浙江新发展的思考与实践》，中共中央党校出版社2006年版，第533、534页。
④ 参见《领导干部"三严三实"学习读本》编写组编著：《领导干部"三严三实"学习读本》，人民出版社2015年版，第115页。

下功夫。[①] 调查研究需要有实事求是的态度。只有实事求是，才能像陈云所说的，不唯上，不唯书，只唯实。只有实事求是地调查研究，才能得出正确的结论，从而正确地用学到的理论解决实际问题。

（二）领导干部增强学习本领应注意的几个方面

习近平总书记在党的十九大报告中明确提出了“全面增强执政本领”的要求。强调领导干部要增强学习本领、政治领导本领、改革创新本领等“八大本领”，并将“增强学习本领”放在第一位，进一步凸显了学习对共产党人的重要性。领导干部只有善于学习，才能正确认识新时代面临的新情况，贯彻落实好党的路线方针政策，把新时代中国特色社会主义伟大事业不断推向前进。领导干部增强学习本领应注意以下几个方面。

1. 牢牢把握正确方向

习近平总书记指出：“忽视了马克思主义所指引的方向，学习就容易陷入盲目状态甚至误入歧途，就容易在错综复杂的形势中无所适从，就难以抵御各种错误思潮。没有正确方向，不仅学不到有益的知识，还很容易被一些天花乱坠、脱离实际甚至荒唐可笑、极其错误的东西所迷惑、所俘虏。”[②] 领导干部首先要把握正确的学习方向，始终坚持以马克思主义为指导。

可以说，领导干部把握正确的学习方向也就是把握正确的政治方向，主要表现在三个方面：一是加强理论修养。积极主动、全面系统地用党的最新理论成果武装头脑，坚持以习近平新时代中国特色社会主义思想为指导，统一思想、提升理念、指导实践、引领发展，做到入脑入心，见诸行动。不断学习领会习近平新时代中国特色社会主义思想所蕴含的

---

① 参见《领导干部“三严三实”学习读本》编写组编著：《领导干部“三严三实”学习读本》，人民出版社2015年版，第116页。

② 《习近平谈治国理政》第1卷，外文出版社2018年版，第406页。

马克思主义世界观和方法论，切实增强用马克思主义立场、观点、方法分析和解决现实问题的能力，为坚定政治信仰提供思想保证和精神动力。二是保持政治敏锐。领导干部要更加自觉、坚定地维护党中央权威和集中统一领导，在大是大非面前始终保持清醒政治头脑、高度政治敏锐性和坚定政治立场，在思想上政治上行动上同以习近平同志为核心的党中央保持高度一致。三是强化政治纪律。坚定执行党的路线方针政策和党中央决策部署，是广大领导干部“知行合一”的重要标志，也是对领导干部加强学习的方向性、原则性、纪律性要求，更是各级领导干部的政治生命线。领导干部学习的效果，最终要体现在自觉维护大局、服从大局，坚决服从党中央决策部署，真正把党中央决策部署落到实处上来。

2. 勇于做学习的表率

办好中国的事情关键在党，关键在建设一个学习型、服务型、创新型马克思主义政党。习近平总书记强调，在全党大兴学习之风，依靠学习和实践走向未来，领导干部做表率是新时代继承和弘扬党的优良作风的内在要求。党的老一辈无产阶级革命家勤学好学的事迹不胜枚举。

每当革命的紧要关头，毛泽东总能以正确的思想、精准的判断，为全党指明前进的方向，这和他平时勤学善思、学养深厚密切相关。邓小平曾告诫全党，学习是前进的基础，强调要尊重知识、尊重人才。习近平总书记曾讲起陈望道翻译《共产党宣言》的故事，蘸着墨汁吃粽子，还说味道很甜。历史和现实都告诉我们，党和人民的事业发展没有止境，党员干部的学习就没有止境。我们党在每次重大历史转折关头，面临新的形势和任务，总是把理论武装、党性教育突出地提到全党面前，号召全党同志加强学习，而每一次学习热潮的兴起，必然助推我们党克服一个又一个的困难，取得一次又一次的胜利，推动党和人民的事业大发展大进步。

领导干部做表率是推动学习型政党、学习大国建设的重要保障。建设学习型政党，是我们党掌握主动权、下好先手棋的“有为”之举，要求全体党员自觉养成学习习惯。领导干部的行为会影响党员和人民群众的追求和倾向，党的学习风气会影响和带动整个社会的学风。领导干部认真学习，把学习作为一种生活方式、一种追求风尚，就会辐射和带动群众，久而久之，学习型政党建设、学习大国建设就会互为依托、相互促进，成为一种良性循环。领导干部做表率是抓住新机遇、迎接新挑战、解决新问题的现实需要。

在我国社会主要矛盾发生变化、国内外发展环境日新月异的今天，党如何在新的历史条件下继续团结带领人民群众实现高质量发展、推进社会主义现代化强国建设，是全党面临的新任务和新挑战，也是摆在领导干部面前的崭新课题。领导干部要担当事关全局的战略性任务，就需要持之以恒加强学习，唯有学习才能不断提升完善自己，唯有学习才能做好“答卷人”的角色，做出让人民满意的答卷。

3. 切实做到“知行合一”

在中国哲学视野里，“行”表示人的活动的目的性，包括意义、目标、方向、任务、道路等，“知”则是对目的的思考、理解、认识、认同等。因此，二者互相依存、不可分离，“知”离不开“行”，“行”也离不开“知”。《尚书》提出“知之非艰，行之惟艰”，反映了儒家原典最早的知行观点，也就是知易行难。孔子主张“学而时习之”“听其言而观其行”“君子耻其言过其行”，反对言过其实、有言不行，并且以言行不一、言过其行为耻，强调行的重要性。王阳明明确提出“知行合一”，认为“知是行之始，行是知之成”。知中有行，行中有知，有真知必有笃行，有笃行必有真知。

中国共产党人的知行合一观是毛泽东 1937 年在《实践论》中提出的，具体来说就是：实践、认识、再实践、再认识循环往复地推进事物发展。习近平总书记指出，“‘知’是基础、是前提，‘行’是重点、是关键，必须以‘知’促‘行’，以‘行’促‘知’，做到知行合一”[①]，“中国人讲‘知行合一’，法国人讲‘打铁方能成铁匠’，都强调要把思想转化成为行动”[②]。在经济社会高速发展的今天，领导干部的水平高不高，不是单纯地看读书多不多，而主要应该看他运用理论和知识解决实际问题的能力强不强。

我们强调领导干部的学习要坚持理论与实践相结合，核心是在学习中增强运用能力，在实践中提高学习能力。要在实践中促进知识转化。领导干部要勇于面对实践中的热点难点问题学习理论知识，并运用于指导实践，努力使自己的实践成为有科学根据的而不是想当然的实践，正确的、系统的实践而不是盲目的、零碎的实践。要注重对客观世界的改造。马克思主义的鲜明特征是实践性，马克思主义执政党不断加强学习、不断完善自我的目的全在于提升为人民服务的本领。这就要求党员干部真正做到学以致用，做到运用所掌握的马克思主义立场、观点、方法，认识经济社会发展规律，提高执政能力和执政水平，解决好人民群众最关心最直接最现实的利益问题，不断提升为人民服务的实效。要注重运用所学理论和知识改造主观世界。社会的发展进步，使领导干部面临很多诱惑，能不能经受住考验，成为检验学习效果的一个重要标尺。领导干部要在改造客观世界的同时改造主观世界，在推进事业发展的同时加强党性修养，就要不断加强学习，增强改造主观世界的意识和能力，过好理想信念关、思想作风关、道德情操关。

4. 锲而不舍、持之以恒

锲而不舍是共产党人应当坚持的一种基本学习态度。习近平总书记

---

① 中共中央文献研究室、中央党的群众路线教育实践活动领导小组办公室编：《习近平关于党的群众路线教育实践活动论述摘编》，中央文献出版社2014年版，第39页。

② 习近平：《出席第三届核安全峰会并访问欧洲四国和联合国教科文组织总部、欧盟总部时的演讲》，人民出版社2014年版，第60页。

指出，领导干部“不注意学习，忙于事务，思想就容易僵化、庸俗化。学习需要沉下心来，贵在持之以恒，重在学懂弄通，不能心浮气躁、浅尝辄止、不求甚解”①。领导干部加强学习就要按照习近平总书记的要求，瞄准靶心，久久为功，把学习的因子融入自己的血液里。

一方面，学贵有恒，要不忘初心。中国共产党人的初心和使命，就是为中国人民谋幸福、为中华民族谋复兴。这个初心和使命是激励中国共产党人不断前进的根本动力。党员干部要牢记入党之初的宣誓，以持续深入的学习不断校正自己的人生观、价值观、事业观、权力观，坚持向党中央看齐，向党的理论和路线方针政策看齐，始终保持共产党员的初心不变质、不变色。

另一方面，学贵有恒，要牢记使命。在习近平新时代中国特色社会主义思想的指引下，全国人民正以昂扬的奋斗姿态阔步迈向新征程。党员干部的学习要立足于中国共产党人的光荣使命，自觉学习、主动学习、全面学习、深入学习，把学习作为推动事业前进的有力武器。中国特色社会主义进入新时代，我国正处于经济社会转型发展关键时期，出现很多新情况新问题。中国共产党作为中国特色社会主义事业的领导核心，要想从容应对国际国内复杂局面，抢抓发展机遇、成功迎接挑战，就一刻也不能放松对自身学习的要求，一刻也不能放松“本领恐慌”的警惕，只有按照习近平总书记的要求，学习、学习、再学习，实践、实践、再实践，党才能勇往直前，国家才能兴旺发达，民族才能永葆生机活力，中华民族伟大复兴的中国梦才能实现。

5. 紧跟时代发展，不断增强学习本领

近年来，党始终强调加强领导干部队伍的自身建设，提高其科学化和专业化水平，在社会主义现代化建设和改革开放的潮流下，各项工作

---

① 《习近平谈治国理政》第1卷，外文出版社2018年版，第407页。

的全面开展对于领导干部的精细化、专门化和专业化能力提出了更高要求，采取粗放型、一般化的领导方法是难以应对的。因此，我们要有如饥似渴、虚怀若谷的精神，要善于学习更要勤于学习，建立新的素养结构和又博又专的知识体系，这就给领导干部和党员提出了越来越高的要求，在新的时代条件下具有重要的意义。

可以看到，进入新时代以来，大量有能力、有水平的人才源源不断地进入党的队伍当中，很多人通过自己的努力陆续走上了各级领导岗位，为实现国家治理体系和治理能力现代化贡献了力量。然而，实践发展是永无止境的，需要结合当前的市场经济环境和新时代的客观形势，顺应世界面临的大变革和大调整，不断改进工作，提高自己的能力，强化业务素养、提升专业水平、更新知识结构，完成党和人民交给我们的任务。在新的时代条件下，党必须坚持“自我净化、自我完善、自我革新、自我提高”的原则和理念，以国家和人民利益为重，不断进行自我革命。

领导干部的成长，是一个由学习到实践，再回归学习，再到实践的过程，也是不断提高自身能力和综合素养的过程。不加强学习和实践，就无法获得新技能，经不起人民群众的检验，也没有发展潜力。只有加强理论学习和实践锻炼，才能让自己尽快成长起来，站在时代前沿为人民服务，为社会主义服务。领导干部要善于将自己学到的知识融入实际工作中，将成果转化为做好工作的本领、促进工作的措施和谋划工作的思路。

实践是检验真理的唯一标准，只有深入实践才能增长新才干、掌握新本领、获得新知识。对于领导干部来说，要做到知行合一、学以致用，不要为了学习而学习，而是要为了改进工作和服务人民；需要在提高领导水平和增强政治敏锐性上下功夫，在新的时代条件下放眼世界，培养善于结合的领导艺术、统揽全局的宽阔视野、洞察未来的深邃眼光、放眼世界的战略思维，将其作为未来发展的重要方向。

二、增强政治领导本领

政治领导本领是新时代领导干部最重要的领导能力。政治领导是执政党运用政治权力或权威对一切政治生活实施宏观领导，依据一定政治原则和方向，引导人民政治生活达到预期目标的过程，是政党领导的集中体现和根本标志。提高新时代党的执政能力和领导水平，首先要增强领导干部的政治领导本领。

新时代，人民的生活水平显著提高，人民的参政议政热情和能力显著增强，新的历史条件下，党的政治领导有了新的时代内涵。面对人民日益增长的美好生活需要和不平衡不充分的发展之间的矛盾，新时代要求增强党的政治领导本领，科学制定和坚决执行党的路线方针政策，把党总揽全局、协调各方落到实处，就要合理配置政治资源，更加深入群众，倾听群众呼声，了解群众需求，扩大人民民主，在人口、资本以及信息的流动性日益增强、流通速度日渐加快，社会价值观日益多元的现实挑战下，让广大群众始终坚定不移跟党走。

进入新时代，世情、国情、党情的变化给领导干部政治素质和政治领导本领提出了许多新的课题和重大挑战。领导干部提升政治素质和政治领导本领的根本途径是坚持把讲政治贯穿于领导工作的各个方面。领导干部增强政治领导本领，必须从以下几个方面着力：牢固树立政治理想、正确把握政治方向、坚定站稳政治立场、严格遵守政治纪律、切实增强政治定力、始终强化政治担当。

（一）深刻理解新时代提高领导干部政治领导本领的重要意义

领导干部是党和国家事业的中坚力量，新时代提高各级领导干部的政治领导本领有着极其重要的意义。

第一，提高政治领导本领有助于领导干部正确作出决策。党的二十大报告中指出，当前，“新一轮科技革命和产业变革深入发展，国际力量对比深刻调整，我国发展面临新的战略机遇”。根据詹姆斯·汤普森在组织理论中对开放系统和封闭系统的研究，组织有三个控制层次，即技术层次、制度层次以及管理层次。技术层次注重决策的有效执行；制度层次面临高度的复杂性和不确定性，需结合复杂的环境因素，做到维护组织根本制度的同时推动组织的发展；而管理层次起到中介作用，调节和缓冲这两个层次的作用。

很显然，领导干部处于各级组织的制度层次，在这个国内社会主要矛盾发生变化、社会治理格局更加多元，全球化进程加速使得国家间依赖性逐渐增强、国际国内环境复杂性增强、全人类同呼吸同命运的重大历史节点，领导干部应有过硬的政治本领，耳听六路，眼观八方，在“乱花渐欲迷人眼”的纷繁复杂的信息中保持清醒的头脑，作出正确的决策，凝聚人民力量，共同谋求发展。

第二，提高政治领导本领有助于领导干部把握发展方向。过硬的政治领导本领表现为坚定的理想信念、高度的政治素养以及卓越的领导能力。革命理想高于天，理想信念是共产党人的根和魂，是领导干部政治能力的基础支撑，坚定的理想信念能保证领导干部面对复杂的环境和可能的诱惑咬定青山不放松，始终把群众利益放在第一位。旗帜鲜明讲政治是我们党作为马克思主义政党的根本要求。

新时代随着全面深化改革不断深入，社会利益格局和利益矛盾发生了新变化，更需要领导干部具有高度的政治素养、坚定不移的政治立场，善于沟通协调复杂矛盾，并善于在复杂的利益之中保持清醒的头脑，乱云飞渡仍从容，正确处理改革发展稳定关系的突破点，统筹兼顾好各方面工作。卓越的领导能力有助于各级领导广泛动员组织和群众的力量，集聚组织和人民的智慧，共同向着宏伟目标迈进。坚持中国共产党领导是历史和人民的选择，尊重历史，不忘初心，才能赢得未来。打铁必须自身硬，政治领导本领强有助于领导干部带领人民沿着正确的发展方向实现中华民族伟大复兴的中国梦。

第三，提高政治领导本领有助于领导干部有效应对危机。2014 年 2 月 7 日，习近平主席接受俄罗斯电视台专访，在谈到深化改革时说，“改革再难也要向前推进，敢于担当，敢于啃硬骨头，敢于涉险滩。步子要稳，就是方向一定要准，行驶一定要稳，尤其是不能犯颠覆性错误”[①]。这就要求各级领导干部有过硬的政治领导本领。党的十九大报告在总结改革成就的同时，也指出了当前我们面临的国内社会主要矛盾是关乎全局的历史性变化，以及社会治理格局的变化、人民需求的变化，加上党内突出问题尚未得到根本解决，国际局势的复杂性以及国家间关系的依存性，要求党的领导工作要从大局考虑各方面的因素。

互联网时代信息传播范围广、速度快，也加大了社会风险和危机出现的可能性，这就要求领导干部提升和加强自身的政治领导本领，从历史发展的脉络中梳理出社会发展的客观规律，掌握规律才能有效预见未来，自觉进行制度或者政策的建构和供给，引导社会的发展进程，有效防范危机的出现；在危机出现的时候能处变不惊，正确作出战略部署，

① 《习近平著作选读》第1卷，人民出版社2023年版，第221页。

组织行动，安稳人心，摧锋于正锐，挽澜于极危。

（二）新时代领导干部必须增强政治领导本领

旗帜鲜明讲政治是我们党作为马克思主义执政党的根本要求，也是我们党的一大传统和优势。党的二十大报告指出，“走过百年奋斗历程的中国共产党在革命性锻造中更加坚强有力，党的政治领导力、思想引领力、群众组织力、社会号召力显著增强”。这既是对坚持全面从严治党、加强党的领导的成功经验的科学总结，也是对领导干部在新时代提高领导能力的新要求。我们党对领导干部的要求，首先是政治上的要求，政治标准是衡量领导干部的首要标准。讲干部素质，最重要的是政治素质；讲领导本领，第一位的是政治领导本领。

我们必须清醒地认识到，当前领导干部队伍政治能力和水平总体上是很强的。但同时应当看到，同新形势、新任务相比，领导干部的政治能力和水平有许多不适应、不符合新时代要求的方面，还存在不少突出问题。主要体现在：一些领导干部政治意识淡漠，政治敏锐性和政治鉴别力不强；有的坚持政治操守、政治纪律不严；有的政治上模糊变成政治上糊涂，面对明显的政治问题迟钝麻木；有的政治担当不足，在大是大非面前不敢亮剑斗争，明哲保身；等等。这些都严重减弱了领导干部的政治领导本领，进而影响到党员干部保持党的政治本色。

1. 牢固树立政治理想

牢固树立政治理想是领导干部提高政治领导本领的灵魂和根本。领导干部只有真正具有了政治理想，才可能有追求、有主见、有决断、有担当，才谈得上有政治能力。中国共产党人的政治理想，是我们每一个领导干部的命脉和灵魂，是“精神之钙”“压舱之石”“立命之本”。实践证明，领导干部只有坚定共产主义远大理想和中国特色社会主义共同理想，把中国特色社会主义道路自信、理论自信、制度自信、文化自信融入灵魂和血脉，做马克思主义的坚定信仰者和忠实实践者，才能面对大是大非旗帜鲜明，面对大风大浪无所畏惧，面对各种诱惑立场坚定，面对利益得失保持定力。

党的十九大报告强调指出："共产主义远大理想和中国特色社会主义共同理想，是中国共产党人的精神支柱和政治灵魂，也是保持党的团结统一的思想基础。"新时代，我们党要团结带领人民进行伟大斗争、推进伟大事业、实现伟大梦想，必须毫不动摇地增强全党的政治自觉，不忘初心、砥砺前行，凝聚起为理想而奋斗的共同意志和磅礴力量。

我们党自诞生之日起，就把马克思主义写在自己的旗帜上，把实现共产主义确立为最高理想。我们党一路走来，正是靠着坚定的理想信念，由弱变强，由小变大，不断取得了革命、建设、改革的胜利。我们共产党人的根本追求，就是对马克思主义的信仰，对共产主义和社会主义的信念，对党和人民绝对忠诚。这是我们党无往不胜的核心密钥，也应该成为所有党员干部特别是领导干部的终身追求。

正如习近平总书记强调的："我们党是否坚强有力，既要看全党在理想信念上是否坚定不移，更要看每一位党员在理想信念上是否坚定不移。"[①]求木之长者，必固其根本。领导干部没有理想信念或者理想信念不坚定，精神上就会"缺钙"，就会得"软骨病"，政治上就靠不住。盘点落马贪官的忏悔书，失足者都是从理想信念的松弛开始堕落的。同样的道理，一个政党的衰落，往往从理想信念的丧失或缺失开始。坚定的理想信念是有客观标准的，必须坚定"四个自信"。

习近平总书记提出的"20字好干部标准"第一条就是信念坚定。当好干部，就是要把实践中国特色社会主义共同理想和坚定共产主义远大

① 习近平：《在庆祝中国共产党成立95周年大会上的讲话》，人民出版社2016年版，第10—11页。

理想统一起来，把理想信念建立在对科学理论的理性认同上、建立在对历史规律的正确认识上、建立在对基本国情的准确把握上，必须不断增强道路自信、理论自信、制度自信、文化自信，增强对坚持党的领导的信念，用自己的模范行为和高尚人格感召群众、带动群众、团结群众，不断把为崇高理想奋斗的伟大实践推向前进。

坚定理想信念是思想上的返璞归真，也是党性上的固本培元，最终体现为政治意识的增强。要把坚定理想信念作为党的思想建设的首要任务，始终牢记党的宗旨，挺起共产党人的精神脊梁，解决好世界观、人生观、价值观这个“总开关”问题，自觉做共产主义远大理想和中国特色社会主义共同理想的坚定信仰者和忠实实践者。党的干部要增强政治意识，坚定政治自觉，就是不论在什么地方、在哪个岗位上工作，都要经得起风浪考验，善于从政治上观察、分析、解决问题，自觉为党工作、为民服务。

理想信念不仅是一个认识问题，更是一个实践问题，必须把崇高理想落实到具体工作中。共产党人的理想信念不是盲目的，而是科学认识人类社会发展规律的结果，这种向往、追求是人类社会发展的走向，是终将实现的远大理想。实践证明，在马克思主义理论指导下，中国共产党团结带领全国各族人民走过革命、建设、改革的光辉历程，取得了举世瞩目的成就，为人类社会发展进步贡献了中国智慧和中国方案。

共产党人的信念、信仰不是虚妄而空洞的，而是历史的、具体的、可实践的。认真尊崇党章，既是领导干部应尽的义务，又是庄严的责任。党章是我们立党、治党、管党的总章程，是全党最基本、最重要、最全面的行为规范，也是领导干部正心修身的根本标准。领导干部的政治理想就蕴含在党章的每一个条款中，蕴含在对党员权利与义务、行为的标准与底线的认知与态度里。每一名领导干部都应自觉学习党章、遵守党章、贯彻党章、维护党章，自觉加强党性修养，增强党的意识、宗旨意识、执政意识、大局意识、责任意识，切实做到为党分忧、为国尽责、为民奉献。具有扎实的马克思主义理论基础，是领导干部保持政治清醒的基本前提。

习近平总书记指出："我们一些同志之所以理想渺茫、信仰动摇，根本的就是历史唯物主义观点不牢固。"① 解决这一问题，亟须加强理论学习，打牢历史唯物主义根基。要学习马克思主义经典著作，掌握马克思主义基本理论；学习习近平新时代中国特色社会主义思想；学习和掌握马克思主义立场、观点、方法，提高"五种思维"能力，正确判断形势，始终保持政治上的清醒和坚定。在干事创业中深化政治理想。空谈误国，实干兴邦。理想信念的价值在于坚定不移，理想信念的威力在于脚踏实地。任何高谈阔论、流于形式的虚功、假功都是"水中月""镜中花"，只有立足实际、苦干实干才是高扬理想信念的正确方式。要牢固树立群众观念，筑牢宗旨和服务意识，坚守一心为民、干在实处、走在前列的价值取向，坚决摒弃作风散漫、为官不为等突出问题。

2. 正确把握政治方向

正确把握政治方向是提高政治能力的关键之举。方向决定道路，道路决定命运。中国共产党人的政治方向，就是中国特色社会主义的前进方向。正确把握政治方向，必须高举中国特色社会主义伟大旗帜，坚持党中央集中统一领导，坚持党的基本理论、基本路线、基本方略。领导干部只有牢牢把握正确政治方向，才能始终保持强大政治定力和战略定力，才能在复杂的形势面前做到头脑清醒、明辨是非，才能在重大政治原则和大是大非问题上毫不含糊、毫不动摇，才能始终确保政治方向不偏、政治信仰不变、政治立场不移。

习近平总书记深刻指出："中国特色社会主义是适合中国国情、符

① 习近平：《关于坚持和发展中国特色社会主义的几个问题》，《求是》2019年第7期。

合中国特点、顺应时代发展要求的理论和实践，所以才能取得成功，并将继续取得成功。”① 新中国成立以来特别是改革开放以来，我们党坚持把马克思主义基本原理同我国具体实际和时代特征相结合，成功开辟了中国特色社会主义道路。这是一条我们必须坚定不移走下去的正确政治道路。

中国特色社会主义道路是党领导人民接力探索、接续奋斗的伟大成果。旗帜决定方向，也决定道路，更决定命运。对一个国家、民族和政党的发展来说，举什么旗、走什么路，是关系前途命运的头等重大问题。马克思曾经说过：“人们自己创造自己的历史，但是他们并不是随心所欲地创造，并不是在他们自己选定的条件下创造，而是在直接碰到的、既定的、从过去承继下来的条件下创造。”②

习近平总书记指出：“中国特色社会主义是在改革开放历史新时期开创的，但也是在新中国已经建立起社会主义基本制度并进行了二十多年建设的基础上开创的。”③ 社会主义拯救了中国，使中国取得了反对帝国主义、封建主义和官僚资本主义的伟大胜利，中国从此站起来了；中国特色社会主义结合了中国实际，实现了全党工作中心向经济建设的转移，实行了改革开放，中国从此富起来了。

党的十八大以来，党和国家事业发生历史性变革，取得举世瞩目的辉煌成绩，根本原因是始终高举中国特色社会主义伟大旗帜，坚持走中国特色社会主义道路。中国特色社会主义道路是实现我国社会主义现代化的必由之路，是创造人民美好生活的必由之路，是伟大中国实现民族复兴真正强起来的必由之路。只有社会主义才能救中国，只有中国特色

① 习近平：《在纪念邓小平同志诞辰110周年座谈会上的讲话》，人民出版社2014年版，第22页。
② 《马克思恩格斯选集》第1卷，人民出版社2012年版，第669页。
③ 《习近平著作选读》第1卷，人民出版社2023年版，第78页。

社会主义才能发展中国，这是党和人民从历史和现实中得出的不可动摇的结论。

必须毫不动摇地持续谱写好中国特色社会主义这篇大文章。习近平总书记强调："历史是不断向前的，要达到理想的彼岸，就要沿着我们确定的道路不断前进。"[①] 坚持和发展中国特色社会主义是一项长期的艰巨的历史任务，需要一代又一代共产党人接力奋斗。新时代坚持和发展中国特色社会主义，必须坚定"四个自信"，保持正确方向，既不走封闭僵化的老路，也不走改旗易帜的邪路，紧紧围绕坚持和发展中国特色社会主义这一"执政主题"，以永不懈怠的精神状态和一往无前的奋斗姿态，把中国特色社会主义推向前进；必须立足社会主义初级阶段这个最大实际，顺应我们社会主要矛盾的变化，统筹推进"五位一体"总体布局，协调推进"四个全面"战略布局，统揽伟大斗争、伟大工程、伟大事业、伟大梦想，推进中国特色社会主义事业不断前进。必须始终坚持把发展作为第一要务，不断改革创新，贯彻落实新发展理念，着力解决好发展不平衡不充分问题，大力提升发展质量和效益，更好满足人民在经济、政治、文化、社会、生态文明等方面日益增长的需要，更好推动人的全面发展、社会全面进步。必须全面落实以人民为中心的发展思想，不忘初心、牢记使命，永远把人民对美好生活的向往作为奋斗目标，勇于担当、实干兴邦，继续朝着建成富强民主文明和谐美丽的社会主义现代化强国目标奋勇前进。

牢固树立"四个意识"，自觉维护党中央权威和集中统一领导。习近平总书记指出："中国特色社会主义最本质的特征是中国共产党领导，中国特色社会主义制度的最大优势是中国共产党领导，党是最高政

---

① 习近平：《在纪念红军长征胜利80周年大会上的讲话》，人民出版社2016年版，第10页。

治领导力量。”[①]党政军民学，东西南北中，党是领导一切的，坚持和完善党的领导，是党和国家的根本所在、命脉所在，是全国各族人民的利益所系、幸福所系。坚持党的领导，首要的就是自觉维护党中央权威和集中统一领导。这是重大政治原则问题，领导干部必须时刻保持清醒头脑。

事在四方，要在中央。党中央有权威，才能把全党牢固凝聚起来，进而把全国各族人民紧密团结起来，形成万众一心、无坚不摧的磅礴力量，赢得具有许多新的历史特点的伟大斗争。党中央的权威是具体的而不是抽象的，维护习近平总书记的核心地位，就是维护党中央权威。实践充分证明，明确习近平同志为党中央的核心、全党的核心，是我们党的郑重选择，是众望所归、名副其实，是党心和民心所向。

坚决维护习近平总书记党中央的核心、全党的核心地位，坚决维护党中央权威和集中统一领导，就是要不折不扣地执行好党的路线方针政策，坚持党的基本理论、基本路线、基本方略，增强政治意识、大局意识、核心意识、看齐意识，坚持“四个服从”，坚持以党的旗帜为旗帜，以党的方向为方向，以党的意志为意志，党中央提倡的坚决响应，党中央决定的坚决照办，党中央禁止的坚决杜绝，对于党中央作出的决定，要坚决贯彻执行，不允许任何人讨价还价。坚决维护党中央权威，坚决维护习近平总书记的核心地位，就是要坚持党的民主集中制原则，保证政令畅通。既善于集中正确的意见，也要敢于拍板决断。充分发挥各地方、各部门的积极性、主动性、创造性，但决不允许自行其是、各自为政，决不允许有令不行、有禁不止，绝不允许搞上有政策、下有对策。

俗话说，“三个臭皮匠赛过一个诸葛亮”“再美的珍珠也需要用线串

---

① 习近平：《中国共产党领导是中国特色社会主义最本质的特征》，《求是》2020年第14期。

起来”，一个人即使再有水平、再有才干，也有一定的局限性，需要群策群力，凝聚各方面智慧。当然，民主的结果要通过集中才能实现。一方面，重大决策都要按照程序办事，充分发扬民主，广泛听取意见和建议，做到兼听善听、防止偏听偏信，做到科学决策、民主决策、依法决策；另一方面，在充分发扬民主的基础上，要有正确的集中，如果只有民主的讨论，而没有集中的决断，就会导致议而不决。正所谓当断不断，反受其乱。

不断增强把方向、谋大局、定政策、促改革的能力，确保党始终总揽全局、协调各方。所谓总揽全局，就是各级党委要把主要精力放在抓方向、议大事、管全局上，集中精力抓好带有全局性、战略性、根本性和前瞻性的重大问题，把握政治方向，决定重大事项，安排重要人事任免，抓好思想政治工作，维护社会政治稳定，有效地实施党在各个领域的政治、思想、组织的领导。

所谓协调各方，就是党委要从推进全局整体工作的要求出发，统筹协调好党委、人大、政府、政协的关系，统筹安排好纪检、组织、宣传、统战、政法、武装以及群众团体等方面的工作，使各方面都能各司其职，各尽其责，相互配合，形成合力。因此，须进一步发挥好总揽全局、协调各方的工作体制机制。

首先，从领导体制上要强化党委决策和监督作用，加强党的统一领导，统筹协调好与人大、政府、政协班子之间的关系，支持人大及其常委会依法履行职能，通过人民代表大会制度，将党的主张变成人民意志；支持政府依法行政，加快“放管服”改革，转变职能，集中精力抓好经济调节、市场监管、社会管理、公共服务和环境保护；支持政协加强政治协商、民主监督、参政议政。

其次，从工作机制上要推动各级党委加强对全局工作的通盘考虑，合理划分工作层次、工作重点、工作职责，构建各方负责、分类实施的推进机制，凝聚起共谋发展的强大合力。

3. 坚定站稳政治立场

站稳政治立场是领导干部提高政治本领的核心之要。领导干部政治本领最直接的表现，就是能够把人民群众动员和组织起来，为人民群众的利益而奋斗。中国共产党人的政治立场，就是人民立场，党的立场和人民立场是完全统一的，即坚持一切为了人民、一切依靠人民。“得众则得国，失众则失国”。

对于一个政党来说，选取和坚守自己的立场是一个根本性的问题，这关系到它的政治命运和存在价值。领导干部必须把人民放在心中最高位置，坚持全心全意为人民服务的根本宗旨，与人民风雨同舟、生死与共，不断实现好、维护好、发展好最广大人民的根本利益。立场说到底就是代表谁、服务谁。这是检验一个政党、一个政权性质的试金石，也是衡量一个领导干部政治能力的试金石。“坚持以人民为中心”，是习近平新时代中国特色社会主义思想的“十四个坚持”基本方略之一，也是贯穿党的十九大报告的一条主线。

习近平总书记强调：“人民立场是中国共产党的根本政治立场，是马克思主义政党区别于其他政党的显著标志。”[①] 党的根基在人民、党的力量在人民。自成立伊始，中国共产党就坚定不移站在人民的立场上。与人民风雨同舟、生死与共，始终保持血肉联系，是党战胜一切困难和风险的根本保证，也是新时代领导干部践行党的宗旨的具体体现。

永远把人民对美好生活的向往作为奋斗目标。“乐民之乐者，民亦乐其乐；忧民之忧者，民亦忧其忧”“民心是最大的政治”，政治能力主要就是为人民服务的能力。带领人民创造美好生活，是我们党始终不渝的

① 中共中央党史和文献研究院编：《习近平关于全面从严治党论述摘编（2021年版）》，中央文献出版社2021年版，第331页。

奋斗目标。党的十八大以来，习近平总书记在不同场合多次提到，“人民对美好生活的向往，就是我们的奋斗目标”。特别强调，“全党同志一定要永远与人民同呼吸、共命运、心连心，永远把人民对美好生活的向往作为奋斗目标”[①]。这充分体现了中国共产党人“为中国人民谋幸福、为中华民族谋复兴”的初心和使命。

新时代，我国社会主要矛盾已经转化为人民日益增长的美好生活需要和不平衡不充分的发展之间的矛盾。作为党员干部，必须扎实践行以人民为中心的发展思想，从人民群众的根本利益出发谋发展、促发展，不断满足人民日益增长的美好生活需要，努力促进人的全面发展。

坚持人民利益至上，无论是创新驱动、激发活力的改革举措，还是统筹城乡、区域经济社会发展；无论是治理环境污染，顺应人民对良好生态的期待，还是注重内外联动发展、做大蛋糕的同时更公平地分好蛋糕，都要充分兼顾人民利益。

坚持发展为了人民，全心全意为人民服务，要把增进人民福祉、提高人民生活水平和质量、促进人的全面发展作为根本出发点和落脚点，把实现好、维护好、发展好最广大人民根本利益作为发展的根本目的，把人民拥护不拥护、赞成不赞成、高兴不高兴、答应不答应作为衡量一切工作得失的根本标准。

坚持发展成果由人民共享，以百姓之心为心，多谋民生之利、多解民生之忧，在发展中保障和改善民生，使改革发展成果更多更公平惠及全体人民，让人民群众在共建共享发展中有更多的获得感，朝着实现全体人民共同富裕不断迈进。

把人民群众作为最大的“靠山”。古人云：“政之所兴在顺民心，政

---

① 习近平：《决胜全面建成小康社会 夺取新时代中国特色社会主义伟大胜利——在中国共产党第十九次全国代表大会上的报告》，人民出版社2017年版，第1页。

之所废在逆民心。”习近平总书记强调：“一个政党，一个政权，其前途和命运最终取决于人心向背。”[①]人民群众是历史的创造者，是决定党和国家前途命运的根本力量。“淮海战役胜利是靠老百姓用小车推出来的”[②]。我们党一路走来，不断从胜利走向胜利，正是依靠人民群众的支持才取得的。无数事实证明，坚持人民主体地位，充分调动人民积极性，始终是我们党在革命、建设、改革中都能立于不败之地的强大根基。

人民群众才是最牢固的“靠山”，党员干部只有信仰人民才能领导人民，人民的信任和支持是我们最大的底气。“当官不为民做主，不如回家卖红薯”。当领导干部，要是拿着俸禄不干事、高高在上不管事、欺压百姓干坏事，是会“被老百姓用扁担打的”。民心向背关系党的生死存亡。然而有些领导干部，不信仰人民，不依靠人民，反而去依附权贵，搞政治攀附，结党营私获取“政治资源”，最终走向了人民的对立面，对此我们必须时刻高度警惕并坚决反对。

人民是真正的英雄，这是历史的真谛，我们必须始终牢记。靠谁都不如靠人民，联系服务群众永远不能断线。要坚持人民群众的主体地位，把人民作为推动工作的力量源泉，充分尊重人民所表达的意愿、所创造的经验、所拥有的权利、所发挥的作用，充分尊重人民群众首创精神，自觉拜人民为师，向能者求教、向智者问策，不断从人民群众中汲取智慧和力量。要践行群众路线，坚持群众观点，站稳群众立场，大兴调查研究之风，倾听人民群众的呼声，回应人民群众的期待。要密切联系群众，深入实际、深入群众、深入基层，始终同人民想在一起、干在一起。有了人民群众这座最大的“靠山”，我们将无往而不利。

---

① 中共中央党史和文献研究院编：《习近平关于全面从严治党论述摘编（2021年版）》，中央文献出版社2021年版，第360页。

② 习近平：《在党史学习教育动员大会上的讲话》，《求是》2021年第7期。

4. 严格遵守政治纪律

“欲知平直，则必准绳；欲知方圆，则必规矩。”严格遵守政治纪律是提高政治本领的根本保证。没有规矩不成其为政党，更不能成其为马克思主义政党。纪律严明是我们党的优良传统和独特优势，是全党统一意志、统一行动、步调一致向前进的重要保障。只有严格遵守政治纪律，才谈得上提高和发挥政治本领。习近平总书记强调：“加强纪律建设是全面从严治党的治本之策。”① 党的十九大报告把纪律建设与政治建设、思想建设、组织建设、作风建设一道，作为新时代党的建设总要求的主要内容。在所有的纪律中，重中之重是政治纪律和政治规矩。

政治纪律和政治规矩是全面从严治党的治本之策，必须把政治纪律和政治规矩挺在前面。习近平总书记强调：“要坚持问题导向，把严守政治纪律和政治规矩放在首位。”② 在我们党所有的纪律和规矩中，第一位的是政治纪律和政治规矩。对领导干部来说，守纪律首要的是遵守政治纪律，守规矩首要的是遵守政治规矩。抓住了严肃政治纪律和政治规矩这个纲，可以带动其他纪律严起来，所以严格遵守政治纪律和政治规矩，是管党治党的治本之策。

干部在政治纪律、政治规矩上出问题，对党的危害不亚于腐败问题，有的甚至比腐败问题更严重。要时刻绷紧政治纪律和政治规矩这根弦不放松，谁都不能拿政治纪律和政治规矩当儿戏，谁都不得越过政治纪律、政治规矩的红线，越过了就要严肃追究政治责任，就必须付出惨痛代价。

中央和地方各级政府对妄议中央大政方针、破坏党的集中统一等违反政治纪律、政治规矩的通报不在少数，如周本顺“在重大问题上发表

---

① 中共中央纪律检查委员会、中共中央文献研究室编：《习近平关于严明党的纪律和规矩论述摘编》，中国方正出版社2016年版，第9页。

② 中共中央纪律检查委员会、中共中央文献研究室编：《习近平关于严明党的纪律和规矩论述摘编》，中国方正出版社2016年版，第30页。

违背中央精神的言论，不认真落实党风廉政建设主体责任，干扰、妨碍组织审查”，杨栋梁“进行非组织政治活动，干扰、妨碍组织审查”，余远辉“公开发表与全面从严治党要求相违背的言论”等。对此一定要引起高度重视，深刻警醒。人一生都生活在规矩之中，我们在严守政治纪律和政治规矩的同时，也要严格遵守工作、生活各方面的纪律和规矩，言有所戒、行有所止，明白哪些事能做、哪些事不能做，自觉按原则、按规矩办事。

知敬畏是领导干部的优秀品德，敬畏之心须臾不可忘却。党的十九大报告强调：“加强纪律教育，强化纪律执行，让党员、干部知敬畏、存戒惧、守底线，习惯在受监督和约束的环境中工作生活。”敬畏，就是对自然的尊崇、对人民的爱戴、对组织的忠诚和对法纪的遵循。人要有敬畏之心，万万不可目无一切，为所欲为。

从某种程度上说，敬畏在社会治理中起着不可替代的作用。敬畏之心须臾不可无。邓小平早就指出，共产党员要“一怕党，二怕群众”，这里的“怕”就是敬畏，心存敬畏是道德初心，也是从政良心。官有所畏，业才有所成。2010 年 9 月 1 日，习近平同志在中央党校 2010 年秋季学期开学典礼上的讲话强调，领导干部工作上要大胆，用权上则要谨慎，常怀敬畏之心、戒惧之意，自觉接受纪律和法律的约束。

常怀敬畏之心的干部，不会轻易浮躁，不会进退无度，不容易出格，不容易犯错误。没有敬畏，权力就不受约束，就会出现滥权、专权、弄权，这样最后是要栽大跟头的。“谨慎能捕千秋蝉，小心驶得万年船”。自律胜于纪律，领导干部要做到慎言、慎行、慎独，特别要把慎独作为从政为官的最高境界，严格要求自己，时刻保持如履薄冰、如临深渊的心态，杜绝权力用偏，防止行为越界，不为名所缚、不为物所累，守得住清贫、耐得住寂寞，确保权力为人民服务，无愧于党和人民的重托。

5. 切实增强政治定力

政治定力是领导干部政治领导本领的重要内容。主要是指领导干部抵御各种风险和经受住各种考验的能力，具体表现在政治鉴别力、政治免疫力、防范政治风险的能力。当今世界，各种思想文化交流交锋日益频繁激烈，意识形态领域斗争、党面临的执政环境是长期而复杂的，“四大考验”“四种危险”将始终考校我们党。党员干部特别是高级干部在大是大非面前不能态度暧昧，不能动摇基本政治立场，不能被错误言论所左右。

要增强政治鉴别力。政治鉴别力，通俗地讲，就是领导干部要明辨大是大非，知道坚持什么、反对什么，应该做什么、不能做什么。针对社会主义国家的基本性质，针对改革开放的基本路线，针对中国特色社会主义基本道路，针对我们党全心全意为人民服务的根本宗旨，我们要明辨是非，坚定立场，把握方向。

明辨大是大非在于坚持基本，站稳立场，同时与时俱进，不断改革创新。这要求领导干部坚持正确的政治方向、坚定的政治立场、严格的政治纪律、极高的政治敏锐性，在大是大非面前保持清醒头脑，在错综复杂的情况下站稳立场，分清主流和支流、真理和谬误、善美和丑恶。不能随波逐流、人云亦云。不能是非不清，不跟党走而是跟人走，不感谢组织而是报答私情，搞“寄生制”“人身依附”。

要增强政治免疫力。免疫力是人的肌体识别并消灭侵入体内病菌的能力。免疫力缺失，人的生命将难以维护。同样，领导干部要维护好自己的政治生命，也需要不断提高政治免疫力。要自觉接受纪律约束，做到哪一条“红线”都不能触碰，哪一种“擦边球”都不能打，不做两面人、不搞两面派，真正做到知敬畏、明底线、依法办事。要始终把加强党性锻炼作为重大己任，勇于自我革命，以刀刃向内的勇气“祛病强身”，能抵抗各种干扰诱惑，不断提高发现和解决自身问题的能力，不能因为自身角色、手中权力的变化而有丝毫懈怠。要善于敏锐鉴别身边复杂的人际关系，珍惜那些敢于交心，能够开诚布公、一针见血地为自己指出问题的诤友、挚友；远离并警惕那些一味阿谀奉承，为了自身利益不惜“捧杀”同志、搞坏政治风气的谄友、损友。在内心深处树立不放纵、不越轨、不逾矩的自律信条，做到带“病”的坚决不碰，自觉抵制形形色色的“病菌”的入侵。

要增强防范政治风险的能力。当今世界正经历百年未有之大变局，面临的不稳定性不确定性十分突出，天下并不太平。西方反华势力、境外敌对势力对我们的分裂、颠覆、渗透、拉拢活动从未停止，甚至变本加厉。特别是信息化时代，意识形态领域的斗争日趋复杂，一不小心就有可能迷失方向。

如以还原历史为幌子，大肆宣扬历史虚无主义，歪曲、抹黑、污蔑我们党的领袖、党的历史和英雄人物，其根本目的是否定党的领导、否定社会主义。对此我们必须高度警惕，旗帜鲜明地抵制和还击。这就要求领导干部要着力提高分析、把握国际国内形势的能力，提高从政治上观大势、定大局、谋大事的本领，做到不管形势多么复杂、挑战多么严峻，都必须始终保持清醒坚定，努力为建设中国特色社会主义现代化作出贡献。

6. 始终强化政治担当

政治担当是领导干部政治领导本领的实践特征。敢于担当是我们党的优良作风和优秀品格，是领导干部的基本素质和职责要求，是中国共产党永葆先进性和纯洁性、巩固执政地位的重要基石。领导干部要担负责任，要勇于奉献和牺牲。敢于担当是领导干部的基本素质，没有担当，何谈领导？领导就是责任，做领导就得有担当。

对领导干部来说，责任无处不在，担当义不容辞。党把领导干部放在重要的领导岗位上，就必须做到守土有责、守土尽责，遇到事情就要负责，出了问题还要追责、问责。对职责范围内的工作不认真负责，就不是一个称职的领导干部，就没有资格做领导工作。因此，要加强党性锻炼，不断提高政治觉悟和政治能力，把对党忠诚、为党分忧、为党尽职、为民造福作为根本政治担当，永葆共产党人政治本色。

敢于担当是共产党人的鲜明品格。无论是增强党的创造力凝聚力战斗力，还是提高党的执政能力、巩固党的执政地位，都需要培养一大批敢作为、敢担当、关键时刻站得出来的优秀领导干部。习近平总书记指出："担当大小，体现着干部的胸怀、勇气、格调，有多大担当才能干多大事业。"① 有多大的担当才能干多大的事业，尽多大的责任才会有多大的成就。

担当精神体现着领导干部的党性和觉悟，体现着领导干部的胸襟和勇气，也决定着领导干部职责的履行、作用的发挥、贡献的大小。进入新时代，我们党正在进行新的伟大斗争，这就要求各级领导干部勤于履责、勇于担责、敢于负责，在敢于担当中历练提高，在真抓实干中建功立业，创造经得起实践、人民、历史检验的业绩。要敢想敢做敢当，牢固树立责任重于泰山的意识，坚持党的原则第一、党的事业第一、人民利益第一，面对大是大非敢于亮剑，面对矛盾敢于迎难而上，面对危机敢于挺身而出，面对失误敢于承担责任，面对歪风邪气敢于坚决斗争，平常时候看得出来、关键时刻豁得出来、危急关头顶得上去，切实做到为党分忧、为国尽责、为民奉献。

敢于担当需要勇气，更需要能力。领导干部既要有激情、有韧劲，更要办事管用。办事管用讲的就是要有能力、有水平，必须树立科学的世界观和方法论，培养战略思维、创新思维、辩证思维、法治思维和底

① 中共中央党史和文献研究院编：《习近平关于全面从严治党论述摘编（2021年版）》，中央文献出版社2021年版，第251页。

线思维。

关于战略思维，习近平总书记强调，战略问题是一个政党、一个国家的根本性问题。要加强战略思维，增强战略定力，善于从全局视角谋划问题、善于从长远眼光思考问题、善于从整体思路上把握问题。

关于创新思维，习近平总书记强调，创新是一个民族进步的灵魂，惟创新者进，惟创新者强，惟创新者胜，必须把创新作为引领发展的第一动力，不断推进理论创新、制度创新、科技创新、文化创新等各方面创新。

关于辩证思维，习近平总书记强调，辩证思维能力就是承认矛盾、分析矛盾、解决矛盾，善于抓住关键、找准重点、洞察事物发展规律的能力，在推进改革中，要坚持正确的思想方法，坚持辩证法。

关于法治思维，习近平总书记强调，依法治国是党领导人民治理国家的基本方略，法治是治国理政的基本方式，任何人都没有法律之外的绝对权力，要牢固树立法律红线不能触碰、法律底线不能逾越的观念。

关于底线思维，习近平总书记强调，要善于运用底线思维的方法，凡事从坏处准备，努力争取最好的结果，做到有备无患、遇事不慌，牢牢把握主动权。

这些重要论述，要求我们必须充分认识掌握科学思维方法的重要性，运用科学的思维方法观察事物、分析问题、解决问题。

领导干部的政治本领不是与生俱来的，也不会随着领导干部职务提升而自然提高。提高政治能力是领导干部的终身任务。领导干部要不断加强政治理论学习，特别要深入学习领会习近平新时代中国特色社会主义思想，打牢增强政治本领的思想基础和理论基础；要在严肃的党内政治生活中，带头执行民主集中制，认真开展批评和自我批评，带头参加“三会一课”、民主评议党员、谈心谈话等活动，自觉参加双重组织生活会，虚心接受各方面监督，不断增强政治本领；要在防范各种重大风险尤其是政治风险中，加强风险调查分析研判，不断增强政治本领；要在重大政治任务和艰难险重任务面前，率先垂范、冲锋在前，敢于负起责任、挑起重担，不断增强政治本领。

三、增强改革创新本领

改革创新本领是习近平总书记在党的十九大报告中提出的重要本领之一，对于个人、组织乃至国家的发展都具有重要意义。改革创新本领指的是改掉旧的、不合理的部分，使其更合理完善，并开创新的事物的能力。它要求个体或组织具备敏锐的问题意识、前瞻性的思维方式和勇于尝试新方法的魄力。

改革创新不仅是对现状的改进，更是对未来的探索和创造。改革创新是推动社会进步的重要动力。通过改革创新，可以打破陈规陋习，优化资源配置，提高生产效率，从而推动经济社会的快速发展。

在全球化竞争日益激烈的背景下，改革创新成为提升国家或地区竞争力的重要手段。通过改革创新，可以创造新的竞争优势，抢占市场先机，实现可持续发展。改革创新还可以促进民生改善。通过创新公共服务模式、提高公共服务质量，可以更好地满足人民群众的需求，提升人民群众的幸福感和获得感。改革创新必须在党的领导下进行，坚持中国特色社会主义道路，确保改革的方向不偏离党的宗旨和国家的发展目标。改革创新需要坚定的信念和顽强的毅力，要勇于面对困难和挑战，敢于担当责任，以实际行动推动改革创新的深入发展。改革创新需要具备创新思维，要善于发现问题、分析问题和解决问题，勇于尝试新的方法和手段，不断推动工作的创新和发展。改革创新需要具备扎实的专业知识和实践能力，要不断学习新知识、新技术和新方法，提高自己的专业素养和实践能力，为改革创新提供有力的支撑。改革创新需要良好的政治生态和工作环境，要弘扬勤政廉政的优良作风，加强党风廉政建设，营造风清气正的政治生态和工作环境，为改革创新提供坚实的保障。改革创新本领是推动个人、组织乃至国家发展的重要力量。新时代领导干部要不断增强改革创新本领，勇于探索新的方法和手段，不断推动工作的创新和发展，为实现中华民族伟大复兴的中国梦贡献自己的力量。

（一）增强新时代改革创新本领的必要性及重要意义

当今时代，是经济全球化深入发展的时代，是科学技术日新月异的时代，是新情况、新问题、新事物层出不穷的时代。当前我国改革已进入攻坚期和深水区，而全面深化改革中推进社会主义事业建设必然是一个攻坚克难的过程。因此，增强改革创新本领是推进全面深化改革的必然要求，也是适应新时代形势变化的迫切需要，还是提高党的执政能力的重要途径。

1. 增强改革创新本领是推进全面深化改革的必然要求

全面深化改革是党的十八大以来提出的一项重要战略部署，是“四个全面”战略布局中具有突破性和先导性的关键环节，也是实现第二个百年奋斗目标必须解决好的重大问题，这显然对领导干部增强改革创新本领提出了更高的要求，领导干部是否具备这种改革创新本领对更好地落实党的二十大确定的奋斗目标以及工作部署具有重要意义。

党的十八大以来，以习近平同志为核心的党中央继续高举改革开放伟大旗帜，尤其是在党的十八届三中全会上对全面深化改革作出新的总体部署，吹响了新一轮改革开放的进军号。改革开放是党在新的时代条件下团结带领人民进行的新的伟大革命。我国过去取得举世瞩目的成绩靠的是改革开放，我国未来发展也必须坚定不移依靠改革开放。同时，“改革开放只有进行时没有完成时”，现在推进改革的复杂程度、敏感程度、艰巨程度丝毫不亚于改革开放之初。

习近平总书记指出，中国改革“已进入深水区，可以说，容易的、皆大欢喜的改革已经完成了，好吃的肉都吃掉了，剩下的都是难啃的硬骨头”[①]。这说明对各级领导干部的改革创新本领都是一个新的、更大的考验。党的十八届三中全会也明确指出，“不断提高领导班子和领导干部推动改革能力”。

目前，我国改革已进入攻坚期、深水区，全面深化改革推进社会主义事业建设必然是攻坚克难的过程，这对各级领导干部增强改革创新本领提出了更高要求。领导干部增强改革创新本领，才能顺应浩浩荡荡的历史潮流，承担起自己的历史责任，敢于啃硬骨头，敢于涉险滩，敢于向积存多年的顽瘴痼疾开刀，以更大的政治勇气和智慧、更有力的措施和办法坚决打好全面深化改革这场攻坚战。

2. 增强改革创新本领是适应新时代形势变化的迫切需要

当今时代，是经济全球化深入发展的时代，是综合国力竞争日趋激烈的时代，是科学技术日新月异的时代，是新情况、新问题、新事物层出不穷的时代。概言之，这是一个以改革创新为显著特征的时代。改革创新是时代潮流，是当代中国的主旋律。任何政党，如果因循守旧、墨守成规，必然被人民所抛弃；一名领导干部，如果不思进取，故步自封，也必然要落伍于形势，被时代所淘汰。

“中国特色社会主义进入新时代”，这是党的十九大对我国所处历史方位作出的崭新论断。“中国特色社会主义进入新时代，我国社会主要矛

---

① 《习近平著作选读》第1卷，人民出版社2023年版，第221页。

盾已经转化为人民日益增长的美好生活需要和不平衡不充分的发展之间的矛盾。”这说明“落后的社会生产”已不再是中国的现实，人民基本的生存需要已经不是问题，正在转向追求更加美好生活的新期待。

社会主要矛盾的这一改变，说明了人民在民主、法治、公平、正义、安全、环境等方面要求的正当合理性，说明了当前我们在这些方面的发展还存在短板和不足，集中体现为“不平衡不充分”的发展状况。比如“不平衡”方面，民生领域的短板、城乡区域发展和收入差距依然较大等；再比如“不充分”方面，发展质量和效益不高、创新能力不强、生态环境有待改善；等等。

必须清醒看到面临的艰巨任务，前进的道路并不平坦，诸多矛盾叠加、风险隐患增多的挑战依然严峻复杂。领导干部应增强改革创新本领，推动供给侧结构性改革，着力转变方式解决发展质量和效益问题，补短板解决发展不平衡问题，努力实现更高质量、更有效率、更加公平、更可持续的发展，在美好生活需要的供给上更下功夫，完成时代和人民赋予的历史使命。

3. 增强改革创新本领是提高党的执政能力的重要方式

改革创新正在成为 21 世纪的显著特征，正在成为新时代的重要特征，正在成为新时代领导干部的核心本领，充分体现着领导干部的领导能力水平和先进性。我们党正面临执政考验、改革开放考验、市场经济考验、外部环境考验，也面临“精神懈怠危险、能力不足危险、脱离群众危险、消极腐败危险”，党的领导方式和执政方式、领导体制和工作机制亟待完善，把改革创新本领作为领导干部的重要本领之一，对推动事业发展有着极其重要的作用，具体体现在思路的突破、方法的创新、问题的解决等，是领导干部诸多能力的核心部分。

改革创新是中国共产党永葆生机的不竭之源。联系党的历史，也可以清楚地看到，始终坚持与时俱进、改革创新，是我们党始终保持先进性，取得革命、建设和改革新胜利的根本保证。习近平总书记指出，要突破自身发展瓶颈、解决深层次矛盾和问题，根本出路就在于创新，关键要靠科技力量。[①]然而，当前有的领导干部改革意识淡薄，墨守成规，安于现状，不想创新；有的领导干部生怕失败，回避创新；有的领导干部因创新风险大而顾虑重重，求稳怕乱，不敢大胆改革；也有的领导干部不从实际出发，不按客观规律办事，把盲目蛮干当作创新；等等。这些都是领导干部改革创新本领薄弱的具体体现，不增强领导干部改革创新本领，势必影响各项事业的前进和发展，也势必使一些领导干部在改革创新的大潮中落伍。另外，领导干部作为党和国家政策的具体执行者、社会整体创新的重要引领者，非常有必要接受有关改革创新本领的学习教育，有针对性地解决好思想认识问题，进一步树立改革创新意识，增强改革创新勇气和本领。

（二）增强新时代改革创新本领的新要求

党的十八大以来，国内外形势变化和我国各项事业发展都给我们提出了新的要求，中国特色社会主义进入了新时代，站在我国发展新的历史方位，自然会对增强改革创新本领提出新要求，包括深刻把握全面深化改革总要求，贯彻落实好创新发展理念，坚持以人民为中心的发展思想。

1. 增强改革创新本领要深刻把握全面深化改革总要求

增强改革创新本领，要把握全面深化改革的总目标，即完善和发展中国特色社会主义制度、推进国家治理体系和治理能力现代化。推进国家治理体系和治理能力现代化，是完善和发展中国特色社会主义制度的

① 《习近平在参加上海代表团审议时强调 坚定不移深化改革开放 加大创新驱动发展力度》,《人民日报》2013年3月6日。

必然要求，也是实现社会主义现代化的题中应有之义。今天，摆在我们面前的一项重大历史任务，就是推动中国特色社会主义制度更加成熟更加定型，为党和国家事业发展、为人民幸福安康、为社会和谐稳定、为国家长治久安提供一整套更完备、更稳定、更管用的制度体系。

要坚持进一步解放思想、进一步解放和发展社会生产力、进一步解放和增强社会活力。这“三个进一步解放”既是全面深化改革的目的，又是全面深化改革的条件。

要妥善处理好若干重大关系，如解放思想和实事求是的关系、整体推进和重点突破的关系、顶层设计和摸着石头过河的关系等，正如习近平总书记所指出的，“改革开放是前无古人的崭新事业，必须坚持正确的方法论，在不断实践探索中推进”①。还要坚持社会主义市场经济体制的改革目标，这是全面深化改革的重要依托。要使各方面体制改革朝着这一方向协同推进，同时也使各方面相关环节更好适应社会主义市场经济发展提出的新要求。在全面深化改革中，领导干部要增强改革创新本领，坚持以经济体制改革为主轴，努力在重要领域和关键环节改革上取得新突破，以此牵引和带动其他领域改革，使各方面的改革协同推进、形成合力，而不是各自为政、分散用力。

2. 增强改革创新本领要贯彻落实好创新发展理念

发展是不断变化的进程，发展环境不会一成不变，发展条件不会一成不变，发展理念自然也不会一成不变。一要树立创新发展理念。党的十八届五中全会鲜明地提出了创新、协调、绿色、开放、共享的新发展理念。其中，创新发展理念是应对发展环境变化、增强发展动力、把握发展主动权，更好引领新常态的根本之策。正如习近平总书记所指出的，抓住了创新，就抓住了牵动经济社会发展全局的“牛鼻子”。就必须把

① 《习近平谈治国理政》第1卷，外文出版社2018年版，第67页。

创新摆在国家发展全局的核心位置，不断推进理论创新、制度创新、科技创新、文化创新等各方面创新，让创新贯穿党和国家一切工作，让创新在全社会蔚然成风。二要实施创新驱动发展战略。习近平总书记指出："实施创新驱动发展战略，是加快转变经济发展方式、提高我国综合国力和国际竞争力的必然要求和战略举措。"① 把创新驱动发展作为面向未来的一项重大战略实施好，要树立强烈的创新自信，敢于走前人没走过的路，坚定不移走中国特色自主创新道路，坚持自主创新、重点跨越、支撑发展、引领未来的方针，加快创新型国家建设步伐，及早实现发展转入创新驱动发展轨道，把发展基点放在创新上，发挥创新对发展的拉动作用。

3. 增强改革创新本领要坚持以人民为中心的发展思想

"人民对美好生活的向往，就是我们的奋斗目标。"这是习近平在当选中共中央总书记后向中外媒体发出的庄严宣告。领导干部增强改革创新本领，着力践行以人民为中心的发展思想，把实现人民幸福作为发展的目的和归宿，是根本价值遵循。

首先，我们党推进全面深化改革的根本目的，就是要促进社会公平正义，让改革发展成果更多更公平惠及全体人民，要让人民有更多获得感。人民有所呼，改革就要有所应。领导干部增强改革创新本领，就要把促进社会公平正义、增进人民福祉作为一面镜子，审视各方面工作。

其次，要始终坚持人民主体地位，要从人民利益出发谋划改革思路、制定改革举措，也要充分尊重人民所表达的意愿、所创造的经验、所拥有的权利、所发挥的作用，更要尊重人民首创精神，自觉拜人民为师，向能者求教，向智者问策，从群众中汲取无穷的智慧和力量。"人民立场

① 中共中央宣传部编：《习近平总书记系列重要讲话读本（2016年版）》，学习出版社、人民出版社2016年版，第151页。

是中国共产党的根本政治立场，是马克思主义政党区别于其他政党的显著标志。”抓住“一切为了人民”这一“牛鼻子”，其他问题都将迎刃而解，才会把改革创新落到实处。

（三）增强新时代改革创新本领的具体路径

习近平总书记指出，中国特色社会主义进入新时代，全党的任务更加艰巨，这对领导干部提出了新的要求，要“增强改革创新本领，保持锐意进取的精神风貌，善于结合实际创造性推动工作，善于运用互联网技术和信息化手段开展工作”①。面对全面深化改革新形势新任务，可从树立改革创新意识、强化理论专业学习、注重调查研究、营造改革创新氛围、抢抓贯彻落实等具体路径着手增强新时代改革创新本领。

1. 树立改革创新意识是增强改革创新本领的前提

思想意识是行动的先导，改革创新意识是领导干部进行改革创新活动的前提，是改革创新事业前进的巨大推动力。新时代需要改革创新意识。改革创新意识要求领导干部主动意识到社会的不断发展进步。社会的发展进步是不断突破而非固守的过程，这个过程既包括生产力的进步，也包括人们思想意识的进步。思想意识的保守落后会对社会进步产生阻碍作用，这就需要领导干部重新认识新时代世情、国情、党情发生的变化。

改革意识还要求领导干部具有自我调节观念，辩证唯物主义认为事物的内部矛盾是推动事物发展的根本动力，就社会发展而言，只有不断地进行自我更新和自我调节，才能从根本上推动社会的前进。当前，全面深化改革就是我国进行自我更新和自我调节的过程，这个过程需要经济、政治、社会、文化、生态等各个方面的协调和配合，在这个过程中，

---

① 《习近平著作选读》第2卷，人民出版社2023年版，第56页。

领导干部要以自我调节的观念把握社会主义建设规律，促进改革的进行。

新时代需要创新意识。就创新意识的本质来说，就是批判、怀疑，不迷信偶像、教条，适势而变。经验主义和教条主义是两种严重阻碍工作进步的主观主义错误，树立创新意识要求领导干部要突破主观主义和封建专制思想的桎梏，具有批判精神和怀疑精神，敢于探索新的方法和道路。领导干部在工作中可以总结以往的经验教训，但如果在工作中不善于分析新情况而是用老经验解决新问题，就会陷入经验主义的泥潭；领导干部在工作中可以运用理论和上级领导的指导作用，但要做到不唯上、不唯书、只唯实，以免陷入教条主义的沼泽。另外，封建专制思想也是扼杀创新意识的元凶，其要求“唯命是从”的蒙昧性阻碍了对创新型人才和创新意识的挖掘。

2. 强化理论专业学习是增强改革创新本领的基础

改革创新本领的增强要以理论专业知识作为基础，脱离理论专业知识的改革创新就是无本之木，要避免空洞无物的改革创新就要强化理论专业知识的学习。增强改革创新本领要强化理论学习。改革创新能力的获得建立在已有的知识积累基础之上，理论知识是改革创新的材料和灵感来源。

强化理论学习首先要做到用习近平新时代中国特色社会主义思想武装头脑，善于站在全局的立场、用辩证的思维思考问题，把握马克思主义的实质，将其转化为具体政策导向。其次，要灵活学习理论知识。注意掌握正确的理论学习方法，既要向书本学习，又要向先进典型和榜样学习，还要向群众学习；构造全面的理论知识结构，提高综合素质，以全面的理论素养增强改革创新本领。最后，要灵活运用理论知识。理论知识是死的，实践是活的，对理论学习成果的检验就在实践中，理论知识的运用不是机械地照搬而是实事求是地创造性运用。

增强改革创新本领要强化业务学习。习近平总书记在中央党校建校

80周年庆祝大会上指出："要坚持干什么学什么、缺什么补什么，有针对性地学习掌握做好领导工作、履行岗位职责所必备的各种知识，努力使自己真正成为行家里手、内行领导。"[①] 领导干部的岗位特殊性决定了他们要着眼大局、把握方向、科学决策，这就要求领导干部要强化业务学习，提高业务能力和处理问题的水平。强化业务学习就需要了解业务对象，掌握业务基础知识以及工作方法等。

随着信息时代的到来，互联网已深深地融入经济社会发展之中，这要求领导干部培养互联网思维。要提高利用互联网获取信息的能力和对信息的判断选择能力，及时获取社会和行业最新动态，适时作出相应决策和判断；要对互联网反映的多元化舆论作出回应，增强沟通能力，维护网络和现实社会的良好秩序；要强化学习"互联网+"战略，将互联网与行业有机结合，开发新的行业发展方式。要坚持以民为本，互联网及时地反映出了广大人民群众对政策决定的态度，这要求领导干部充分利用互联网了解民意，对于人民群众的需求还是要回到现实中予以解决，实现线上与线下的有效结合。

3. 注重调查研究是增强改革创新本领的途径

习近平总书记指出："调查研究是谋事之基、成事之道。没有调查，就没有发言权，更没有决策权。"[②] 改革创新要解决什么样的问题、实现什么样的发展都来自调查研究。调查研究有助于领导干部了解群众需求、认识客观世界、获得实践经验。首先，调查研究要找准问题。要围绕党中央的路线方针政策，以习近平新时代中国特色社会主义思想为指导，

---

① 习近平：《在中央党校建校80周年庆祝大会暨2013年春季学期开学典礼上的讲话》，人民出版社2013年版，第9页。

② 中共中央党史和文献研究院、中央"不忘初心、牢记使命"主题教育领导小组办公室编：《习近平关于"不忘初心、牢记使命"论述摘编》，党建读物出版社、中央文献出版社2019年版，第211页。

密切关注与人民群众相关的热点问题，以当前的重大战略课题为重点开展调查研究，以调查研究的有效成果为党和政府的决策服务。

其次，调查研究要深入实际、深入基层、深入群众。人民群众是社会实践的主体，领导干部的调查研究不能仅局限于下级部门，还要深入人民群众，聆听最真切的声音，获得最真实的情况，将部门单位的声音与基层群众的声音进行有效的比对、分析，得出真实的调查结果，否则调查研究毫无意义。

最后，调查研究要经常进行。政策的制定、执行和效果的检验都需要调查研究，要使调查研究成为一项经常性活动而不是走马观花式的形式。调查研究要坚持实事求是的原则。实事求是是马克思主义的精髓和灵魂，是调查研究的重要原则，也是改革创新的重要原则。

历史实践已证明，党和政府坚持实事求是的原则，事业就会取得胜利；违反实事求是的原则，事业就会受挫。调查研究就是要了解真实情况，追寻真理，以调查的实际情况去修改完善政策，要破除针对上级政策捏造调查研究结果的现象，真正做到一切从实际出发，理论联系实际，把握事物的具体情况和规律，为改革创新提供正确的决策判断。

4. 营造改革创新氛围是增强改革创新本领的土壤

良好的改革创新氛围滋养了具有改革创新本领的领导人才，而氛围的缺失只会扼杀领导干部的改革创新本领。营造改革创新氛围首先要创造宽松的环境，要为改革创新创造条件。改革创新是破旧立新的过程，这项事业是艰巨而复杂的。一方面，改革创新可能会因触动某些阶层群体的固有利益而受到阻碍，这就需要各个部门相互协调、共同论证，降低利益既得者的损失以保证改革创新顺利进行。另一方面，改革创新是一项前无古人的事业，是摸着石头过河的探索，改革创新的想法是否科学、改革创新的举措是否具有可行性等需要实践经验和理论科学的双重验证，这需要为改革创新创造多方面的有利条件。要支持和鼓励勇于探索、求新求异的行为，尊重领导干部的新想法和新提议，对于这些新想法和新提议，应该积极求证，以实事求是的态度决定采纳或予以拒绝，避免出现因其与上级政策不符就一棍子打死的不作为态度。

营造改革创新氛围需要建立支持改革创新的激励机制。精神和物质的激励是一种有效方式。改革创新的风险大，创造的价值也大。改革创新过程中难免会遇到挫折，不能因为害怕挫折就抛弃改革创新，要在领导干部中形成能容忍挫折的态度，只有这样才能鼓励积极改革创新。如果仅仅因为个别领导干部在改革创新过程中遇到挫折就予以否定，就会导致领导干部畏缩不前、犹豫不定，就会失去改革创新的勇气。

因而，勇于改革创新的领导干部理应得到更大的精神和物质激励。这种激励应该形成制度，使其法治化、长期化，以此保护改革创新的想法，宽容改革创新中的失误，培养领导干部勤于改革创新、乐于改革创新的行为习惯。要完善激励机制，在激励机制中引入竞争机制，把职务提升作为改革创新的有效激励。完善关于改革创新的负面激励制度，对害怕担风险、不愿探寻新路的不作为行为予以惩戒。

5. 狠抓贯彻落实是增强改革创新本领的关键

改革创新本领来源于实践，更需要到实践中去落实，在实践中检验和完善认识。改革创新不能停留于嘴上和纸上，而要落实到行动上，并得到行动的结果，不在实践中贯彻落实的改革创新只能是纸上谈兵。

进入新时代，我国社会主要矛盾发生了变化，改革发展任务更加艰巨，而巨大的挑战和机遇并存，在信息技术发达的今天，机遇稍纵即逝，贻误时机只会给社会发展和民生改善带来巨大的损失，给困难的增加留下更多的空间。改革创新就要抓住机遇、应对挑战，这需要领导干部及时将改革创新的观念转化为具体的行动举措，及时在实践中贯彻落实，及时解决困难，走在时代的前沿。贯彻落实需要“狠抓”。“狠抓”就要整顿领导干部队伍中懈怠懒散、坐等看靠的不正之风，要在领导干部队伍中形成积极奋进、不断进取、与时俱进、斗志昂扬、锐意创新的良好风气。

贯彻落实需要“真”。真正有效地贯彻落实改革创新就要在改革创新的系统设计指引下，明确改革创新的目标，制订改革创新的可行性计划，采取合理有效的改革创新行动。首先，贯彻改革创新的系统设计，就要深入透彻地理解改革创新系统设计的意图，把握其中的精神要领，明确可能会遇到的困难和可能会出现的结果，为有效行动做好铺垫。其次，贯彻落实不是一个单一过程，而是需要反馈和贯彻落实不断循环的过程，对贯彻落实效果如何、贯彻落实中遇到了哪些新的问题等都需要再反馈，从而完善改革创新的系统设计，再一次通过贯彻落实校正、检验，直至真正实现改革创新的目标。

贯彻落实需要“敢”。实践和认识是不同的，在实践中可能会遇到没有遇到过的困难。改革创新的实践作为一项特殊的实践活动更是如此。这就需要领导干部具有强烈的责任意识，迎难而上，敢于亮剑，勇于深入矛盾尖锐的地区和领域，坚定不移地推进改革创新，以为社会主义事业献身的精神担负起新时代赋予自己的责任。

四、增强科学发展本领

增强新时代领导干部科学发展本领，是贯彻落实新发展理念、保障国家健康稳定发展的根本要求，对加强干部队伍建设、提高我们党的执政水平具有十分重要的现实意义。中国共产党面对具有许多新的历史特点的伟大斗争更要具有高强的本领。伟大的事业必须有坚强的党来领导。这就从全面从严治党、提高党的执政本领的高度，强调中国共产党根据新时代的新要求适时增强科学发展的本领，就是要树立新发展理念，把它贯彻落实到发展实践中去，坚定不移地推进科学发展。为此，我们需要进一步明确在新时代增强科学发展本领的重大意义。

（一）新时代增强科学发展本领的重大意义

1. 增强科学发展本领是新时代落实科学发展观的题中之义

我国在走向现代化的进程中，遇到了历史上没有解决好的两大难题：一是工业化，二是商品化。只有完成工业化，才会有强大的物质基础；只有完成商品化，才会有充分的社会交往；社会主义社会比资本主义社会更需要发达的生产力和广泛的世界交往。

目前虽然中国特色社会主义进入了新时代，但基本国情没有变，矛盾的主要方面是发展不平衡不充分的问题，尤其是某些核心技术仍然受制于人。因此，必须继续坚持发展，并且要科学发展。推行科学发展，就要转换发展方式，实行动力革命，推行供给侧结构性改革，促进高质量发展，着力建设现代化经济体系。新时代，在经济发展的基础上，坚持“五位一体”和“四个全面”战略布局，就是为了继续贯彻落实科学发展观的基本要求，即注重全面协调可持续发展。

新时代，习近平总书记强调以人民为中心的发展思想，围绕人民这个中心，而不是围绕物来谋求发展，既尊重人民主体地位，又保护人民的利益，就是要进一步贯彻落实以人为本的根本要求——强调发展成果由人民共享，逐步走向共同富裕。在发展过程中用整体思维方法注重和谐发展，兼顾各个阶层、各个领域的利益关系，就是贯彻落实科学发展观的根本方法，即统筹兼顾，注重各个领域、各个地区之间综合平衡发展。

2. 增强科学发展本领是新时代践行新发展理念的必然要求

新发展理念是社会主义发展实践经验和教训的总结，为了落实新发展理念，必然要增强中国共产党人的科学发展本领，以此提高发展效益和质量。新发展理念集中体现了中国智慧和中国方案。只有切实增强中国共产党人的科学发展本领，才能真正不断地开创发展新局面。科学发展既不是盲目瞎指挥，也不是蛮干硬上。

所谓科学发展，就是转换思路，坚决破除高消耗和高污染的老观念，坚定不移地树立和践行新发展理念，更新发展方式，从高消耗低效率发展转向低投入高效率发展，从注重追求速度和数量转向注重追求结构优化和高质量发展，从注重追求粗放型发展转向注重追求集约型发展，从注重追求投入驱动转向注重追求创新驱动。

中国有 960 万平方公里的国土面积，资源丰富，但人均占有量低，目前有些资源包括淡水、森林、矿产等相当有限，经济发展环境承载能力低，再走老路和邪路都是死路，先污染后治理绝对行不通，必须走出一条现代化发展新路。虽然中国经济总量位于世界第二，但中国人均GDP却相对较低，发展极不平衡，主要体现在中西部较为落后、城乡差距大、行业发展不平衡。习近平总书记提出新发展理念，就是坚持以问题为导向，解决这些发展难题，实现经济社会的创新、协调、绿色、开放、共享发展。

用创新、协调、绿色、开放、共享的新发展理念来指导发展，制定科学发展思路、落实科学发展目标。用统筹兼顾的方法提高整体思维能力，自觉注重综合协调发展，坚持各个地区、各个领域之间平衡发展、全面发展；注重以创新作为第一动力，注重绿色发展，建设美丽中国；注重对外开放，提高对外开放的水平和质量，坚持“引进来”和“走出去”相结合，特别是注重“走出去”，实现共建和共享的内在统一。新时代，领导干部既要把人民对美好生活的向往作为奋斗目标，又要成为领导科学发展的行家里手，才能肩负起新时代的历史使命。

3. 增强科学发展本领是新时代不断探索中国特色社会主义建设规律的结果

新发展理念是党在长期发展实践中形成的，是中国共产党尊重规律、按规律办事的结果。面对新时代中国特色社会主义发展新矛盾和新要求，必须增强创新、协调、绿色、开放、共享发展的本领，要认识新时代中国特色社会主义发展规律，认清新时代发展新目标和新内涵，在发展过程中，能够解决发展难题、增强发展势头，发挥优势实现更高质量、更有效率、更公平、更可持续的发展。

创新发展就是强调新时代发展动力的转型升级。邓小平先后提出过根本动力论（生产力）、直接动力论（改革）、第一动力论（科学技术）；江泽民认为实现生产力跨越式发展必须通过科技创新；胡锦涛提出过以人为本的观点，即人本动力观，强调要建设人力资源强国；习近平总书记把创新视为引领发展的第一动力。中国经济发展进入新常态，实现数量型向高质量型发展，唯一的有效途径就是创新。一个历史真理是：科学技术落后，必然要挨打，一个创新能力缺乏的国家，必然缺乏生机和活力，因此，创新发展就是要求对新时代发展动力转换升级。

协调发展就是要注重综合平衡发展。从综合平衡发展的角度看，中国经济实现持续高速发展，主要得益于改革开放之初所采用的“先富带动后富”的共同富裕策略。但从长远看，这种“非均衡发展战略”推动的增长必然会带来“非均衡性”问题，也就是新时代所面临的“不平衡”的问题。这种“不平衡”的问题必然会制约我国下一步经济的健康发展，制约我国发展的速度和质量。

因此，新时代经济发展进入新常态，必须着力解决各个行业、各个领域、各个阶层、各个地区发展不协调的问题，特别是城乡差距和中西部差距比较大，偏远贫困地区要尽快补齐短板。惟其如此，才能真正实现全面建成小康社会。实施乡村振兴战略和区域协调发展战略就是进一步解决新时代不协调问题的具体举措；完成三大攻坚战就是突出补发展过程中的短板，注重综合平衡，形成均衡发展新局面。

绿色发展是坚持人与自然和谐共生的根本途径。改革开放 40 多年的经验表明，不仅需要物质文明，更需要生态文明；不仅需要温饱，更需要环保。从我国实践来看，过去那种“杀鸡取卵、竭泽而渔”掠夺式的增长方式、“拼能源、拼生态”的发展模式显然不可取，决不能以消耗能源和牺牲生态环境为代价，面对生态和资源瓶颈，发展动力明显不足。

进入新时代，构建现代化经济体系，必须迎接新挑战，坚持绿色发展，实现发展数量、结构、速度、质量和效率的有机统一。只有建设好生态环境，经济建设才是有意义的，人民的生活才是有质量的，经济社会的发展才是可持续的。推进绿色发展必须坚持人与自然和谐共生。

开放是社会主义市场经济发展的必然结果，开放是国际市场价值规律和国际分工规律发生作用的结果。中国改革开放40多年，发展成就举世瞩目，开放型经济推动了我国经济强有力的发展。党的十八大以来，我们党继续坚持和完善社会主义市场经济体制，商品经济的交换特性和价值规律必然要求对外开放，因此，必须坚定开放发展的信念。

中国要想进一步持续健康发展，仍然要重视开放，因为只有开放才能使我们获得更多的机会，在世界范围内进行资源配置，促进经济的健康发展。在互利共赢的开放格局中，坚持“引进来”和“走出去”相结合，引进资金与引进技术、引进人才相结合，创造商品品牌，培育具有竞争力的大型企业，发展高质量的开放型经济；采取国际合作新途径来构建人类命运共同体。

共享发展是社会主义的本质目的。长期以来，我们的“蛋糕”越做越大，同时也要让“蛋糕”得到合理的分配，即保证社会公平正义。共享发展理念就是强调让老百姓在共建共享中有更多的满足感，同时也使国家的发展在这个过程中获得更深厚的力量。

共享发展就是要在不断解放和发展生产力的基础上，逐步实现全体人民共同富裕。中国梦是中国人民的幸福之梦。人民幸福必须是人人幸福。实现中国梦从根本上来讲，就是实现全体中华儿女的幸福。因此，既要调动最广大人民的积极性进行共建，又要实现全体人民共享。进入新时代，人民的共享不再是低层次、低水平的共享，而是在生产力不断发展的基础上实现人民对美好生活的共享。

4. 增强科学发展本领是新时代顺应世界发展潮流和趋势的客观需要

当今世界正处于一体化、多极化、多样化、信息化的大变革时代，全球治理体系和国际秩序正在不断更新。一方面，和平与发展、合作与共赢是世界发展的大势所趋；但另一方面，世界依然存在不稳定性、不平衡性、不充分性等巨大的安全隐患，面临许多新的世界性难题和挑战。

例如，国际舆论压力以及国际恐怖主义、霸权主义、地区冲突、强权政治，贸易和投资保护主义抬头，中美经贸摩擦，俄乌冲突持续，中东局部冲突，经济发展的潜在风险，气候变化重大自然灾害和严重的传染性疾病等世界性难题需要共同解决。面对世界各种矛盾和冲突日益加剧，各种安全威胁交织在一起，中国共产党必须提升应对能力。推动世界均衡、普惠、共赢发展，构建人类命运共同体是中国共产党人的必然选择。

习近平总书记提出的新发展理念一方面批判吸收了世界各国发展的先进经验，另一方面总结吸取了我国过去重视经济发展而忽视生态保护的经验教训，在此基础上逐步形成了创新、协调、绿色、开放、共享的新发展理念。新时代，我们既要金山银山，又要绿水青山。为了走好中国特色现代化发展道路，我们不能照抄照搬他国的经验，必须开创一条运用新发展理念指导的全新道路，即科学发展道路。我们要贯彻落实新发展理念，实现真正的科学发展，走出一条结构更加优化、质量和效益更高的发展新路，进而实现世界和谐发展，构建人类命运共同体。

（二）增强科学发展本领，不断开创发展新局面

科学发展要求各级领导干部增强科学发展本领，不断开创发展的新局面。增强科学发展本领，要坚定不移贯彻创新、协调、绿色、开放、共享的新发展理念，深刻理解新发展理念在发展中的重要作用。领导干部要把新发展理念贯彻落实到实践中，树立正确的政绩观，要有“功成不必在我”的理念和境界。要树立全面的政绩观、树立协调发展的政绩观、树立可持续发展的政绩观、树立人民满意的政绩观。

“发展是解决我国一切问题的基础和关键”。“实现‘两个一百年’奋斗目标、实现中华民族伟大复兴的中国梦，不断提高人民生活水平，

必须坚定不移把发展作为党执政兴国的第一要务。”[①]这是对邓小平当年提出的“发展才是硬道理”的深刻解读和继承弘扬，是实现“两个一百年”奋斗目标、实现中华民族伟大复兴中国梦的路径选择。“发展才是硬道理”，是邓小平1992年在南方谈话中提出来的。这句话既是一个非常深刻的命题，又是一个非常普遍的真理。这一命题是邓小平在总结了我们党在社会主义革命、建设、改革中的经验教训以后，得出的一个具有深远意义的结论。

改革开放以来，中国经济社会发展的实践证明：这是一条颠扑不破的真理。这条颠扑不破的真理在新时代如何运用？发展必须是遵循经济规律的科学发展，必须是遵循自然规律的可持续发展，必须是遵循社会规律的包容性发展。一言以蔽之：“发展必须是科学发展。”科学发展要求各级领导干部增强科学发展本领，不断开创发展的新局面。增强科学发展本领，需要各级领导干部在以下几个方面有所作为。

1. 深刻认识新发展理念在经济社会发展中的重要作用

发展理念是发展行动的先导，是管全局、管根本、管方向、管长远的，是发展思路、发展方向、发展着力点的集中体现。领导干部要增强科学发展本领，首先必须坚定不移贯彻新发展理念。“五大发展理念”是党的十八届五中全会提出来的。全会指出，实现“十三五”时期发展目标，破解发展难题，厚植发展优势，必须牢固树立并切实贯彻创新、协调、绿色、开放、共享的发展理念。党的十九大报告进一步强调“必须坚定不移贯彻创新、协调、绿色、开放、共享的发展理念”。由此，我们首先要深刻理解新发展理念在发展中的重要作用。

创新是引领发展的第一动力。五大发展理念中，创新居于首位。为

① 习近平：《决胜全面建成小康社会 夺取新时代中国特色社会主义伟大胜利——在中国共产党第十九次全国代表大会上的报告》，人民出版社2017年版，第29页。

什么要把创新放在首位？因为创新是引领发展的第一动力。党的十八大以来，“创新”是习近平总书记讲话中的一个高频词。2014 年 11 月 9 日，他在亚太经合组织工商领导人峰会开幕式上的演讲中指出：“在新一轮全球增长面前，惟改革者进，惟创新者强，惟改革创新者胜。我们要拿出敢为天下先的勇气，锐意改革，激励创新，积极探索适合自身发展需要的新道路新模式，不断寻求新增长点和驱动力。”①

2015 年，习近平总书记在参加十二届全国人大三次会议上海代表团审议时强调：“惟改革者进，惟创新者强，惟改革创新者胜。”2016 年 3 月 5 日，习近平总书记在参加上海代表团审议时进一步重申，新发展理念是方向、是钥匙，首要的就是创新。要瞄准世界科技前沿，全面提升自主创新能力，力争在基础科技领域作出大的创新、在关键核心技术领域取得大的突破。

在党的十九大报告中，习近平总书记再一次强调：“创新是引领发展的第一动力，是建设现代化经济体系的战略支撑。”②很显然，创新发展居于发展的首要位置。改革开放以来，我国国内生产总值快速增长。尽管如此，我们也必须清醒地认识到，我国的发展质量和效益还不高。要突破质量和效益的瓶颈必须创新，通过创新来引领突破，通过创新来破解发展难题，通过创新来实现质量和效益的飞跃。

协调发展理念是理顺发展中各种重要关系的根本原则。新时代的中国，经济社会关系非常复杂。我国经济社会要行稳致远，避免落入“中等收入陷阱”，就必须理顺各方面、各环节、各因素的关系，补齐短板、缩小差距。而协调发展理念就是理顺发展中各种重大关系的根本遵循。协调，一般是指各主体之间行为的相互适应，避免相互掣肘。

---

① 习近平：《论坚持推动构建人类命运共同体》，中央文献出版社2018年版，第174页。

② 习近平：《决胜全面建成小康社会 夺取新时代中国特色社会主义伟大胜利——在中国共产党第十九次全国代表大会上的报告》，人民出版社2017年版，第31页。

协调的反面是失衡。历史实践证明，失衡的发展必将使国家的发展落入“陷阱”、陷入灾难。拉美地区和东南亚一些国家就是陷入“中等收入陷阱”的典型代表。拉美地区和东南亚一些国家为什么陷入“中等收入陷阱”？原因固然是多方面的，但没有理顺发展关系是一个非常重要的原因。他们不仅错失了发展模式转换时机，也没有高度重视发展的公平性，以致贫富悬殊，社会严重分化，引发了激烈的社会动荡，甚至导致政权更替，对经济社会的发展造成严重的影响。

为了保证我国经济社会的稳定持续健康发展，我们党深刻总结中外经济社会发展的经验教训，在正视我国经济社会发展存在的不平衡问题的基础上，深刻认识发展规律并提出了协调发展理念。协调发展理念的提出，彰显了我们党对发展规律认识的深化，为正确处理发展中的重大关系提供了根本原则。有了这一根本原则，我们必将能处理好发展中的各种关系，并把握好“五位一体”总体布局，贯彻落实好“四个全面”战略布局，做到协调发展，确保我国经济社会发展的道路越走越宽广，越走越坚实。

绿色发展理念是处理经济社会发展和自然环境保护关系的价值标准。党的十八大以来，习近平总书记在多个场合提到过绿色发展理念，并用通俗易懂的语言阐明了绿色发展的意义和作用。他强调“生态兴则文明兴，生态衰则文明衰”“保护生态环境就是保护生产力，改善生态环境就是发展生产力”“我们既要绿水青山，也要金山银山”“绿水青山就是金山银山”等。

“绿色发展理念”的提出，标志着我国经济社会的发展从传统发展价值向现代发展价值的转换。传统发展价值是一种粗放型的发展，粗放型的发展方式使我国的能源、资源不堪其累，使我国的环境受到破坏，成为建设美丽中国的瓶颈。现代发展价值强调人与自然和谐共生。它以节约资源和保护环境为基本国策，以为人民创造良好生产生活环境为落脚点，是中华民族永续发展的千年大计。

开放发展理念是引领我国全方位高水平对外开放的行动指南。党的十八大以来，以习近平同志为核心的党中央深刻把握世界经济的发展规律，直面我国对外开放中的突出矛盾和问题，主动顺应国内外的发展大势，提出了开放发展这一重要的发展理念，为推进我国全方位高水平对外开放指明了方向。

习近平总书记指出："各国经济，相通则共进，相闭则各退。"[①] 这句话道破了世界经济的发展规律。开放带来共同进步，封闭导致彼此退步。这已经被世界历史发展的实践所证明。开放发展理念引领我国对外开放领域深刻变革。如今，我国作为世界第二大经济体，对世界经济增长贡献率超过 30%，已经成为世界经济增长的重要引擎，在世界经济中扮演着重要的角色。

而同我国在世界经济中所扮演的新角色相比，我国对外开放水平总体不够高的问题却很突出。要化解这种突出矛盾，更好地顺应和平、发展、合作、共赢的世界局势，必须发展全方位高层次的开放型经济，而开放发展理念就是引领这种开放型经济的行动指南。有了这一行动指南，我们就能进一步健全开放型经济新体制，以新的思路、新的举措发展全方位高层次的开放型经济。这种开放型经济能既立足国内，充分发挥我国资源、市场、制度等方面的优势，又能更好地利用国际国内两个市场、两种资源，以开放促改革、促发展、促创新，与世界各国互利共赢，共享发展成果。

共享发展理念是实现社会公平正义的保证。共享发展理念，注重的是解决社会公平正义问题。社会主义的本质要求，就是要让人民群众共

---

① 中共中央文献研究室编：《习近平关于全面深化改革论述摘编》，中央文献出版社 2014 年版，第 130 页。

享经济社会发展的成果。"共享发展理念"的提出，顺应了人民群众的期盼，必将成为实现社会公平正义的保证。

改革开放以来，虽然我国经济总量增速很快，"蛋糕"做得很大，人民群众整体收入水平都有了普遍的提高，生活有了非常明显的改善，但民生领域还有不少短板，城乡区域发展和收入分配差距依然较大，群众在就业、教育、医疗、居住、养老等方面面临不少难题。简言之，分配不公平问题比较突出，发展成果共享不够。人民群众热切期盼着共享改革发展的成果。正因如此，2013 年 3 月 17 日，习近平总书记在第十二届全国人民代表大会第一次会议上的讲话中强调，要让"生活在我们伟大祖国和伟大时代的中国人民，共同享有人生出彩的机会，共同享有梦想成真的机会，共同享有同祖国和时代一起成长与进步的机会"[①]。

2. 在经济社会发展的实践中贯彻落实新发展理念

"新发展理念"的提出，为中国经济社会未来的发展提供了全局性、根本性、长远性的考量标准。现在的关键是要把新发展理念贯彻落实到位，否则，新发展理念就是水中的文字、镜中的花朵。因此，领导干部要增强科学发展能力，必须做到几个"坚持"。

第一，坚持创新发展。创新发展要求各级领导干部必须把创新摆在国家发展全局的核心位置，不断推进理论创新、制度创新、科技创新、文化创新等各方面创新，让创新贯穿党和国家一切工作，让创新在全社会蔚然成风。作为领导干部，要把着力点放在创新体制的构建、创新动力的培育、创新平台的打造、创新人才的激励上，通过创新发展的理念推动领导工作目标的实现。

第二，坚持协调发展。协调发展要求各级领导干部必须牢牢把握中

① 习近平:《在第十二届全国人民代表大会第一次会议上的讲话》，人民出版社2013年版，第5页。

国特色社会主义事业总体布局，正确处理发展中的重大关系，重点促进城乡区域协调发展，促进经济社会协调发展，促进新型工业化、信息化、城镇化、农业现代化同步发展，在增强国家硬实力的同时注重提升国家软实力，不断增强发展整体性。作为领导干部，要把着力点放在以协调发展理念来破解不平衡不充分发展的难题上，放在社会公平正义的追求上，放在资源配置的均衡上。

第三，坚持绿色发展。绿色发展要求各级领导干部必须坚持节约资源和保护环境的基本国策，坚持可持续发展，坚定走生产发展、生活富裕、生态良好的文明发展道路，加快建设资源节约型、环境友好型社会，形成人与自然和谐发展现代化建设新格局，推进美丽中国建设，为全球生态安全作出新贡献。作为领导干部，要把着力点放在促进人与自然和谐共生上。树立环境道德观念，从人与社会的关系中去把握自己的行为，自觉节约资源和保护环境。从社会全局利益和长远利益出发，本着对社会、对人民负责的态度去开发自然资源，坚持生产效益和社会效益相结合。在发展经济时，要把经济发展与合理开发自然资源、保护自然环境结合起来，努力防止和避免对自然只开发不保护，激化人类与环境的矛盾冲突。既要保持生态系统的供应能力与人类需求之间的平衡，又要保证生物资源的不断恢复和繁殖，保持生物资源的数量和适宜的群体结构，保持生物间的相连关系。有人说："天堂和地狱的大门钥匙就捏在人类自己的手中。保护好环境，地球就是人类的天堂花园；破坏了环境，地球就是人类的地狱坟场。"这话绝不是夸大其词。

第四，坚持开放发展。必须顺应我国经济深度融入世界经济的趋势，奉行互利共赢的开放战略，发展更高层次的开放型经济，积极参与全球经济治理和公共产品供给，提高我国在全球经济治理中的制度性话语权，构建广泛的利益共同体。党的十九大报告指出："中国人民的梦想同各国人民的梦想息息相通，实现中国梦离不开和平的国际环境和稳定的国际秩序。”作为领导干部，必须增强战略思维，才能以全局、长远的视角来观察和思考问题；必须坚持正确的义利观，树立共同、综合、合作、可持续的新安全观，谋求开放创新、包容互惠的发展前景。

第五，坚持共享发展。必须坚持发展为了人民、发展依靠人民、发展成果由人民共享。作为领导干部，要把着力点放在更有效的制度安排上。通过制度安排，在发展中补齐民生短板、促进社会公平正义，让改革发展成果更多更公平惠及全体人民，实现幼有所育、学有所教、劳有所得、病有所医、老有所养、住有所居、弱有所扶的美好生活目标。

3. 要有正确的政绩观，树立“功成不必在我”的理念和境界

在 2011 年第 6 期《求是》杂志上，习近平同志发表过题为《关键在于落实》一文。他在文章中要求领导干部要有“功成不必在我任期”的理念和境界，要求领导干部树立正确的政绩观。“功成不必在我任期”，强调树立正确的政绩观，强调工作的连续性，强调谋划工作要注重长远，防止和克服急功近利的行为，不贪一时之功、不图一时之名。这也是领导干部增强科学发展本领的题中应有之义。

树立正确的政绩观，就是要树立全面的政绩观。政绩，应该是全面的政绩。这里的政绩，不仅包括经济的，还应该包括政治的、精神的、文化的等各个方面的。也就是说，要物质文明、政治文明、精神文明、社会文明、生态文明这“五位一体”齐头并进。

只有各个方面都发展了，才是全面的发展。树立正确的政绩观，就是要树立协调发展的政绩观。协调发展，是指经济、社会、自然等各个方面共同发展，相互促进。既要有经济效益和发展速度，又要有人口、资源、环境、生态的健康发展；既要注重城市的发展，又要搞好乡村的发展；既要做好局部的发展，又要关注全局的发展。

总之，要把各个方面都抓好，相互协调，共同促进。树立正确的政绩观，就是要树立可持续发展的政绩观。既要立足当前，又要着眼长远；

既要看到眼前利益，又要考虑到长远利益，不得以牺牲后代的利益来谋求当代的发展。树立正确的政绩观，就是要树立人民满意的政绩观。政绩必须得到人民的认可，使人民满意。

领导干部做得好不好，人民群众最有发言权。人民群众是最终的受惠者和最好的监督者，要把人民拥护不拥护、赞成不赞成、高兴不高兴、答应不答应作为评价政绩的标准。要分辨那些不切实际、劳民伤财、损害群众利益的假政绩。要把政绩做到实处，真正做到权为民所用、情为民所系、利为民所谋。

正确的政绩观，体现在政绩的内容上，应该是实实在在的，有利于地方和单位的建设和发展；创造政绩的目的，应该是为党、为人民，而不是为了一己之私；创造政绩的途径，应该是脚踏实地，而不是投机取巧，牺牲后代利益，以浪费资源为代价。领导干部只有树立了正确的政绩观，才能真正增强科学发展的本领。

五、增强依法执政本领

依法执政本领是指政党在行使国家政权、管理国家事务的过程中，严格依照法律规定进行决策、执行和监督的能力。在中国，这一本领尤其重要，因为中国共产党作为执政党，其依法执政的能力直接关系到国家的法治建设、社会稳定和人民的福祉。

依法执政首先要求政党及其成员严格遵守国家的宪法和法律，确保所有行为都在法律框架内进行。这意味着政党在决策和执行过程中，必须遵循法定的程序和规则，不得超越法律的界限。作为执政党，中国共产党有责任领导国家的立法工作，确保法律体系的完善和科学。这包括提出立法建议、参与立法讨论、监督立法实施等，以确保法律符合国家的根本利益和人民的意愿。

依法执政还要求政党监督和支持政府及其相关部门严格执法，确保法律的权威和尊严得到维护。政党应督促政府加强执法队伍建设，提高执法人员的法律素养和执法能力，确保法律得到有效执行。政党及其成员要带头遵守法律，树立良好的法治形象，包括遵守法律法规、尊重司法判决、维护法律秩序等，以实际行动引领全社会形成尊法学法守法用法的良好氛围。

依法执政还包括推进国家的法治建设，不断完善法律体系、加强法治宣传教育、提高全民法治意识等。政党应积极推动法治政府、法治社会和法治国家的建设，为国家长治久安提供坚实的法治保障。提高依法执政本领对于中国共产党来说具有重要意义，它有助于巩固党的执政地位，增强党的公信力和执行力；有助于维护社会稳定和公平正义，促进经济社会的持续健康发展；有助于推动国家的法治建设，实现国家治理体系和治理能力现代化。因此，应不断加强自身的法治建设，提高依法执政的本领，为国家的繁荣富强和人民的幸福安康作出更大的贡献。

（一）增强依法执政本领的重要意义

全面依法治国是中国特色社会主义的本质要求和重要保障，也是国家治理的一场深刻革命。随着全面依法治国的深入推进，中国共产党作为中国特色社会主义事业的领导核心，必须着力增强依法执政本领，不断改革和完善党的执政方式，推进国家治理体系和治理能力现代化。

首先，增强依法执政本领是坚持和发展中国特色社会主义的客观需要。中国特色社会主义是改革开放以来党的全部理论和实践的主题。党的十八大以来，在改革开放以来取得的重大发展成就基础之上，中国特色社会主义进入了新的发展阶段。

新时代坚持和发展中国特色社会主义必须全面依法治国，对此，党的十九大报告明确指出："全面依法治国是中国特色社会主义的本质要求和重要保障。"为不断开拓中国特色社会主义事业的广阔发展前景，需要坚持中国特色社会主义法治道路，全面依法治国。党的领导是中国特色社会主义法治道路的根本保证，党是最高政治领导力量，中国特色社会主义法治建设能否成功，最重要的是党能否增强依法执政本领，履行好执政兴国这一重大历史使命。

其次，增强依法执政本领是中国共产党实现长期执政的必然选择。

中国共产党是世界上最大的政党，长期执政是我们党取得的巨大成就，也是我们党面临的最严峻考验。选择正确的执政方式，树立和维护政治权威，是实现长期执政的必然要求。德国著名的政治学家马克斯·韦伯认为，一个国家的政治权威模式一般要经历从传统型到魅力型再到法理型权威的转型。

现代社会政治权威的合法性主要建立在民主的制度化、法律化基础之上，政权只有在法律的轨道上才能实现稳定有序的运行，一个循法而治、依法执政本领高强的执政党才能实现长期执政。中国共产党要取得广大人民对其政治权威的认同与支持，必须使党的主张与人民意愿相统一，通过法定程序将代表社会普遍共识的党的主张上升为国家法律，并且依据法律治国理政，将党的领导与法律权威统一起来，使执政党的政治权威成为法理型权威，使党的执政权运行实现制度化、规范化、程序化，制约权力专横，防止权力腐败，给予人民关于未来的良好预期，坚定人民对社会发展的信心，为党的长期执政提供最坚实的根基。

再次，增强依法执政本领是全面推进依法治国的关键环节。依法治国是党领导人民治理国家的基本方略，而依法执政是新的历史条件下党执政的基本方式。在全面推进依法治国的进程中，中国共产党发挥着总揽全局、协调各方的领导核心作用，党的领导贯穿在依法治国的全过程和各方面。执政党能否依法执政，直接影响行政机关能否依法行政，司法机关能否公正司法，全社会能否形成尊法学法守法用法的良好风尚。

全面推进依法治国首先必须在党的依法执政中得到体现，如果不能在宪法和法律范围内活动，不能将执政行为纳入法治轨道，全面依法治国就无从谈起。只有各级党组织带头尊崇宪法和法律，才能真正树立法律的权威；只有共产党人带头依法行使职权，才能顺利推进依法治国的各项工作。

最后，增强依法执政本领是实现国家治理现代化的内在要求。党的十八届三中全会首次提出“推进国家治理体系和治理能力现代化”。随着市场经济和民主政治的发展，现代社会经济结构、社会结构以及意识形态日益多元化，人们的经济活动、社会活动和思想活动的独立性、差异性大大增强，与之相适应，国家治理现代化的特征主要体现为治理主体的多元化、治理方式的民主化、治理结构的科学化、治理规则的法治化以及治理过程的高效化。自由、平等、公平、正义是国家治理现代化的价值追求，也是法律价值体系的重要内容，可以说国家治理现代化首先是法治化。

推进国家治理体系现代化需要以法律法规为重点改革完善制度体系，推进治理能力现代化则需要增强依法办事的意识与能力，善于运用法律制度治理国家。中国共产党是国家治理现代化的组织者、推动者、实践者，治理现代化与法治化的紧密联系必然要求提升党依法执政的能力和水平。

（二）当前一些党员干部依法执政本领有待增强

处于执政一线的党员干部是依法执政的具体实践者，是全面依法治国的推动者、维护者、先行者，党员干部带头尊法学法守法用法，才能营造良好的法治环境，促进形成全民守法的社会风气。但从目前的实践来看，受思维定式、行为惯性、制度环境的影响，党员干部依法执政本领不强的问题依然存在，具体表现为四个方面。

一是法治自觉不够。法治自觉是行为主体基于内心对法治的认同和信仰，从而在行动上主动服从法律。法国著名启蒙思想家卢梭说，“法律既不是铭刻在大理石上，也不是铭刻在铜表上，而是铭刻在公民的内心里”。

真正有效的法治不是简单的循法而治，而是依靠人们把法律铭刻在心中的法治自觉来实现，只有内心尊崇法治，才能行为遵守法律。党员干部作为全面依法治国的先行者，要带头在心底播下法治的种子，增强厉行法治的积极性和主动性，做法治的坚定信仰者。

然而受传统“权力本位”和“官本位”思想的影响，一些党员干部信奉权力之治而非法律之治，在处理问题时常常无视国家法律和党内法规的规定，以言代法、以权压法；一些党员干部信奉“潜规则”而非“明规矩”，按端不上台面的“潜规则”行事，视党纪国法的明文规定如无物。这些现象如果任其发展，将会损害社会公众对于法治建设的信心，依法执政也会流于一纸空文。

二是法治思维欠缺。法治思维欠缺的背后是存在思维短板。思维是人类所特有的高级认知活动，是在表象、概念的基础上进行分析、综合、判断、推理等认知活动的过程。思维是一种无形的力量，一个人拥有正确高效的思维方式可以获得事半功倍的效果，如果一个人不能跳出陈旧的思维定式，则将使工作陷入僵局。

党的十八大报告首次明确要求提高领导干部运用法治思维的能力，法治思维与战略思维、创新思维、辩证思维、底线思维是党员干部必备的五种思维能力。法治思维是指执政者运用法律规范、法律原则、法律精神和法律逻辑对所遇到或所要处理的问题进行分析、综合、判断、推理和形成结论、决定的思想认识活动与过程，它包含了规则思维、契约思维、权利思维、证据思维和程序思维等主要内容。

全面依法治国是国家治理领域的一场深刻革命，它需要党员干部进行一场思维领域的深刻革命，当好思维转换的先行者，彻底摒弃人治思维，不断强化法治思维。然而，受人治传统的影响，一些党员干部人治思维根深蒂固，习惯于依靠权力发号施令，甚至把个人权威凌驾于法律之上，导致一些群众相信“人治”“官治”“信访不信法”，这既违背了法治精神，也破坏了法治秩序。

三是法治能力不强。法治能力是法治思维的外在表现形式，领导干部培养法治自觉、强化法治思维终究要落实到运用法治方式推动工作上。如果只是从法律上弄明白，从思想上想清楚，而不在行动上加以贯彻，这样的党员干部依然没有真正具备依法执政本领。

具体而言，党员干部的法治能力是通过保证执法、支持司法来推进严格执法和公正司法，运用法律规定的职权、程序、机制来解决各种社会问题，从而形成全民守法的良好社会风尚。因此，党员干部要善于运用法治方式规范发展行为、凝聚改革共识、促进矛盾化解、保障社会和谐，努力推动形成尊法学法守法用法的良好法治环境。

然而现实生活中，一些党员干部在法治有利于提升政绩、获得利益时可以做到依法办事，而一旦遇到改革发展稳定中的复杂问题、棘手事件，法律对其形成制约时，则习惯于运用违反或规避法律法规的方法解决问题，甚至以言代法、以权压法，这种现象暴露出一些党员干部法治思维混乱、依法执政的能力不强。

四是法治担当不足。习近平总书记反复强调领导干部要敢于担当，要把责任牢记在心，把担当贯彻在各项工作中。具体到法治领域，领导干部的法治担当包括为基层执法者的严格执法撑腰。“天下之事，不难于立法，而难于法之必行。”只有严格执法才能维护法律权威，减少违法行为的发生，建立良好的社会秩序。

当前出现的很多社会问题都与执法不严、失于规制有关，所以全面推进依法治国必须坚持严格执法。近年来公民维权意识不断提高，但一些维权者的法律意识淡薄，将“大闹大解决、小闹小解决、不闹不解决”奉为圭臬，动辄采取暴力维权的方式。一些基层执法者在遭遇暴力抗法者辱骂殴打、造谣恐吓时畏首畏尾，不敢执法。执法者如此“示弱”源于缺乏严格执法的底气，一些地方为了政绩和形象，规定“当事人一投诉一切工作归零”，一旦出现了媒体的负面报道就对执法者进行问责。在群众投诉、舆论批评、上级问责的重重压力下，如果没有人为一线执法者担当，执法者难免瞻前顾后，产生“多一事不如少一事”的消极懈怠心态，严格执法也将沦为空谈。

（三）增强领导干部依法执政本领的路径

依法执政本领是新时代我们党善于在法治的轨道上、在宪法和法律的框架下，运用法治思维和法治方式，领导和管理国家的能力。依法执政能力主要包括执政党的法治观念、法治思维，利用法律手段解决问题的能力和依法制约权力的能力。突破人治传统与人情社会的束缚、破除既得利益和利益固化藩篱的影响、提高领导干部对法律法规政策的知悉程度，使其遵循法律原则、法律程序，是当下增强领导干部依法执政本领的有效途径。

新时代，我们党要善于在法治的轨道上，在宪法和法律的框架内，运用法治思维和法治方式，领导和管理国家与社会。党的十九大报告中提出：“坚定不移全面从严治党，不断提高党的执政能力和领导水平。”而要提高党的执政能力和领导水平，就必须增强政治本领、改革创新本领、依法执政本领、学习本领、群众工作本领、科学发展本领、狠抓落实本领和驾驭风险本领等八种本领。

1. 增强依法执政本领需要摒弃传统落后的人治理念

法治和人治都是国家治理的理念和方式。法治与人治的核心区别在于国家权力与宪法法律关系。权大于法，即人治；法大于权，即法治。封建社会 2000 多年人治之定式，在一些党员干部头脑中形成根深蒂固的思维模式。凡事只讲完成任务、不计成本的“目标论”有之；为了单一的政治目标，不惜全民发动，人人参加，最终演变成“群众运动”者有之；采取疾风暴雨方式、不按常态办事、不按程序办事，把常态工作当作“战役”对待者有之；凡事只求“快”不求“好”、急功近利地追求“政绩”者亦有之。凡此种种，都是传统人治观念在一些领导干部头脑中的反映。

2015年初，习近平总书记寄语领导干部要认真学习贯彻党的十八届四中全会精神全面推进依法治国，要求领导干部“谋划工作要运用法治思维，处理问题要运用法治方式”。领导干部要以合法性为出发点，以追求公平正义为目标，按照法律逻辑和法律价值观思考问题，真正在思想上和行动上彻底告别人治传统，坚守法治原则。

2. 增强依法执政能力需要破除既得利益的藩篱

既得利益问题不仅影响到社会和谐稳定、社会公平正义，而且也制约着领导干部依法执政能力的提升。在现有社会结构中，一些领导干部钻社会变革中尚未调整到位的制度或社会整合错位的漏洞，或凭借自身特殊的身份和地位，牟取私人、部门或地区非正常、不正当的特殊利益。出于既得利益维护的现实需要，他们往往会自觉结成比较稳定而牢固的藩篱。

这种“保护屏障”的形成，使得一些领导干部不关注依法执政能力提升甚至不情愿去依法执政。因为一旦真正落实依法执政，就会触动既得利益者的利益，意味着一些领导干部已牟取到手的特殊利益将可能被分割甚至被“剥夺”。因此，全面推进依法治国，增强领导干部依法执政能力，就必须解决好既得利益藩篱影响的现实难题。

要破除既得利益的藩篱，不仅要杜绝其滋生的土壤，还要敢于啃硬骨头，敢于打硬仗，“如农夫之务去草焉，芟夷蕴崇之，绝其本根，勿使能殖”。党的十八大以来，从中央八项规定出台到狠刹“四风”，多措并举逐步延伸到领导干部的生活、工作待遇等方面，彰显了党中央触动和消减领导干部既得利益的强大决心和清晰思路。只要坚持不懈地进行下去，就一定能够破除既得利益藩篱的影响，破解领导干部依法行政能力提升的瓶颈问题。

3. 增强依法执政本领需要熟悉法律法规政策

《全面推进依法行政实施纲要》对建设法治政府的目标提出了明确的要求。而要实现这一目标，就必须了解依法执政要依据哪些“法”。增强依法执政本领，不仅要对中国特色社会主义法律体系有所了解，还必须知悉自己分工领域的法律法规。

宪法是国家的根本大法，在一国法律体系中居于统帅地位，具有最高的法律效力，也是制定其他法律的基础。因此，领导干部应该了解宪法的基本原则和精神。此外，领导干部增强依法执政本领还要了解国家立法机关制定的有关法律。由于法律不可能涵盖和调整社会生活的方方面面，并且某些法律中关于行政权力的规定相对抽象，不够具体，这就需要行政机关将法律的内容进一步具体化，制定成各种行政法规。

所以，领导干部增强依法执政能力，还需要充分了解各项行政法规和部门规章。在地方工作的领导干部还要熟悉地方性法规、地方政府规章以及自治条例、单行条例等根据本行政区域的具体情况和实际需要制定的规范；涉及与中国的特别行政区和国外组织交往的，领导干部还应关注该特别行政区的法律和相关国家的法律法规与国际条约。

领导干部增强依法执政本领，还必须熟悉自己分工领域内党的各项政策。党的政策，特别是中国共产党的总政策和基本政策，是我国立法机关制定法律的基本依据。在现行法律没有明确规定的情况下，可以按照党的政策来处理相关事务。

新中国成立之初，国家法律不够健全，党的政策在国家和社会生活中发挥了重要作用。在当下立法已经基本完备的情况下，法律的制定与实施依然离不开政策的指导，政策的贯彻和落实也离不开法律的保障。

4. 增强依法执政本领需要遵循法律原则和法律程序

法律原则是指能够作为法律规则基础或本源的原理或准则。法律原则从一定的社会关系中抽象和演化而来，体现了法律的精神，是一种以指导思想的形式影响人们的行为准则。法律原则不仅可以为法律规制和概念提供基础，指导法律解释和法律推理，还可以作为确定行使自由裁量权合理范围的依据、疑难案件的断案依据，起到补充法律漏洞、强化法律调控功能的作用。

增强领导干部依法执政本领需要遵循法律原则。领导干部要注重学习、充分熟悉法律法规，培养并提高运用法治思维和法治方式的能力，深刻领悟法律精神和遵循法律原则。在开展工作时如果没有具体的法律规定可以参考，领导干部可以把法律原则作为开展依法执政的依据，持续增强依法执政本领。

增强依法执政本领还要遵循正当的法律程序。法律程序是人们遵循法定的时限和时序并按照法定的方式和关系进行法律行为，而正当的法律程序是法律权威的保障。正当程序是英美法系的一条重要原则，其主要含义可归结为两个规则：第一，与结果有牵连的人不能成为法律主体，决定程序法律结果的人必须保持中立；第二，保证程序的人道性及主体的平等参与性，在法律程序运行中主体有获得告知、说明理由和提出申辩的权利。正当的法律程序是权力制衡的有效机制，现代正当法律程序不仅适用于司法行为，也适用于立法行为、行政执法行为和行政决策行为。

对法律程序及其重要性，长期以来有些人存在着某些片面认识。有人认为法律程序属于形式，没有内容那么重要；有人觉得法律程序是细枝末节，可有可无；有人甚至把法律程序当作繁文缛节，不但不重视，而且很反感。由此一来，现实生活中就出现了“重实体轻程序”现象，特别是在行政工作中，不讲程序、违反程序的现象屡见不鲜，结果既影响工作的质量和效率，又容易助长不正之风，给我们的事业带来损失。因此，增强领导干部依法执政本领还需要遵循正当的法律程序。

六、增强群众工作本领

群众工作是党的根本性工作和政治优势。新时代，做好群众工作，必须始终坚持以人民为中心的发展思想，继承和发扬党在群众工作方面的优良传统，不断创新工作方法，深化实践内涵，提升工作水平，把群众工作贯穿于党和政府各项政策之中，建立起人民群众满意的党和政府。

当前，我国发展也面临着国内外形势的严峻挑战。在这种背景下，人民群众就业方式的利益分配出现了多样化趋势，社会阶层也日益多元化。随着社会法治观念和政治意识的不断提升，人民群众工作的对象变得更加复杂，利益诉求也发生了深刻变化。

在不同思想价值的影响下，做好党的群众工作面临全新的挑战。为了适应新变化，实现国家治理体系现代化，党必须正确认识群众工作的重要性，提高群众工作能力。这不仅是必然要求，也是现实需要。群众工作本领是党开展工作的基本本领，对于巩固群众基础、实现长期执政具有重要意义。

中国共产党作为马克思主义政党，来源于群众，植根于群众，能否密切联系群众、做好群众工作关系着党的生死存亡。新时代增强党的群众工作本领，是党应对“四种危险”、“四大考验”、实现伟大目标和伟大梦想的必然要求，也是党亟须解决的重大课题。

（一）新时代增强党的群众工作本领的时代价值

中国共产党作为中国特色社会主义事业的领导核心，既要政治过硬，也要本领高强。在党的十九大报告中，“增强群众工作本领”首次被列为全面增强党的执政本领的八个方面之一，这既是对群众工作重要性的深刻把握，也是新时代夯实党的执政基础和巩固党的领导地位的重要举措。

历史和实践证明，党的命运与人民群众密不可分，党的一切执政活动都离不开群众的支撑。今天，党要团结带领人民实现伟大梦想，完成历史使命，必须持之以恒加强自身建设，不断增强群众工作本领，努力做好群众工作。

新时代，群众工作变得更加复杂，群众工作的重要性也更加凸显，对党的群众工作本领提出了更高的要求。因此，要确保新时代中国共产党始终做好群众工作，就必须不断深化对增强群众工作本领重要性的认识。

1. 增强群众工作本领是马克思主义政党的鲜明要求

《共产党宣言》指出，共产党人始终坚持和代表无产阶级和最广大人民群众的利益，“他们没有任何同整个无产阶级的利益不同的利益”。也就是说，共产党人没有任何自己的特殊利益，这是马克思主义政党区别于其他政党的显著标志。

《党的建设辞典》中也对马克思主义政党的性质作了深刻阐述，认为“马克思主义政党的本质就是实现、维护和发展人民群众利益的工具”。人民群众是历史的创造者，离开人民群众的历史是不存在的；同样，人民群众也是马克思主义政党的缔造者之一，马克思主义政党的产生过程，同人民群众创造历史的过程不可分离，离开了人民群众，党的一切事业都无法开展。

无论是革命、建设还是改革，都始终离不开人民群众这个强大力量。毛泽东早在革命战争年代就充分肯定了人民群众的作用，认为："依靠民众则一切困难能够克服，任何强敌能够战胜，离开民众则将一事无成。"[①]我们党来自人民，失去人民拥护和支持，党就会失去根基。

一方面，党和国家一切成就的取得必须紧紧依靠人民群众，失去了人民群众这一基石，不仅中国特色社会主义的短期奋斗目标无法实现，而且共产主义的目标也将成为空中楼阁；另一方面，人民群众是否永远维护中国共产党的领导地位，是否永远追随中国共产党，关键在于党能否解决好人民群众最关心最迫切的问题。

进入新时代，人民群众对美好生活的需要更加广泛，不仅对物质生活有了更高的追求，而且在民主、法治、公平、正义等方面的需求也日益增加。为满足人民群众的正当利益诉求，维护党的领导地位不动摇，领导干部必须练就高超的群众工作本领。

2. 增强群众工作本领是处理好党群关系的关键所在

得民心者得天下，做好群众工作是处理好党群关系、赢得人民群众信任的关键所在，是保证党同人民群众血肉联系的根本要求。党和国家事业能否顺利发展，关键在于对两者关系的处理是否得当。中国共产党是在与人民群众同心协力、共同奋斗中发展壮大的，可以说，两者的关系正如高楼大厦与地基的关系一样，没有坚固的地基，再宏伟的楼房也会坍塌。同样，党若失去了人民群众这个执政基础，再崇高的使命和追求也将难以实现，甚至生存和发展都会面临问题。

正如习近平总书记所说，"党的根基在人民、血脉在人民、力量在人民。失去了人民拥护和支持，党的事业和工作就无从谈起"[②]。当前，党群

① 《毛泽东军事文集》第2卷，军事科学出版社、中央文献出版社1993年版，第381页。
② 中共中央文献研究室、中央党的群众路线教育实践活动领导小组办公室编：《习近平关于党的群众路线教育实践活动论述摘编》，中央文献出版社2014年版，第3页。

关系中仍然存在着一系列问题，密切党群关系、建立人民群众对党的充分信任仍是一项紧迫的任务。这主要表现在两个方面：第一，党的宗旨意识不强、群众立场不坚定、脱离群众等现象依然存在，一些领导干部漠视群众疾苦，不是帮助人民群众改善生活处境、解决实际难题，而是热衷于搞形式主义和“形象工程”，甚至为了满足自己的私利而不惜损害人民群众的利益，导致有些地方的干群关系处于紧张状态；第二，党员干部中群众工作能力不强、工作本领不高等问题十分突出，不会做甚至不愿做群众工作的现象也十分普遍。进入新时代，面对群众工作中的新情况新问题，一些党员干部难以作出及时有效的应对，很大程度上降低了人民群众对党的信任度。因此，只有不断增强党的群众工作本领，着力解决人民群众最关心和最实际的利益问题，才能赢得人民群众的充分信任，从而为实现伟大复兴的中国梦汇集起亿万人民群众的磅礴力量。

3. 增强群众工作本领是提高党的执政能力的题中之义

中国共产党的执政地位是历史的选择，更是人民的选择，如何实现长期执政，是中国共产党自执政以来就一直在思考的问题。但是任何时候，党的执政地位都离不开深厚的执政基础，这个基础就是人民群众。而党能否筑牢执政基础，获得执政认同，实现长期执政，关键在于赢得人民群众的支持和信任，并将人民群众紧紧团结在一起。这就需要加强党的执政能力建设，不断增强党的群众工作本领，始终做到为人民群众谋利益，在此过程中使自身综合能力不断提升、使人民群众的获得感和幸福感不断增加。

党的十九大报告明确指出要以“加强党的长期执政能力建设、先进性和纯洁性建设”为主线，全面增强党的执政本领，并将群众工作本领列入其中；同时，报告也明确指出要“不断增强党的政治领导力、思想引领力、群众组织力、社会号召力”。党的二十大报告指出“党的政治领导力、思想引领力、群众组织力、社会号召力显著增强”。可以看出，群众工作本领无疑是党的执政能力的一个重要组成部分，不断增强党的群众工作本领是新时代加强党的执政能力建设的新要求。

在新时代，我们党继续强调增强自身群众工作本领，这对于加强党的长期执政能力建设、确保党始终具有深厚的群众基础无疑具有深远意义。因此，必须把增强群众工作本领作为加强党的执政能力建设的重中之重，时刻注意处理好党同人民群众之间的关系。

4. 增强群众工作本领是完成党的历史使命的时代需要

实现中华民族伟大复兴是全体中华儿女的共同心愿，也是中国共产党人的历史使命，而要完成使命、实现梦想，就必须不断增强党的群众工作本领。这是因为，一方面，新时代党面临的执政环境更加复杂，需要进行许多具有新的历史特点的伟大斗争，因此必须坚持不懈地做好群众工作，得到人民群众的全力支持；另一方面，中华民族伟大复兴需要全体人民的共同参与。

鸦片战争后，中国逐渐沦为半殖民地半封建社会，人民处于一片苦海之中，无数有志之士为改变中国命运进行了艰辛探索，如太平天国运动、戊戌变法、辛亥革命等一系列运动，但最终都失败了，一个重要的原因就在于它们没有发动人民群众。

中国共产党之所以能够在 28 年艰苦卓绝的斗争中取得伟大胜利，之所以在几十年的革命、建设和改革过程中取得如此巨大的成就，就在于中国共产党从成立之日起，始终扎根人民群众，秉持正确的群众工作方法，坚持从群众中来、到群众中去。

新时代新征程，各种社会矛盾和各种利益更加复杂，党要完成历史使命，需要广大人民群众的支持和参与。因此，增强群众工作本领，做好群众工作，是新时代党面临的一项重大而紧迫的任务。

（二）深刻理解新时代群众工作的主要特点

中国特色社会主义进入新时代，群众路线和群众工作与以往既有一脉相承的地方，又有新的时代特点。一是群众主体更加多元。改革开放以来，随着经济社会快速发展和工业化、城镇化进程深入推进，社会结构发生深刻变化，从前同质性、单位化的“熟人社会”转向了如今异质化的“陌生人社会”。原有的“工农商学兵”内部出现新的分化，新的社会群体和社会组织不断涌现。农村人口大量向城镇特别是大城市转移，导致部分农村空心化现象日益严重，产生了留守老人、留守妇女、留守儿童等特殊群体。

二是群众需求更为广泛。新时代我国社会主要矛盾的转化，意味着群众的需求更为广泛更为深入。群众工作已到了从先富带后富到共建共享的发展阶段。从生存层次来讲，老百姓不再满足于吃饱穿暖，而是要吃得好、穿得好，还要玩得好、过得好。从发展层次来讲，读书不再满足于“有学上”，而是要“上好学”；看病要“看得起、看得好”；养老问题要求解决从“养儿防老”过渡到社会、政府和家庭养老并举。从民主权利来讲，人民群众的自主意识、权利意识、参与意识和法治观念不断增强，要求社会更加公平正义，扩大参与社会管理监督的呼声和愿望也越来越强烈。

三是群众诉求愈加多样。新时代人民群众对实现自身群体利益的愿望越来越高，利益诉求呈现多样化。当前社会舆论环境发生了重大而深刻的变化，由于不同群体之间价值观念的不同，他们所关心的热点、难点问题也不同，既有社会保障、民生就业、生态环境等问题，也有干部作风、分配不公等问题，涵盖了社会的政治、经济、文化等诸多领域和不同层面。互联网和手机互动平台等新媒介的兴起，也为群众的利益表达提供了新的渠道。

四是群众工作越发复杂。改革进程中群众利益关系不协调、政治体制机制不完善，导致新形势下的群众工作越发复杂，一些个体事件一旦处置不当或者被人操纵利用，容易引发群众对政府的不满，增强群众对政府的不信任感，还可能导致群体性事件的发生。

当前，党员干部做群众工作还存在着以下一些问题。一是思想偏差，不想做群众工作。当前，有些党员干部群众观念淡薄，宗旨意识不牢，淡忘了全心全意为人民服务的根本宗旨，对“权从何来、权为谁用”这一根本问题认识不够，高高在上，官本位思想严重；同时，有些党员干部没有站在群众的立场去思考问题，不愿深入基层了解实情，对群众的疾苦、困难知之甚少，甚至对群众利益麻木不仁。

二是情感疏离，不愿做群众工作。一些党员干部对群众缺乏感情，工作中不踏踏实实为群众做事，只是为自身着想、为政绩着想，当群众利益与地方发展发生矛盾时，不能正确处理两者的关系。在信息时代，虽然我们与人民群众的联系渠道拓宽了，但是一些党员干部长期坐办公室，较少深入群众，对群众的感情淡薄，同时也不愿深入基层做群众工作。

三是能力不足，不会做群众工作。当前，一些党员干部对党的方针政策把握不准，对形势任务理解不透，能力严重不足，做群众工作经验欠缺，不懂群众心理，不知道如何与群众沟通，不善于宣传引导群众，更有甚者站在了群众利益的对立面。也有一些党员干部对群众的事情采取“拖、躲、捂、推”的办法，导致“群众跑来跑去，领导批来批去，部门转来转去，开会议来议去”，最后问题还是“哪来哪去”，吃拿卡要的现象仍有发生。

四是作风不实，不认真做群众工作。纠正和消除形式主义、官僚主义、享乐主义、奢靡之风，是党的十八大以来全面从严治党的重要内容，是密切党同人民群众血肉联系的关键举措，也是习近平总书记高度重视、反复强调的问题。但形式主义、官僚主义等仍然不同程度地存在，有的党员干部在群众面前摆架子、耍威风，全然忘记了自己的人民公仆身份。此外，有的党员干部作风不实，在工作中浮皮潦草，不求实效，甚至接受当事人吃请、收受礼金，帮当事人说人情、打招呼等现象仍有发生。还有的党员干部好大喜功，热衷于政绩工程、形象工程、面子工程，甚至弄虚作假，严重损害了群众利益。

（三）新时代增强党的群众工作本领的路径

人民群众是党和国家的力量源泉，不断增强群众工作本领是新时代加强党的建设和领导的重要内容。中国共产党在 100 多年的发展历程中，对人民群众的主体地位有着深刻的认识。进入新时代，面对国内外、党内外形势的深刻变化，为适应时代变化和发展需要，必须以只争朝夕的紧迫感和使命感不断增强党的群众工作本领。

1. 始终践行全心全意为人民服务的根本宗旨，增强服务群众的本领

中国共产党自成立起，就把实现共产主义，实现每个人自由而全面的发展作为最高奋斗目标，并为此不懈奋斗。但是，无论什么时候，全心全意为人民服务始终是党的根本宗旨，这不仅反映了人民群众在党心中的崇高位置，更诠释了中国共产党“执政为民”的崇高信念。在新时代要真正做好群众工作，就必须将广大党员干部是否做到全心全意为人民服务作为一项重要衡量标准。党员干部要不谋私利，克己奉公，多办利国利民之事。习近平总书记指出：“检验我们一切工作的成效，最终都要看人民是否真正得到了实惠，人民生活是否真正得到了改善。”① 因此，党员干部必须增强责任意识和公仆意识，任何时候都要将人民放在心中最高位置，把群众的小事当成自己的大事，想人民之所想，急人民之所急，真正把人民群众的事情办好。党员干部要转变思想观念和工作作风，

① 《习近平著作选读》第 1 卷，人民出版社 2023 年版，第 212 页。

将以人民为中心的发展思想落到实处。这就要求党员干部必须摒弃官僚主义，放下身段，时刻关注民生，时常贴近群众，着眼于人民群众对美好生活的需要，认真倾听人民群众的新呼声和新愿望，真正重视人民群众的新期待和新需求，努力做好改善民生的各项具体工作，切实解决好人民群众在教育、就业、医疗、社会保障等方面最关心的问题，真正实现全体人民共享发展成果。建立健全党和政府主导的维护群众权益机制，对人民群众中产生的各种矛盾和纠纷，要建立相应的矛盾纠纷化解机制，及时有效地为人民群众排忧解难，决不能回避矛盾，更不能回避人民群众；对人民群众提出的各种意见、反映的各种问题，要通过建立权益保障机制，尽最大可能地给予解决，切实维护人民群众的正当权益，不断增强人民群众的获得感、幸福感、安全感。

2. 切实深入群众生活，增强向人民群众学习的本领

人民群众作为推动社会发展的主力军，他们中间蕴藏着无穷的智慧和力量，这种智慧和力量不是凭空产生的，而是在人民群众的生动实践和不懈奋斗中积累起来的，它们一旦被党员干部所掌握，对做好群众工作无疑具有重要作用。正如习近平同志所说，“群众的实践是最丰富最生动的实践，群众中蕴藏着巨大的智慧和力量……要解决矛盾和问题，就要深入基层，深入群众，拜群众为师”①。因此，党员干部必须时常深入群众实际生活，虚心向群众学习本领。

其一，多学群众之语。人民群众作为社会实践的主体，在长期发展中形成了丰富多彩的语言。党员干部作为群众中的骨干力量，要深入了解群众的实际情况，就必须首先从语言入手，用群众听得懂的话语与他们对话，及时了解群众的利益诉求并给予最大满足。在毛泽东看来：“人民的语汇是很丰富的，生动活泼的，表现实际生活

① 习近平：《之江新语》，浙江人民出版社2007年版，第61页。

的。”[①]习近平总书记对此也有着深入的观察和思考，他认为有些干部由于不会和群众对话，因此在群众面前常常处于失语的尴尬境地。因此，为密切党群关系，必须深入群众生活去学习他们的语言，把枯燥生硬的官方语言转化为生动幽默的群众语言，把国家的方针政策用通俗易懂的语言及时向群众普及，由此与群众在情感上产生共鸣，在行动上保持一致。

其二，多听民众之难。一方面，人民群众所反映的问题都是他们目前最关心的问题，这些问题能否得到重视和解决，很大程度上决定人民群众对党的信任程度；另一方面，党只有经常听取人民群众的意见和看法，并及时加以总结，才能根据实际不断创新党的理论、改进党的工作，才能更好地帮助人民群众解决最实际的问题。因此，必须乐于并善于听取人民群众的意见，在实践中真正为人民解难题办难事。

其三，善于做群众的学生。也就是说，党员干部要善于“放下架子，甘当小学生，多同群众交朋友，多向群众请教”。当前，一些党员干部认为自己知识水平高，因此遇事不愿同群众商量，不愿向群众学习，结果经常出现脱离群众的现象。这一问题说明拥有科学文化知识并不意味着就能做好群众工作。因此，党员干部只有善于做群众的学生，真心诚意地向人民群众学习，才能真正学得本领，才能不断提高自身的工作能力和水平。

3. 着力加强干部队伍建设，增强团结人民群众的本领

党的干部队伍是中国特色社会主义事业的中坚力量，他们的群众工作能力事关党和国家的前途命运，事关全面建成社会主义现代化强国的顺利实现。进入新时代，不仅我国发展的内外环境发生了深刻变化，而且随着社会主要矛盾的变化，群众工作的内涵和外延也发生了很大变化。

① 《毛泽东选集》第3卷，人民出版社1991年版，第837页。

为适应新时代社会发展和群众工作的需要，必须建立一支高素质、高水平的干部队伍。

其一，选拔一批爱人民、懂人民的好干部。他们必须有正确的政治站位，能够“时刻把群众安危冷暖放在心上，及时准确了解群众所思、所盼、所忧、所急”，始终做到与人民群众同甘共苦。当前，虽然人民群众的利益呈现出多样化的特点，但在教育、就业、医疗、住房、社会保障等方面他们依然有着共同的期盼。因此，广大党员干部必须以身作则，切实了解人民群众的需求和期盼，把人民对美好生活的向往作为奋斗目标，努力为人民群众做实事。

其二，经常将党员干部轮流安排到基层去接受锻炼。这是因为基层距离群众最近，基层工作最琐碎，也最能反映领导干部的工作能力。因此，必须将基层领导岗位作为锻炼党员干部的重要平台，并将那些在基层工作中表现出色的党员干部选拔出来放到重要岗位上来担任职务。

其三，党员干部要树立正确的政绩观。始终坚持以人民为中心的工作导向，将自己的工作使命与广大人民群众的切身利益紧密联系起来，对人民群众深恶痛绝的事采取“零容忍”态度，对人民关注的迫切问题做到及时解决，把帮助人民解难题、创造幸福生活当作义不容辞的责任。

其四，将是否具有清廉本色作为考核干部的重要标准。任何时候，为人清廉始终是党员干部赢得人民群众信任的重要条件，而腐败始终是人民群众最深恶痛绝的一件事，要想将人民群众紧紧团结起来为实现共同梦想而奋斗，就必须把是否清廉作为一项重要指标，选拔出真正清廉为民、值得人民信任的好干部。

4. 充分发挥群团组织的作用，增强党统一领导和协调各方的本领

群团组织作为党联系群众的桥梁纽带，是巩固党的执政基础、加强党同人民群众之间联系的重要力量。在长期发展过程中，群团组织在引导广大人民群众及时了解和贯彻落实国家方针政策等方面作出了重要贡献。进入新时代，党要带领人民实现中华民族伟大复兴的中国梦，前景光明但任务艰巨，更加需要增强党统一领导和协调各方的本领，要通过群团组织将各领域、各行业的人员充分团结和调动起来，为社会主义现代化建设贡献力量。

其一，加强党对群团组织的统一领导。群团组织作为党直接领导的群众组织，与一般社会组织不一样，既姓“党”，也姓“群”。要确保群团组织始终坚持正确的政治方向，认真执行党和国家的路线方针政策，必须强化党的政治引领，通过发挥我们党把方向、谋全局和定政策的作用，保证群团组织在正确的道路上做群众工作。只要党对群团组织的领导坚强有力，群团组织的工作始终沿着正确的方向开展，群众工作就一定会做得有声有色。

其二，要不断增强群团组织的政治性、先进性、群众性。这就要求各群团组织要在党的领导下始终保持思想上、组织上的先进性，始终站在群众前列，始终与人民群众保持密切联系，从而引导广大人民群众积极为中国特色社会主义建设建言献策。

其三，党要充分重视和支持群团组织的工作，协调好各群团组织之间的关系，并对各群团工作经常给予有效的指导。中国共产党虽然是一个拥有 1 亿多名党员的大党，但其先进性决定了她不可能把所有的群众都发展为自己的党员，这就需要充分发挥其他先进组织的作用，将人民群众紧紧团结起来。群团组织作为联系群众、凝聚群众的桥梁，能够充分发挥其群众优势。因此，党必须十分重视群团组织的作用，使群团组织在党的领导和协调下充分发挥自身优势，为中国特色社会主义事业的发展贡献力量。

七、增强狠抓落实本领

习近平总书记高度重视抓落实工作，是因为抓落实是开展各项工作的重要一环，也是推进新时代中国特色社会主义事业的基本要求。在党的十九大报告中，习近平总书记更是把“狠抓落实”作为新时代领导干部的重要“本领”加以阐述。他指出，必须“增强狠抓落实本领，坚持说实话、谋实事、出实招、求实效，把雷厉风行和久久为功有机结合起来，勇于攻坚克难，以钉钉子精神做实做细做好各项工作”[①]。

这充分体现了我们党对切实增强领导干部狠抓落实本领的高度重视和殷切期待，具有很强的针对性和现实性。深刻理解狠抓落实本领的科学内涵，提高对狠抓落实本领重大意义的认识，不仅有利于各项工作的高效有序落实，还直接影响着改革发展稳定大局和中国特色社会主义事业的蓬勃发展。

---

① 习近平：《决胜全面建成小康社会 夺取新时代中国特色社会主义伟大胜利——在中国共产党第十九次全国代表大会上的报告》，人民出版社2017年版，第69页。

（一）深刻理解狠抓落实本领的科学内涵

新时代增强领导干部狠抓落实本领，必须深刻理解“狠抓落实本领”这一概念的深刻含义，只有搞清楚“狠在哪里、如何来抓、怎样落实”等问题，才能真正做到成竹在胸，才能找准方向，才能更好地将狠抓落实的工作方法转化为领导干部的一项执政本领，为党和国家事业发展作出更大贡献。深入探究起来，理解“狠抓落实本领”科学内涵的核心线索在于准确把握“狠”“抓”“实”三个方面。

1. 狠抓落实本领的关键在“狠”

“狠抓落实本领”是党中央对抓落实的一种提法，更加凸显了新时代我们党的一种新的工作状态、一种新的工作要求。新时代增强领导干部的狠抓落实本领，其关键就在于把握这个“狠”字。当然，这里的“狠”不是狠毒、凶恶和残忍的意思，而是强调一股“抓铁有痕”的“狠劲”，主要体现在思想上“下狠心”，言语上“说狠话”，行动上“使狠招”。

思想上“下狠心”是指领导干部要在思想上坚决、觉悟上透彻。思想是行动的先导，理论是实践的指南。马克思曾说：“理论一经掌握群众，也会变成物质力量。理论只要说服人，就能掌握群众；而理论只要彻底，就能说服人。”[①] 诚然，只有思想上丰满，现实才不会骨感，思想上积极才会产生自觉的行为，思想上坚决才会产生果断的行动。

各级领导干部如果没有狠抓落实的意识，思想上不重视、觉悟上不深刻，行动上就会慢作为或不作为，结果上就会导致低效率或没效果。反观我们过去的领导工作，不同程度上存在着不去抓、抓不实、抓不住等现象，表现在思想上就是部分领导干部不想抓、不敢抓、不屑抓的问题，以致中央文件、重大决策停留在文件上、邮件里、口头上，导致出

① 《马克思恩格斯文集》第1卷，人民出版社2009年版，第11页。

现有制度不执行、有规则不遵守、有任务不落实的情况，从而使得很多工作拖泥带水、进展缓慢、无法落实。

因此，领导干部做任何事情都要有破釜沉舟、背水一战的气概，只有真正在思想上下决心，真正意识到狠抓落实的重要性和艰巨性，主动改善不良作风，自觉调整做事态度，真正练就一身猛药去疴的猛劲、刮骨疗毒的忍劲、壮士断腕的狠劲、“踏石留印”的韧劲，才能把狠抓落实有效转化为自身的一项本领。

言语上“说狠话”是指领导干部要有讲真话的勇气和气度。提倡讲真话与真正做到讲真话其实是两码事，因为忠言逆耳，讲真话容易得罪人。对上，讲真话需要有不畏强权、不顾个人得失的勇气和意志。面对一些政策部署落实不到位的行为，各级领导干部不能因为个人得失而不管全局，不能一味地唯命是从、巴结逢迎，而是要敢于直面压力、勇于建言献策。对下，讲真话还需要有公正严明、铁面无私的气度和魄力。

领导干部缺乏“狠劲”，面对不落实、不作为的现象容忍退让；面对敷衍塞责的行为不加以纠正疏导；遇到矛盾绕道走，做老好人，搞“你好、我好、大家好”那一套；为了片面追求群众满意度而畏首畏尾，不敢改革、不思进取，搞一团和气。长此以往，党风政气就会变成歪风邪气，各项工作就会停滞不前，甚至会走偏跑偏。不敢讲真话、回避矛盾，积压的任务就会越来越多，带来的问题就会越来越大，最终会使领导干部在群众心中的光辉形象消失殆尽。所以，只有真正把“狠话”说在刀刃上、讲在点子上、落在实地上，工作真正得到了落实，对上无愧于心、对下无愧于民，才能把敢于讲真话变成推动工作落实的本领。

行动上“使狠招”是指领导干部在对待工作上要“严”字当头。既要严格要求自己，面临重大风险考验要敢于挺身而出，面对重大矛盾冲突要勇于迎难而上，面临重大利益诱惑要能够果断抵制；又要严厉对待他人，面对歪风邪气要敢于亮剑，面对大是大非要勇于斗争，针对拖沓庸懒的行为要批评。严格要求自己是指领导干部要在行动上做好模范，不拖拉、不懈怠、敢担当、勇作为。

在实践中，领导干部要在重大难题上冲锋在前，在重大部署上果断作为，在利益分配上公正无私，而不是回避难题、贪图享乐、贪赃枉法。只有领导干部严于律己，敢于直面问题、敢于自我批评、敢于担当作为，才能维护领导干部权威，得到群众的尊重和信服。针对工作拖沓、落实不力的人，领导干部要紧盯不放、严格监督；对工作中弄虚作假、不落实的人，领导干部要做到铁面无私，依纪依法严肃处理。在实践中，领导干部要充分发挥自身特长，采取有效有力有为的方式和方法去整治作风顽疾，做到招招见效，切切实实体现狠抓落实本领之"狠"。

2. 狠抓落实本领的重点在"抓"

狠抓落实本领的重点在"抓"。不抓，落实就成了一句空话。"抓"的本义是指用手拿稳物体，以防滑落；而领导干部在提高自身狠抓落实本领的过程中，"抓"主要强调在推动工作过程中要加强对某些方面的关注，特别是对重点方面的关注。所以，在"抓"的过程中，就有了抓紧和抓松、真抓和假抓、敢抓和怕抓、善抓和盲抓、常抓和半抓的区分。

毛泽东就曾强调主要工作一定要"抓紧"的方法和精神，他指出："什么东西只有抓得很紧，毫不放松，才能抓住。抓而不紧，等于不抓。"[①] 诚然，抓和抓紧完全是两码事，要落实工作不抓肯定不行，抓而不紧同样不行。关于如何"抓"落实的问题，习近平总书记从态度和方法层面作了众多的论述。他指出："要有真抓的实劲、敢抓的狠劲、善抓的巧劲、常抓的韧劲，抓铁有痕、踏石留印抓落实。"[②] 准确理解习近平总书记强调的"真抓、敢抓、善抓、常抓"这四个方面，有利于我们全

---

① 《毛泽东选集》第4卷，人民出版社1991年版，第1442页。

② 中共中央党史和文献研究院编：《习近平关于全面从严治党论述摘编（2021年版）》，中央文献出版社2021年版，第337页。

面掌握“狠抓落实本领”。

“真抓”讲究的是实干和践行。马克思说得好，“一步实际运动比一打纲领更重要”[①]。任何理论只有转化为实践行动才能充分发挥其作用。邓小平也反复强调世界上的事情都是干出来的，“不干，半点马克思主义都没有”。战国时期赵括纸上谈兵，导致40万精兵被埋葬于长平；中国共产党历史上，王明教条主义错误给革命事业造成严重损失。这都充分说明了空谈的严重危害性。所以，领导干部只有通过真抓实干，才能兴国安邦，才能让人民群众过上美好生活。

习近平总书记非常重视“空谈误国、实干兴邦”，他强调要“推动全党崇尚实干、力戒空谈、精准发力，让改革发展稳定各项任务落下去，让惠及百姓的各项工作实起来，推动党中央大政方针和决策部署在基层落地生根”[②]。只有各级领导干部齐心协力，对上级的理论和决策真学、真抓、真落实，对日常事务中的小细节真看、真钻、真上心，才能切实将各项工作抓牢、抓实、抓好，才能使人民群众过上好日子，才能让老百姓真心实意地信党、爱党、崇敬党。

“敢抓”讲究的是责任和担当。“敢不敢”关系到如何面对困难和阻力的问题，领导干部只有敢于担重任、碰尖钉，才能得到人民的认可，才能提升自身本领，才能化解有阻力就退缩、有质疑就灰心、有困难就逃避的消极无为问题。新中国成立以来，中国共产党始终心系人民，身负让人民幸福的重托，肩扛实现国家富强和民族复兴的使命，敢于用铁的作风抓落实，抓各项工作的推进，才有了新中国今天的成就和广阔的发展前景。

---

① 《马克思恩格斯选集》第3卷，人民出版社2012年版，第355页。

② 中共中央党史和文献研究院、中央“不忘初心、牢记使命”主题教育领导小组办公室编：《习近平关于“不忘初心、牢记使命”论述摘编》，党建读物出版社、中央文献出版社2019年版，第220页。

中国共产党正是充分发挥了敢抓落实的精神，才能够在各种风险和挑战中披荆斩棘、化险为夷。站在新时代的伟大历史时期，中国共产党更要敢于应对新情况、解决新问题、迎接新挑战，敢于开拓创新，用新思维新方法新态度，开拓新境界、创造新生活，以敢于较真碰硬的精神去提高狠抓落实的本领。

“善抓”讲究的是方法和能力，要会用“巧劲”发力。狠抓落实强调“狠劲”，却不等于蛮干。狠劲强调的是态度和精神，巧劲强调的是方法和能力。工作上的狠劲一定要与方法上的巧劲结合起来，只有这样，才能达到事半功倍的效果。增强狠抓落实本领一定要讲究善抓落实的方法和能力。这一点不是一朝一夕就能做到的，也不是每个人都有能力做到的。善抓落实是综合素质的表现，但根本在于人的思想。思想就是深思熟虑的想法，既不能思而不“想”（要有创新性的想法），也不能只想不“思”（要有深挖细究的思考）。

也就是说，既要有逻辑严谨的思维，又要有大胆活跃的想法。思路决定出路，我们必须做到勤于思考、善于思考、乐于思考，从而寻求解决问题的恰当方法和路径。然而，在现实生活中，有的领导干部有抓落实的想法和决心，但缺乏恰到好处的处事方式和方法，没有深挖细究问题的能力，导致做事困难重重。所以，解决增强领导干部善抓落实能力的难题，采用“合情合理合适”的方式方法至关重要，而且领导干部善抓落实本领的提高，不能单靠个人的努力，还需要依靠集体智慧共同发力，从而找到抓落实的合适方法，提高狠抓落实的能力。

“常抓”讲究的是恒心和定力。常者，恒也，在古汉语中往往与“长”通假，有经久不衰之意。因此，“常抓”要和“长抓”相互渗透，相辅相成。也就是说，常抓落实工作不仅要经常地抓，还需要长久地抓。“经常抓”是讲抓落实工作要循序渐进、抽丝剥茧、逐步深入，做到作风一贯、一抓到底，而不是时抓时不抓、时紧时松。“长久抓”是讲抓落实工作要坚持不懈、持之以恒、务实求效，要有一股认准目标不懈追求的恒心和耐心，做到久久为功，而不是漫长的拖延和“三分钟”热度。

需要特别注意的是，领导干部提高狠抓落实本领既要在恒心和定力上同时下功夫，还要将雷厉风行的作风和久久为功的耐力有机结合起来，既要有一股快刀斩乱麻的麻利劲，又要能经受住时间的考验，做到计不旋踵，善始善终。由此可见，提升“常抓”的功夫也是一个长期的系统性工程，领导干部只有在实际生活中坚持“常抓”的决心和恒心，才能实现量变到质变的飞跃，才能经受时间的考验，不断增强自己的狠抓落实本领。

3. 狠抓落实本领的本质在“实”

唯物辩证法告诉我们，本质是事物的根本性质，必须透过现象看本质，实现“从现象到本质、从不甚深刻的本质到更深刻的本质的深化的无限过程”。增强领导干部狠抓落实本领的过程，实质上是通过具体实践把握工作规律的过程。没有行动和落实，再好的理论和决策终究只是无法实现的空论。

习近平总书记指出，“承诺一千，不如落实一件”。诚然，“实”是增强领导干部狠抓落实本领的本质所在。要真正做到狠抓落实本领的“实”，重点要把握“说实话”“谋实事”“出实招”“求实效”的核心要领，使各级领导干部在实实在在的落实中顺民心、得民意、强本领、促发展。

“说实话”就是实事求是，不浮夸空谈。提倡狠抓落实本领，最终目的是更好地为人民服务。因此，首要的就是对人民群众“说实话”。“说实话”就是说符合实际、解决问题的话，而不是天方夜谭；就是说人民能够听懂的话，而不是高深莫测的话；就是说为人民谋利益、解决实际问题的话，而不是照本宣科的套话。如何把话说到人民的心坎里、说到人民的急难愁盼处、说到人民的所需之处，这既是对领导干部狠抓落实本领的考察，也是对领导干部为民情怀的考验。

习近平总书记曾在“三严三实”专题教育中强调要“做老实人”，而说实话就是做老实人的基础。领导干部只有坚持实事求是地说实话、坚持针对问题地说实话、坚持为民服务地说实话，才能成为人民心中的“老实人”，从而充分彰显人民公仆的良好形象。

“谋实事”就是从实际出发，落地见效地谋划工作。“谋实事”的关键点在谋，“谋”在这里主要是策划、商议的意思，其落脚点在实，“实”在这里是真实、见效的意思。领导干部要练就一身狠抓落实的过硬本领，其中非常重要的一个环节就是要谋实事。“谋实事”不是简简单单、敷衍了事就能办成的，也不是靠领导干部的理论分析和少数人的决议实现的，而是领导干部在实际工作中，通过真正贴近人民生活，了解人民的需求和期望，切实做好实际情况的调研，针对具体问题作出具体分析，形成有效举措完成的。因此，各级领导干部要学会思考谋划，学会倾听人民群众心声，要用真实有效、具体可行的办法为人民解决实际问题，不断满足人民对美好生活的需要。

“出实招”就是重视落实过程，强调方法有效、真抓实干。“出实招”不是“耍花招”，也不是雷声很大雨点很小，而是采取行之有效的举措，配合以狠抓重难点的绝招，切实解决老百姓的难题。“出实招”要求领导干部要树立正确的政绩观，坚持实事求是的思想路线，让所有工作决策和部署切合实际，切合老百姓的根本利益，让所有工作决策和部署以最快最好最准的方式落地生根，避免走马观花式落实工作任务，要杜绝假出招和出虚招的行为，真正做到为人民出实招、为人民用好权、使人民过上好日子。

“求实效”就是讲究结果导向，注重最终效果。“实效”指向结果，强调了追求“实际效果”的目的性，以强烈的目的性带动“求”的主动性。中国古代文字学著作《玉篇》中说，“求，索也”。“求”是追求、寻求、设法得到的意思。“求实效”就是要寻求有实际意义的效果，做有效率的事，切实增强“求”的效益。由此可见，“求实效”是各级领导干部处理工作事务的出发点和落脚点，它既是行动之前的目标，又是行动之后要达到的结果。心之所向是行动的源动力，增强狠抓落实的本领，领导干部必须充分发挥积极的内生动力，而且，本领是在不断磨炼中逐渐增强的。所以，在求实效的过程中，领导干部必须积极求索、主动作为，并且要把目光放长远，不要只为了落实而去做事，而是要树立结果导向，为解决问题、实现效益最大化而去认真落实。

总之，只有从“狠”“抓”“实”多个层面切实领悟狠抓落实本领的深层意蕴，才能将狠抓落实工作做好做成做到位，才能将狠抓落实的理念转变为领导干部的内在本领加以运用和发挥。

（二）增强狠抓落实本领的重大意义

增强狠抓落实本领是全面增强党的执政本领的重要抓手。一分部署，九分落实。再好的蓝图、再科学的决策，不狠抓落实，就无法落地生根，见到实效。许多好的政策规划如果仅仅停留在文件上、落实在会议上、答应在口头上，那么执政能力建设就会沦为无源之水、无本之木。

表现在工作中，部分领导干部还存在嘴巧身子软、面对群众爱敷衍以及遇到问题就躲闪等种种不落实行为。归结起来，我们可以从端正党风、密切党群关系、实现中华民族伟大复兴三个方面来认识增强狠抓落实本领的重大意义。

1. 有利于领导干部自觉担当作为，端正党的作风

作风体现一个人的行为表现、处事态度，是一种长期的、不易改变的处事风格。党的作风建设是党的建设的重要方面，同样具有长期性，需要常抓不懈。具体来讲，一个具有较强党性意识、自我要求严格的领导干部一定是一个具有踏实肯干良好作风的人。相反，一个注重形式主义的领导干部，必定是党性意识不强、没有责任担当的人。

比如，有的领导干部为了个人的荣誉和利益，每天穿梭于文件和会议之间，看似忙碌实则无所作为，这种只重视外表光鲜、不注重实际效果的作为，不仅劳民伤财，还会成为拖累党政工作的顽疾。工作作风不实、对发展形势分析不准确、形成错误的判断，会导致决策失误，从而造成重大的损失；工作作风不正，处理问题优柔寡断、敷衍了事，会导致落实不到位，失信于民，从而动摇党的执政根基。

可见，领导干部的工作作风影响重大。所以，端正党的作风是领导干部在狠抓落实工作中需要重视的重要问题，也是增强其狠抓落实本领的内在要求。

党的作风是衡量领导干部内在修养和外在行为的重要尺度，而领导干部是否具有担当作为的责任感和执行力，直接关系到其是否具有务实的工作作风。只有领导干部在敢于落实和善于落实的实践中勇担重任、善担重任，才能正风肃纪，提高党的先进性和纯洁性。需要指出的是，领导干部狠抓落实的过程正是对领导干部是否自觉担当作为的有力检验，这里强调的是自觉的重要作用。

比如，有的领导干部在落实各项工作部署的过程中表现积极，实则是迫于压力办事，并非发自本心，长此以往，只会使其落实的动力消散，导致落实的效率低下，拖慢整体工作进度。从本质上讲，这也是领导干部狠抓落实本领薄弱的表现。所以，各级领导干部只有提高狠抓落实本领，发自内心担当作为，自觉迎着风险挑最重的担子，自愿顶着压力做该做的事，才能切实把各项任务落在实处，才能有效端正党的作风。

提高领导干部狠抓落实本领要求各级领导干部要深入实践，在实践中锻炼本领、磨炼心性，只有狠抓落实本领提高了，才能促进领导干部发挥所长为民办事，才能使其在落实各项工作的过程中找到自身的价值，才能促进其党性修养的提升，才能提高其自觉担当重任的觉悟，从而端正党的作风，营造务实求效、实事求是的工作氛围，提高落实效率。

2. 有利于领导干部处理好“决策”和“落实”的关系，打牢群众基础

我们的党来自人民、植根人民，是在群众中发展壮大，为人民谋幸福、为民族谋复兴的党。党的各项方针政策来自人民群众的实践活动，自然也要落实到人民群众的生活实践中去，从而指导实践活动。领导干部狠抓落实工作的开展是对实现“决策”和“落实”完美结合的生动诠释，是联系领导干部与人民群众的重要枢纽，而提高其狠抓落实本领是处理好党同人民群众关系的重要途径。

毛泽东非常重视党同人民群众的关系。抗日战争胜利后，针对党的干部到各地开展工作的问题，他提出：“我们共产党人好比种子，人民好比土地。我们到了一个地方，就要同那里的人民结合起来，在人民中间生根、开花。”[①] 所以，党的各级领导干部要实事求是为人民谋发展，扎扎实实做好群众工作。

打牢群众基础是增强领导干部狠抓落实本领的必然要求，而处理好“决策”和“落实”的关系能够更好地巩固和发展群众基础。正确处理“决策”和“落实”的关系是我们党关于“从群众中来、到群众中去”工作方法的现实运用。虽然决策的落实由领导干部来抓，但是党始终坚持民主集中制原则，党的领导从来不是脱离人民群众的，从来不是独断专行的。

我们党在各个历史时期所取得的成就都离不开人民群众的参与，都源于密切联系群众，党的初心和使命始终与人民群众的利益密切联系在一起。马克思、恩格斯指出：“无产阶级的运动是绝大多数人的，为绝大

---

① 《毛泽东选集》第4卷，人民出版社1991年版，第1162页。

多数人谋利益的独立的运动。”[①] 所以，领导干部作出任何决策和落实任何决策都是与人民群众息息相关的。

正确处理“决策”和“落实”的关系，要求各级领导干部始终坚持全心全意为人民服务的根本宗旨，做到各项决策部署都有根据，善于从群众中听取意见，将零散的意见归纳整理，结合新时代的实践要求，形成科学决策，然后再到群众中宣传阐释，让他们理解并形成个人觉悟，自觉参与落实工作，在实践过程中检验决策的适用性，并逐步推进。

增强领导干部狠抓落实本领有利于处理好“决策”和“落实”的关系，认识到党员干部与人民群众的密切联系，从而促使其坚持从群众最需要的地方想起、从群众最关心的地方抓起、从群众最困难的地方帮起。在新时代的伟大历史进程中，领导干部要将狠抓落实本领转化为打牢群众基础的内生动力，充分掌握人民赋予的力量、合理使用人民赋予的权力，将为人民谋幸福的初心转化为为人民谋幸福的成果，真正发挥人民公仆的作用。

3. 有利于提高领导干部的执政能力，实现中华民族伟大复兴

增强领导干部狠抓落实本领是新时代党的执政本领建设的重要内容，是党的长期执政能力建设的重要基础。党的长期执政能力建设强调其“长期性”，这对党的本领建设提出了更高的要求和更严格的标准。从加强狠抓落实本领的角度来看，领导干部提高自身执政能力与其在狠抓落实各项工作的实践中逐渐积累经验和强化本领息息相关。实践是领导干部增强狠抓落实本领的重要方式。

马克思也十分重视实践的重要作用，他在《关于费尔巴哈的提纲》中指出：“哲学家们只是用不同的方式解释世界，而问题在于改变世

① 《马克思恩格斯选集》第1卷，人民出版社2012年版，第411页。

界。”[①] 马克思主义传入中国以后，中国共产党灵活运用马克思主义实践观点认识和解决实际问题，取得显著成效。领导干部只有在服务人民的实践中狠抓落实工作，不断增强狠抓落实本领，才能不断巩固和提高自身的执政能力，才能站得高、望得远，从而制定出统筹全局的发展规划；才能俯下身扎根基层、务求实效，从而肩负起国家和人民赋予的重要责任。因此，增强狠抓落实本领是加强领导干部执政能力建设的重要环节。

增强新时代领导干部的狠抓落实本领，不仅有利于党长期执政能力的提高，还关乎整个中国社会的未来发展。因为党的建设与国家和民族的发展从来不是分开的，中国共产党自成立以来就肩负起了实现中华民族伟大复兴的历史使命。正如习近平总书记指出的：“历史已经并将继续证明，没有中国共产党的领导，民族复兴必然是空想。”[②]

由此可见，实现中华民族伟大复兴与中国共产党的命运紧密相连。实现中华民族伟大复兴要求各级领导干部要以时不我待的精神担起重任，在狠抓落实的实践中强化本领，为实现中华民族伟大复兴奏响时代乐章。

增强领导干部的狠抓落实本领是新时代背景下改革和发展的必然要求，它不仅促进了党自身能力的提高，使党的内部发展有了更高的政治素质和执政水平，巩固了党的执政根基，还为实现中华民族伟大复兴提供了重要的政治保障，促进了领导干部用高强的本领素质和执政能力投身于实现中华民族伟大复兴的伟大实践。

（三）增强狠抓落实本领的重要抓手

增强新时代领导干部狠抓落实本领不是靠单一的技巧或者简单的口号就能完成的，它是领导干部认知才能、办事能力和工作经历等各方面

① 《马克思恩格斯选集》第1卷，人民出版社2012年版，第140页。
② 《习近平著作选读》第2卷，人民出版社2023年版，第13页。

的综合体现。为应对领导干部在狠抓落实实践中存在落实观念薄弱、落实方法不当和机制政策滞后等一系列突出问题，我们应该把强化思想观念、掌握科学方法、健全体制机制作为提高狠抓落实本领的重要抓手。

1. 要强化思想观念，提升自身修养

新时代，要增强领导干部狠抓落实本领，转变思想观念尤为重要。如果党的各级领导干部缺乏创新意识，就会使各项决策部署难以适应时代发展需要，产生“抓不准”的问题；如果党性观念不强，则会阻碍工作进程，产生“抓不牢”的问题；如果群众观念不强，则会使工作作风不实，产生“抓不紧”的问题。所以，领导干部必须树立正确的价值观，通过转变观念和创新观念来提升自身修养，改进工作作风，切实增强狠抓落实本领，做有利于人民、有利于国家、有利于民族的事情。

强化言行一致观念。言行一致观念和狠抓落实本领相辅相成，领导干部言行一致才能促进狠抓落实工作开展，进而提高狠抓落实本领，反过来，提高狠抓落实本领有利于强化领导干部言行一致观念。

具体来讲，强化言行一致观念，首先，要求领导干部做一个诚信的干部，在推进落实工作的过程中，不轻易承诺，承诺的事情就一定要解决，从而取信于民。其次，要求领导干部加强党的理论知识学习，不断提高自身理论思维能力。恩格斯指出：“一个民族要想站在科学的最高峰，就一刻也不能没有理论思维。”[①] 只有打牢扎实的理论基础，学习通透的做事方法和处事原则，才能提升领导干部自身的党性修养和道德修养。只有将党的创新理论学深、悟透、弄懂，才能提高自身落实党的方针政策的能力，才能做到知行合一“抓落实”。最后，要求领导干部从观念上摒弃“形式主义”“官僚主义”，坚决抵制心口不一“假落实”的行为，从而提高领导干部的担当意识和落实本领。

---

① 《马克思恩格斯文集》第9卷，人民出版社2009年版，第437页。

强化“眼睛向下”观念。一方面，领导干部既要帮助群众解决问题，又要善于虚心学习基层治理经验。不仅要身体力行走基层，还要换位思考想基层，切实为群众办好事、称心事，使领导干部在基层的锻炼中增强狠抓落实的本领。另一方面，领导干部要管好自己的心，走好脚下的路。马克思、恩格斯曾经说过：“人们的观念、观点和概念，一句话，人们的意识，随着人们的生活条件、人们的社会关系、人们的社会存在的改变而改变。”①

由此可知，人的观念不是一成不变的，它会受周围环境的影响而发生变化。所以，领导干部要守住为人民服务的初心，牢记自己肩负的重任，不为一时的成就而自鸣得意，也不为一时的窘迫而畏缩不前，要切实脚踏实地抓落实，稳扎稳打地推进工作，循序渐进地增强本领。

强化群众观念。人民是历史的主人，是历史的创造者。历史已经证明并将继续证明，党的各级领导干部与人民群众血肉相连，党的建设发展和人民群众对美好生活的向往不可分割。然而，现实生活中却依然存在部分领导干部高高在上、轻视人民群众的行为。

古人云：“意莫高于爱民，行莫厚于乐民。”党的各级领导干部只有强化群众观念，坚持以人民为中心的发展思想，牢牢把人民群众的安危冷暖放在第一位，自觉把人民的所思所想作为自己的所谋所断，才能得到群众的真心拥护，才能为提升狠抓落实本领打下坚实的群众基础，促进党的长期执政能力建设。因此，领导干部要强化群众观念，厚植忧民惜民思民的情怀，培养对人民群众的服务意识和责任意识；要自觉接受爱民思想的教育和熏陶，强化密切联系人民群众的主动性和积极性，提高党的执政能力和领导水平。

---

① 《马克思恩格斯选集》第1卷，人民出版社2012年版，第419—420页。

2. 要掌握科学方法，增强自身能力

古人云："得其法者事半功倍，不得法者事倍功半。"同理，增强领导干部狠抓落实本领也要有恰当的、符合实际的方式方法。比如，有的领导干部心怀人民，有解决问题的真切意愿，也有踏实肯干的劲头，但是限于自身能力不足和方法不得当，导致不能在新形势下看到新情况，不会运用新方法解决新问题，致使他们怀疑自己的办事能力，做事中气不足，缺少底气和信心，导致办事效率低下，狠抓落实本领不强。

领导干部要在思维方法上培养辩证思考问题的能力。很多领导干部在工作上忙得焦头烂额，但是效率不高，最主要的原因就是方法不当。任何工作任务都不是一下子就能彻底完成的，而是有一个循序渐进、逐步深入的过程，领导干部要学会运用"两点论"和"重点论"的方法解决工作问题。将"两点论"和"重点论"相结合就是要求领导干部学会抓主要矛盾、抓矛盾的主要方面，又不忽视次要矛盾和矛盾的次要方面，实现重点突破与全面推进的有机统一。

具体来讲，就是要把握工作的重点和难点，优先解决重要而紧迫的工作，而不是眉毛胡子一把抓，要分配多一点的时间给重要工作，分配较少的时间给简单和不紧迫的工作。只有主次分明、分清轻重缓急、分配得当，落实工作才会稳步推进，领导干部的落实水平才会明显提升，能力才会大大增强。

领导干部要在处事方法上锻炼见微知著的能力。在狠抓落实的工作中，领导干部经常面临抓不全、抓不深、抓不精的问题，主要是因为其忽略了细节在事物发展过程中的关键作用。狠抓落实不是敲锣打鼓走过场，而是要在实际工作中关注细节，从小事抓起，由点到线、由线到面逐一击破，形成抓落实的办事网，解决抓不全的问题。狠抓落实不能只看到事情的表象和表面，而要从细微之处找到问题内部的真相和本质，去伪存真，解决抓不深的问题。狠抓落实不是只看全局抓大趋势，而是要在细节之处坚持用联系的眼光盯紧关键要害，一根钉子钉到底，解决抓不精的问题。由此，领导干部狠抓落实的本领也会在实践锻炼中逐渐增强。

领导干部要善用调查研究的手段。增强狠抓落实本领不能只靠领导干部单方面的努力，还需要密切联系群众，获得群众的支持，充分激起群众落实决策的动力，与群众形成合力共同落实各项工作。那么，如何才能与群众打成一片，得到其支持和拥护呢？非常重要的一个方面就是做好实地调查研究，真真正正深入群众生活，在基层与群众肩并肩做事，心连心想办法，了解群众最关心的事情、最担忧的问题、最困难的症结，透彻分析群众所思所想所疑。

此外，密切联系群众的同时还要适当加强引导，让群众参与到党员干部狠抓落实工作中。所以，领导干部要在与群众的实际交往和群众工作实践中，开展实事求是的调研，针对具体问题提出具体方案，由此增强领导干部解决问题的能力和狠抓落实的本领。

3. 要健全体制机制，提高落实效率

增强狠抓落实本领，不仅要求领导干部具备深厚的理论功底、科学有效的领导方法，还须具备统筹全局的能力来建立和创新高效落实的体制机制。以健全的体制机制促进落实工作，是提高狠抓落实效率的重要保障，也是领导干部本领高强的重要体现。

建立严格的责任制度。通过明确责任来促进工作的落实，首要的是解决谁来承担责任、怎么承担责任的问题。关于谁来承担责任，领导干部在尽好一把手亲抓亲管的责任基础上，要做好清晰的职责分配，不仅要把任务分配到具体的个人，还要具体化。只有这样，才能实现遇到问题有人解决、开展工作不互相推诿，才能做到各司其职、各负其责。

关于怎么承担责任，要从体制机制上抓过程和结果，做到时间精准化、目标精细化、成果有效化。“凡成大事者必出于细”，把要完成的大事细化成一件件手头上的小事，才能实现积小胜为大胜，进而完成任务，增强抓落实本领。

建立健全严格的督查督办制度。习近平同志指出："督查工作很重要，它是全局工作中不可缺少的一个重要环节。在一定意义上说，没有督查就没有落实，没有督查就没有深化。"[①] 由此可见，监督和检查是检验领导干部狠抓落实工作是否达到预期目标的重要保障。对落实工作进行检查是通过外力对工作进行强制监督，虽然与领导干部自身主动抓好落实工作有着本质的区别，但是对狠抓落实工作的推进同样具有不容忽视的作用。可以说，建立督查督办制度有利于为领导干部真正落实工作做好第二重保障，使领导干部端正落实态度、消除自身懈怠心理、克服畏难情绪，确保各项工作按时按量完成。

建立健全严格有效的激励制度。有效的激励制度能够明确主流的价值导向和行动导向。因为在实际工作中激励往往意味着鼓励一种作风、一种思想、一种价值观念，支持一件事情、一种行为、一种处事方式。激励制度的建立不仅要考虑到领导干部狠抓落实的效果，还要严格把关落实的过程，厘清哪些行为可以激励，哪些行为不能激励，哪些行为在哪些时候激励。倘若稍微有些成绩就大肆奖赏，往往会导致功利主义盛行、面子工程泛滥，致使做事华而不实，最终走向狠抓落实的反面。

建立有效的激励制度需要严格公正的激励规则的支撑。应该以狠抓落实的绩效为导向，从理论知识的学习和实践活动的落实两个方面进行考核和选拔任用，旗帜鲜明地为那些谋实事、干实事的领导干部免除后顾之忧，使其发自内心地发挥自身本领，将各项工作落到实处，从而达到正本清源、肃风正纪的效果。

---

① 本书编写组编著：《干在实处 勇立潮头：习近平浙江足迹》，人民出版社、浙江人民出版社2022年版，第396页。

总之，加强新时代领导干部的狠抓落实本领是一项极为重要的现实性课题，各级领导干部不仅要在狠抓落实的实践中总结经验、认真反思、增强本领，还要抓住中国特色社会主义建设步入新时代的重要战略机遇期，迎难而上，力争在新时代有新作为。

八、增强驾驭风险本领

防范化解重大风险，是各级党委、政府和领导干部的政治职责。党的十八大以来，以习近平同志为核心的党中央针对增强领导干部驾驭风险本领问题作出了一系列重要论述，强调广大领导干部必须“不断增强驾驭风险、迎接挑战的本领”“既要打好防范和抵御风险的有准备之战，也要打好化险为夷、转危为机的战略主动战”，进一步明确了增强领导干部驾驭风险本领的科学路径和基本要求。

新时代，全面准确理解领导干部驾驭风险本领的科学内涵，有效提升其驾驭风险本领，既是推进国家治理体系和治理能力现代化的内在要求，也是加快实现中华民族伟大复兴中国梦的重要一环。新形势下，领导干部要更加自觉地防范各种风险，必须增强驾驭风险本领，健全各方面风险防控机制，善于处理各种复杂矛盾，勇于战胜前进道路上的各种艰难险阻，牢牢把握工作主动权。

（一）驾驭风险本领是领导干部的必备素质

领导干部是防范化解重大风险的中流砥柱，驾驭风险的本领与中国特色社会主义事业的前途命运息息相关。新时代，提升领导干部驾驭风险本领，是打赢防范化解重大风险攻坚战的有力保证，是增强党的执政本领的关键环节，是推进党的建设新的伟大工程的必然要求。

1. 增强驾驭风险本领是打赢防范化解重大风险攻坚战的有力保证

全面打赢防范化解重大风险攻坚战，关键取决于领导干部是否具备驾驭风险本领，即取决于他们能否准确识险、科学应险、主动迎险。习近平总书记指出："领导干部要胸怀两个大局，一个是中华民族伟大复兴的战略全局，一个是世界百年未有之大变局，这是我们谋划工作的基本出发点。"①

从中华民族伟大复兴的战略全局来看，我国正处于实现中华民族伟大复兴的关键时期，社会主要矛盾发生了深刻的变化，经济已由高速增长阶段转向高质量发展阶段。然而，我国发展不平衡不充分、创新能力不适应高质量发展要求、农业基础尚不稳固等问题依然具有长期性，经济、社会、环境等领域的风险因素明显增多。

当前，全球经济在保护与开放的对垒中艰难发展，贸易保护主义为跨国发展与合作筑起高墙；国际关系在零和与共赢的博弈中深刻调整，"文明冲突论""意识形态竞争论"再度回潮，世界进入动荡变革期。为此，习近平总书记指出："我国越发展壮大，遇到的阻力和压力就会越大。"②面对中华民族伟大复兴战略全局的复杂性和世界百年未有之大变局的不确定性，通过增强领导干部驾驭风险本领深化对当前我国发展形势的认识，并在此基础上有针对性地提出防范化解风险的对策，是新时代增强领导干部驾驭风险本领的重要缘由。

2. 增强驾驭风险本领是增强党的执政本领的关键环节

新时代，增强领导干部驾驭风险本领是增强党的执政本领的关键环

---

① 《习近平谈治国理政》第3卷，外文出版社2020年版，第77页。

② 习近平:《在中国科学院第十七次院士大会、中国工程院第十二次院士大会上的讲话》，人民出版社2014年版，第9页。

节。一方面，这是对中国共产党执政经验的深刻总结。中国共产党在忧患中诞生，在应对风险挑战中成长，始终重视提升领导干部的风险意识和驾驭风险的本领。早在党的七届二中全会上，毛泽东就准确分析了革命胜利后国内外斗争的新形势，指出“资产阶级的捧场则可能征服我们队伍中的意志薄弱者”①；针对党的工作重心由乡村转移到城市的问题，他提醒全党，“决不可以丢掉乡村，仅顾城市”②。面对改革开放和现代化建设中出现的种种困惑和问题，邓小平指出，“我们要把工作的基点放在出现较大的风险上，准备好对策。这样，即使出现了大的风险，天也不会塌下来”③。以上这些论述深刻蕴含着党增强驾驭风险本领的理论意蕴。

另一方面，这是对苏共垮台教训的深刻反思。苏共漠视党内存在的各种风险隐患，忽视领导干部忧患意识和驾驭风险本领的培养，纵容精神懈怠危险、能力不足危险、脱离群众危险和消极腐败危险肆意疯长，导致各种风险积重难返，这是其丧失政权、迅速垮台的重要原因之一。新时代，各类风险考验呈现出新的历史特点，这也对党的驾驭风险本领提出了更高的要求。党的十九大报告明确将“驾驭风险本领”作为新时代党亟须增强的八大本领之一。

3. 增强驾驭风险本领是深入推进党的建设新的伟大工程的必然要求

党的十八大以来，全面从严治党工作取得显著成效，但是党内一些老问题反弹回潮的因素依然存在，实践中还在出现一些新情况新问题，严重阻碍了党的建设新的伟大工程的发展进程。

政治建设方面，个别领导干部忽视政治、淡化政治，无视党的政治纪律和政治规矩；思想建设方面，精神懈怠问题依然存在，一些领导干部“不信马列信鬼神”，理想信念的“总开关”存在常年失修的风险；

---

① 《毛泽东选集》第4卷，人民出版社1991年版，第1438页。
② 《毛泽东选集》第4卷，人民出版社1991年版，第1427页。
③ 《邓小平文选》第3卷，人民出版社1993年版，第267页。

组织建设方面，党管干部、选贤任能机制尚未健全，部分基层党组织的政治功能弱化、虚化、边缘化的问题没有得到根本解决；纪律建设方面，背离党章、忽视党规、无视党纪的现象时而有之，“七个有之”现象依然存在反弹风险；作风建设方面，山头主义、宗派主义尚存，“四风”问题存在回潮复燃风险；制度建设方面，党的容错纠错机制尚不完善，制度落实存在不深入、不到位的风险；反腐败斗争方面，少数领导干部毫无党性原则，擅权逐利、贪腐堕落，甘愿遭“围猎”、被“绑架”，成为新的腐败“污染源”；等等。

这些腐蚀、吞噬党的健康肌体的“恶疮”“毒瘤”如不能果断清除，必将严重阻碍、破坏党的建设新的伟大工程的稳步推进，甚至还会动摇党的执政根基。因此，我们党必须从增强领导干部驾驭风险本领入手，通过坚定政治立场、发扬斗争精神、强化责任担当等途径及时清除政治隐患，以有效防范化解政治风险。

（二）增强驾驭风险本领要防止十种倾向

驾驭风险本领是习近平总书记提出的八大本领要求之一。一旦领导干部驾驭风险本领不强，往大里说，会影响党的执政，影响党的千秋伟业；往小里讲，会造成局部或区域发展滞后。要从风险发生前的防范、风险发生中的治理、风险发生后的补救三个层面来系统增强领导干部驾驭风险本领，防止十种倾向。

1. 对风险无视，任由“温水煮青蛙”

进入新时代，我国社会主要矛盾发生变化，意味着社会治理面临着许多新矛盾、新课题。回顾一些由社会矛盾引发的群体性事件，不难发现，群众的诉求已不是简单的经济赔偿，更多涉及民主、法治、公平、正义、安全、环境等。若领导干部对这一明显变化熟视无睹，任由“温水煮青蛙”，就难以获得有效的风险信息，难以提前准确评估潜在的风险，容易造成决策执行结果偏离为民服务初衷。

对风险无视，是一种盲目的自信，更缺少忧患意识。习近平总书记多次强调要深刻分析我国面临的发展形势和国际环境，科学回答“怎么看”“怎么办”等重大问题，为我们增强忧患意识、应对风险挑战提供了重要遵循。要以科学的态度未雨绸缪，才能掌握应对风险的主动权。

2. 对风险无知，识别风险不精准

这是从知识储备角度来说的，领导干部要善于找出本地区本领域的突出风险，做到精准识别。一些地方公共场所发生群众拥挤踩踏事件，其原因之一就是当地对缺乏保障的无组织聚集活动安全风险认识不到位，对安全责任认知有偏差造成的。

风险认知的有限性还表现在对重大行政决策中涉及的利益相关者分析不到位：一是找不全利益相关者，二是区分不了谁是核心利益相关者、边缘利益相关者和潜在利益相关者，三是不会借助第三方来帮助科学判断风险程度。当前，传统风险如自然灾害等依然存在，新兴风险如金融风险、网络风险等又不断涌现，提高领导干部防范风险意识、提升驾驭风险能力等相关教育刻不容缓。

3. 对风险无备，缺乏有效应急预案

一些重大决策出台，要求必须配有应急预案，但在实践中，一些预案只是形式上的，沦为配合决策通过的形式要件，而不是出问题时能真正起有效作用的保障。有些干部面对风险，只凭经验办事、想当然办事，对深层原因分析不深不透，仍以老办法对付新情况。过去，很多重大事故的教训一再表明风险应急准备缺失的严重危害性，如果领导干部对于已识别的可控风险不在乎，认为凭借经验和能力完全可以应对，就会缺乏重大风险的心理预期，无法制订极具针对性、实用性及可操作性的风险预案，往往会错失风险治理的最佳时机。

4. 治理主体单元化，缺乏多元治理

目前，社会风险治理的主体主要以政府为主导，市场和社会的力量参与较少，权责皆系于政府一身。这种单纯依靠政府的单元化权威和行政推动力的模式，一方面会产生较高的治理成本，另一方面也可能难以了解民情，无法真正维护群众的合法权益，无法获得群众的广泛支持。此外，一些干部对于在风险治理中引入民众参与机制还犹豫不决，停留在管控惯性思维，怵于发展民众力量。

因而，领导干部需完成从应对风险执行者到应对风险组织者的角色转换，改单一化管理为多元化治理，推动政府、群众与第三方均参与到风险治理中，建立政府主导和社会参与相结合的全民参与机制，使其规范化、制度化，共同承担重大决策带来的社会、经济、生态风险，真正形成风险共治的多元治理格局。

5. 治理客体停留表象，难及根源

在一些具体实践中，有些干部只关注显性次要风险，试图规避隐性重大风险，寄希望于“快刀斩乱麻”，尽快破题，化解风险。然而，风险治理对象选择上的避重就轻、治标不治本，只会扩大风险，导致下一次更严重的爆发。这种仅针对风险的表象而忽视其内在隐患的治理，难以根治风险。

因此，领导干部必须克服畏难情绪，破除多一事不如少一事的思想，增强本领恐慌意识，加强风险驾驭方面的理论知识和操作层面的业务知识学习。尤其要注意，很多影响社会稳定的事件背后，往往涉及各主体间利益分配问题，在化解时既要注重实现利益均衡分配，又要注重社会整合，在充分了解各主体间利益诉求差异性的前提下，平等协商，以公共利益为导向，寻找利益平衡点，达成共识，增加和谐因素，重塑稳定结构。

6. 治理模式重情理，轻法治

一些电视剧往往会设置这样的剧情：面对突发群体性事件，领导上台作了一番鞭辟入里、感人至深的发言，聚集的人群就散开了，风险就此化解。然而，在现实中，靠领导个人能力或个人魅力来应对风险，本身就存在风险。虽然，以真诚换得真情、主动加强沟通能增进情感融通，继而产生巨大的向心力和凝聚力，但打“感情牌”“承诺牌”，最终需落脚于根治风险点，这就需要法治的力量来护航。

吉林长春长生疫苗案件，多名渎职失职领导干部受到严厉问责，多名涉案人员被提起公诉，融法、理、情于一体，有力震慑了违法犯罪，赢得民众一致叫好。在当前法治国家、法治政府、法治社会一体建设中，领导干部必须牢固树立法治思维，努力提高风险治理工作的法治化水平，积极破解依法治险工作中分配不清、权责不明的问题。

7. 治理手段重经验，缺乏科学机制

部分领导干部强烈依赖以往的经验和直觉，以主观为主，缺乏科学的手段，缺少大数据思维，客观收集、分析和使用数据来治理风险的意识更是淡薄。当前信息技术快速发展，民众对某一事件或社会问题的反馈渠道多样，诉求也是千人千面，传统治理手段越发在实践中暴露不足。

此外，某些官员为了追求政绩，“报喜不报忧”，在数据上存在虚假行为，导致信息失真，难以反映当下实际情况。社会稳定风险评估机制，是一种运用科学方法全面评估待评事项可能引发的社会稳定风险的决策程序。各级通过落实重大决策风险评估机制，将风险评估结果作为决策的重要依据，始终绷紧“稳评”这根弦，将有效地推动科学决策，实现关口前移、防线前移。

8. 不复盘，不求甚解

从风险补救层面的环节完整性来看，复盘是一种结构化的总结方法。风险复盘是风险治理结束后的重要环节，将“最终产生的现实成果”和基于“原有前提假设”的“期待成果”进行比对，从差距中找出“原有前提假设”的漏洞，从而进行修改和调整。

从风险识别到风险治理，复盘的目的是更好地汲取经验、总结规律，这是非常必要的环节。

9. 成果挖掘浅，多归功于“领导重视”

与不做复盘的领导干部相比，有一类干部似乎进步了一点，他们在风险治理结束后会意识到需要总结经验，但是总结经验基本以“领导重视”为重点进行归纳，流于形式，浮于表面，缺乏对整个风险防范过程的系统分析与科学凝练，总结出的经验基本“通用”，却缺少针对单一事件的特定总结。

这样的风险治理经验适用性差，无助于领导干部提升风险驾驭能力。在网络社会，把对风险治理的成功简单归结于“领导重视”和组织功劳，是将领导和组织置于新的风险之中，一旦形成网络舆情，就会有损政府公信力。因此，领导干部必须提高系统总结风险治理经验的能力，为今后的风险防范提供科学的经验借鉴和可靠的案例参考。

10. 经验推广少，同类风险异地频发

在科学总结出风险治理的经验后，推而广之，让其他单位或地区能够学习借鉴是十分重要和必要的。但是，一些领导干部只顾各自为政，好的风险治理经验推广不够，项目或者政策的社会稳定风险分析评估报告也难做到公开、共学、共勉。如果是因包含一些敏感性问题不宜不便公开，这可以理解，但更多还是因为存在敝帚自珍的心态，学习借鉴分享意识不强。

因此，在增强领导干部驾驭风险能力时，要加强资源整合，建立完善的信息平台、分享交流机制，营造多方互动、优势互补、相互促进、共同发展的新局面。

（三）全面提高防范化解风险的水平

古人云："祸兮福所倚，福兮祸所伏。"任何事物的发展都存在着正、负两个方面的因素。风险是挑战也是机遇。如能正视风险，以大无畏的精神迎接风险挑战、妥善处理风险，不仅会有效地避免风险所造成的损害，还能推进组织的发展和社会的进步。增强领导干部驾驭风险本领是一项系统工程，其内涵要义就是使领导干部驾驭风险本领与党治国理政需要更加契合。

新时代，领导干部需要着眼于当前的风险治理实践，不断增强驾驭风险的本领，全面提高防范化解风险的水平。尤其要提高风险化解能力，透过复杂现象把握本质，抓住要害、找准原因、果断决策，善于引导群众、组织群众，善于整合各方力量、科学排兵布阵，有效予以处理。

1. 坚持科学思维，增强领导干部驾驭风险本领

"我们的眼力不够，应该借助于望远镜和显微镜。马克思主义的方法就是政治上军事上的望远镜和显微镜。"① 新时代，增强领导干部驾驭风险本领，重中之重就是通过坚持辩证思维、法治思维、底线思维，不断提升他们在科学谋划、精准施策等方面的本领。

第一，坚持辩证思维。辩证思维是科学判定风险方位的重要思维工具。新时代，防范化解各种风险要求广大领导干部运用发展的观点和矛盾分析法，重视两点论和重点论的统一，树立正确的风险观。

风险是整体的而不是割裂的。实践中，各领域的风险因素对整体风险牵一发而动全身，不同领域风险相互渗透、碰头叠加，领导干部应从驾驭单一风险向驾驭综合风险转变，以全面提高驾驭风险的本领。

风险是动态的而不是静止的。当前，信息技术、网络技术、大数据

---

① 《毛泽东选集》第1卷，人民出版社1991年版，第212页。

技术等发展迅速，过去分散独立的风险变得高度关联，各领域风险运动速度明显加快，以往那种各自为政、保自己领域安全的想法，显然已不符合风险发展的实际。为此，领导干部需要树立动态的、综合的风险防控观念，增强驾驭风险的协同性和整体性。

风险是相对的而不是绝对的。习近平总书记指出："危和机总是同生并存的，克服了危即是机。"[①]领导干部要敏锐把握风险中蕴藏的机遇，争取化险为机，在危机中育新机。

第二，坚持法治思维。提升领导干部的法治思维，应从"法"和"治"两个维度出发，运用法治思维谋划防范化解风险工作，运用法治方式处理各种风险隐患，将法治思维和法治方式统一于领导干部防范化解风险的实践之中。"法"的维度侧重要求领导干部在思维意识层面将尊法学法守法用法作为应对各种风险挑战的重要依据。就是要求领导干部主动学习与自己分管领域密切相关的法律法规，以法治价值和法治精神为导向，提升运用法律原则、法律规则、法律方法协调各种矛盾、应对各种风险的本领。"治"的维度侧重要求领导干部在将法治思维付诸防范化解风险实践的过程中必须以法治方式进行，将对法律的尊崇与敬畏转化为防范化解风险的处理方式。

具体来说，就是在作出风险防范决策、制订风险治理方案时，善于在法律框架内明确决策边界，自觉接受法律监督，避免造成个别风险转化为综合风险、局部风险转化为系统性风险。

第三，坚持底线思维。底线是风险面临质变的临界，防范化解风险必须将其控制在一定范围内。新时代，增强领导干部驾驭风险之能力，要求他们必须遵循质量互变规律，运用质的多维性分析应对风险。具体

---

① 中共中央党史和文献研究院编:《习近平关于防范风险挑战、应对突发事件论述摘编》，中央文献出版社2020年版，第224页。

来讲，一是守住政治底线。在政治立场、政治方向、政治原则、政治道路上同党中央保持高度一致，自觉维护党中央权威。

二是守住思想底线。坚定不移用习近平新时代中国特色社会主义思想武装头脑，在应对突发事件、防范重大风险过程中自觉增强“四个意识”、坚定“四个自信”、做到“两个维护”。

三是守住责任底线。将自己所辖范围内的风险处理好，杜绝不负责任地将防范化解风险的责任推给上面、留给下面，更不能毫无责任心地制造各种不必要的风险。

四是守住安全底线。无论何时何地、无论遇到何种风险，都要将人民群众的安全放在第一位，坚决做好主管领域的风险防范工作。

需要注意的是，领导干部在把握多维底线的基础上，要充分考虑风险的局部性质变，尤其要掌握风险的关键性局部质变，充分发挥主观能动性，防止局部质变引起全局质变，将风险化解在源头。

2. 强化思想淬炼，提升领导干部驾驭风险之智

思想淬炼是提升领导干部驾驭风险本领的精神基石，高超的驾驭风险之智有助于领导干部防范化解风险。新时代，提升领导干部驾驭风险之智，离不开理论学习、党性淬炼和坚持人民立场。

第一，加强理论学习。加强理论学习是提升领导干部驾驭风险之智的必然要求。

全面系统学习习近平新时代中国特色社会主义思想。党的十八大以来，以习近平同志为核心的党中央从维护国家安全的战略高度出发，对国家面临的整体风险进行宏观研判，对各领域风险进行深刻分析，系统回答了新时代党面临哪些风险、怎样防范化解各种风险等基本问题，对全体领导干部提出“要强化风险意识”“增强驾驭风险本领”的战略要求，为全面提高领导干部驾驭风险本领提供了科学指引。新时代，广大领导干部要深入学习习近平总书记关于防范风险挑战、应对突发事件的重要论述，将其精神实质落实到应对重大挑战、抵御重大风险的实践中去。

联系实际学“四史”。历史是一个民族、一个国家抵御风险的真实记录，是前人驾驭风险智慧的汇总。新时代，广大领导干部要学习党史、新中国史、改革开放史和社会主义发展史，尤其要学习党防范化解重大风险的历史，善于从中总结和汲取防范化解风险的经验教训，挖掘其中蕴含的防范化解风险的规律和方法。

及时跟进学专业知识。当前，部分领导干部存在对风险治理等理论知之甚少、通过现代信息手段驾驭风险水平不高等问题。为此，领导干部应有针对性地学习专业知识，打牢防范化解风险的系统性、专业性知识根底，同时要不断更新风险治理、社会治理等相关知识储备，提高运用大数据、多媒体等技术研判风险走向、分析风险问题的本领。

第二，加强党性淬炼。党性是党员干部立身、立业、立言、立德的基石。讲党性是领导干部提升驾驭风险之智的根本要求，加强党性淬炼是领导干部增强驾驭风险本领的必修课。

在讲政治中涵养党性。“看一名党员干部特别是高级干部的素质和能力，首先看政治上是否站得稳、靠得住。”[①] 新时代，领导干部“站得稳”就是要自觉增强“四个意识”、坚定“四个自信”、做到“两个维护”，牢牢站稳政治立场，不断提升政治定力；“靠得住”就是对党忠诚，自觉提升政治本领，永葆政治担当，严格遵守党的政治纪律和政治规矩。

以道德修养涵养党性。坚定的理想信念、高尚的政治追求、崇高的人格修养是党性的鲜明体现。领导干部应始终保持“以百姓之心为心”，以“苟非吾之所有，虽一毫而莫取”自律，以“廉不言贫，勤不道苦”自勉，以“祸患常积于忽微”自警，以“为国不可以生事，亦不可以畏

① 《习近平谈治国理政》第3卷，外文出版社2020年版，第83页。

事”自励，在应对各种风险中锤炼道德操守。

第三，坚定人民立场。领导干部在防范化解风险中坚定人民立场，是尊重历史规律的内在要求，更是中国共产党不忘初心、牢记使命的自觉选择。一方面，要坚持防范化解风险为了人民。为中国人民谋幸福、为中华民族谋复兴是中国共产党党性的集中概括，是领导干部必备的实践本领和行动自觉。领导干部在面对各种风险挑战时，必须一心为民，自觉把防范化解重大风险放在维护人民的根本利益中来认识，认真对待群众反映强烈的问题，切实化解与群众切身利益密切相关的食品安全、医药卫生、社会治安、自然灾害等风险隐患，不断增强人民群众的安全感。

另一方面，要坚持防范化解风险依靠人民。人民是我们党驾驭风险的最大底气，也是党抵御各种风险的根本力量所在。领导干部应注重动员群众共同参与风险防范与治理，发动群众力量扎实推进矛盾纠纷排查工作，进而将广大人民群众的聪明才智转化为风险防范与治理的智慧源泉。

3. 加强政治历练，磨砺领导干部驾驭风险之勇

领导干部驾驭风险的本领不是与生俱来的，要经受严格的政治历练和实践锻炼，如通过干部交流、挂职锻炼等方式选派领导干部到复杂严峻的斗争中、到基层一线中经风险、壮筋骨，以不断磨砺领导干部驾驭风险之勇。

第一，在重大斗争中磨砺干部。“越是困难大、矛盾多的地方，越是形势严峻、情况复杂的时候，越能练胆魄、磨意志、长才干”[①]，在重大斗争中磨砺是领导干部提升驾驭风险本领的必经之路。

在重大斗争中增强忧患意识。在进行重大斗争时，广大领导干部必

---

①《习近平著作选读》第2卷，人民出版社2023年版，第259页。

须坚持底线思维，增强忧患意识，强化观察风险的敏锐性、正视风险的清醒性、研判问题的精准性、回应风险的主动性、化解风险的高效性，精准聚焦政治、意识形态、经济等领域风险的多样形式，理性研判来自党内外、国内外和人民内部的诸多风险挑战的基本属性、构成要素、事件要素和损失要素等，牢牢掌握防范化解风险的制高点和主动权。

力求在重大斗争中提高斗争艺术。在具体实践中，领导干部既要坚持战略判断和战术决断相统一，增强“草摇叶响知鹿过”的预判本领、提升“斩钉截铁”的果断决策本领，又要坚持保持定力与灵活机动相统一；既能在原则问题上坚定立场，又能根据时、效、度在策略选择上灵活机动。

第二，在基层工作中磨炼干部。基层往往是产生利益冲突和风险隐患的“源头”，是领导干部增强驾驭风险本领的“操练场”。

在基层历练中提升调查研究本领。基层各种利益交织、矛盾盘根错节，领导干部要想精准有效地化解基层存在的风险，就必须经常深入基层一线，走进群众中去，多层次、全方位、多渠道调查了解群众各方面的利益诉求，始终保持同人民群众的密切联系。

在基层历练中锻造钢铁意志。基层工作具有繁杂性等特点，基层干部所面对的问题常常是具体的、棘手的，这就给那些缺乏风险应对经验的领导干部提供了锻炼的机会。领导干部要锻造应对风险的钢铁意志，就要不畏基层工作的急难险重，强化责任意识、担当意识，遇见难事不推诿、遇见困难不退避、遇见风险不慌张。

在基层历练中考验干部作风。当前，基层工作中存在着各种各样的诱惑，为此，领导干部要时刻以“奢靡之始，危亡之渐”自警，节俭内敛、防腐戒奢，努力在基层历练中坚守一颗清廉之心，以一身浩然正气抵御各种风险考验。

4. 完善相关机制，保障领导干部驾驭风险之行

完善的制度是提升领导干部驾驭风险本领的重要保障。新时代，应通过建立健全风险协同治理机制、完善干部考核机制等方式，充分发挥制度指引方向、规范行为、提高效率、维护稳定、防范化解风险的重要作用，以保障领导干部驾驭风险之行。

第一，建立健全风险协同治理机制。防范化解风险的过程本身就是各方面力量协同参与的过程。建立健全风险协同治理机制，就是要遵循马克思主义整体观，在风险防范与治理过程中实现多维主体的联动。

在纵向上，风险防范与治理应明晰党中央、地方组织、基层组织领导干部在风险防治与治理中的各自定位，在遵循民主集中制的基础上构建风险防范与治理的四重联动机制。党中央是风险防范与治理的“中枢”，负责风险防范与治理的顶层设计；党的地方组织在风险防范与治理中发挥“中介”作用，确保风险防范与治理的令行禁止；党的基层组织是风险防范与治理的“前端”，担负着风险防范与治理决策部署的贯彻落实职责；党的领导干部是风险防范与治理的组织者和执行者，担负着风险研判、风险管控等重要职责。

在横向上，风险防范与治理应通过若干关系范畴的联动呈现出来。这种联动既包括旨在增强风险实践协同的领导干部与党员的实践联动，也包括旨在深入风险治理协同研究的领导干部与高校等科研机构的科研联动；既包括旨在强化风险信息协同的领导干部与媒体、专家、群众的信息联动，也包括旨在保障风险应对资源供给的领导干部与不同地区、不同部门的资源联动。

第二，完善干部考核机制。干部考核机制有助于领导干部增强驾驭风险本领。一方面，通过完善担当作为的激励机制，给领导干部打上一剂“活力针”。相关部门要通过优化考核指标，树立担当作为的鲜明导向，突出驾驭风险因素在干部考核评价中的比重，在风险一线考察识别领导干部，引导其不仅将提高驾驭风险本领同所分管的重点工作结合起来，而且将驾驭风险本领转化为干事创业的实际成果；通过强化考核结果运用，将领导干部在驾驭风险中的表现与干部选拔任用、评奖评优挂钩，对逃避风险、推诿责任、不负责任、制造风险的领导干部要严肃问责，对在预防风险、化解风险中表现突出的领导干部则要大力褒奖、大胆使用。

另一方面，通过完善容错纠错机制，给领导干部吃上一颗“定心丸”。在实际工作中，相关部门应明确容错纠错机制在风险防范与治理中的适用范围，明确容错纠错机制判断指标在风险防范与治理中的具体指向。如把领导干部在应对风险中因缺乏经验出现的失误和错误，同明知故犯的违纪违法行为区分开来；把为防范化解风险的无意过失，同为谋取私利的违纪违法行为区分开来；把防范化解风险中因事急从权引发不当后果同因事急则乱造成的严重损失区分开来；将严格遵循决策程序的规矩意识与未按照决策程序要求的肆意妄为行为区分开来；将防范化解风险实践中出现的整体性错误同阶段性错误区分开来。

后 记

“大鹏一日同风起，扶摇直上九万里。”推进中国式现代化是一项前无古人的开创性事业，艰巨性、复杂性前所未有，对各级领导班子和领导干部的素质能力、工作作风、精神状态等提出了新的更高要求。

党的二十届三中全会明确提出全面提高干部现代化建设能力。各级领导干部要把提升能力、增强本领作为终身课题，抓紧“加油充电”，主动学习适应，使自己的能力素质跟上党中央要求、跟上时代前进步伐、跟上事业发展需要。

本书由中共中央党校（国家行政学院）党的建设教研部教授张荣臣和中共青海省委党校（青海省行政学院）青年学者梁静共同完成。在编写过程中参考了一些文献和宣传材料，包括以往同类型的著述，恕不一一列举，对所参考文献和材料的著述者特表示感谢。

作 者

2025 年 1 月